Über dieses Buch

Dies ist eine ungewöhnliche Schauspieler-Biographie – und ist weit mehr als eine Schauspieler-Biographie. Wie Ernst Schröder sich von seinen hervorragendsten, also gleichrangigen Kollegen unterscheidet, so unterscheidet sich sein Lebensbuch von allen Büchern (scheinbar) ähnlichen Genres. Schröder vereint Vitalität mit Spiritualität, nach außen gerichteten Impetus mit Besinnlichkeit und Verinnerlichung. Dies zeichnet sein Spiel, dies zeichnet seine Erinnerungen aus. In großen Zusammenhängen erzählt er seine Geschichte, bedeutende Momente werden in ihrer Dramatik nacherlebt. Die Bilder wechseln, Jugend, künstlerische Entwicklung, der heutige Standort des Reifen, bewußt Alternden, das Landhaus in der Toskana. Schröder überträgt dem Leser seine Erfahrung der Urtragik des Schauspielers: des geborgten, des anverwandelten Lebens, des Lebens aus dem Zitat, der schwierigen Beziehung zwischen eigenem Gesicht und Maske. In Selbstprüfung, nicht in Eitelkeit, geht er seinem Dasein, seinem Wesen auf den Grund.

Über den Autor

Ernst Schröder, geb. 1915 in Wanne-Eickel/Westfalen als Handwerkersohn. Nach dem Abitur begann er mit einem Studium der Germanistik, interessierte sich aber auch stark für Architektur. Den Weg zum Theater fand er mit Bühnenbildentwürfen für Professor Saladin Schmitt in Bochum, der ihn dann zu seinem Assistenten machte. Er begeisterte ihn fürs Theater, und so wurde er Schauspieler und Regisseur. Über die Bochumer Bühnen und über die Stationen Bielefeld und Kiel kam er ans Schiller-Theater, Berlin; 1946–49 Leiter der Städtischen Theaterschule, bis 1948 des Rheingautheaters in Berlin. Danach gastierend ab 1958 am Züricher Schauspielhaus, ab 1961 Mitglied der Städtischen Bühnen Berlin; er lebt heute in der Toskana.

Ernst Schröder

Das Leben – verspielt

Fischer
Taschenbuch
Verlag

Fischer Taschenbuch Verlag
September 1981
Umschlagabbildung: Porträt des Autors von Varlin, Zürich 1965
Fischer Taschenbuch Verlag GmbH, Frankfurt am Main
Lizenzausgabe mit freundlicher Genehmigung des
S. Fischer Verlag GmbH, Frankfurt am Main

Druck und Bindung: Clausen & Bosse, Leck
Printed in Germany
1080-ISBN-3-596-25097-8

Inhalt

und Mose sah, daß der Busch mit Feuer brannte
und ward doch nicht verzehrt.

»Siete nel mondo del gallo nero.« Sie sind in der Welt des schwarzen Hahns. Seit dem Ende des vierzehnten Jahrhunderts ist der schwarze Gockel im roten Kreis das Symbol für die Liga der Weinbauern des klassischen Chianti, der in der Hügellandschaft zwischen Florenz und Siena angebaut wird. Schilder mit diesem Spruch findet man an allen Straßen des Gebiets, zu dem die Gemeinden Castellina in Chianti, Gaiole in Chianti, Radda in Chianti, sowie Grewe, S. Casciano und Tavernelle gehören. Fast in der Mitte des Gebietes nahe bei Castellina liegt Ricavo, ein einsamer kleiner Ort, der von einer Schweizerin zu einem Hoteldorf ausgebaut wurde. Hier in Ricavo fanden unsere Reisen durch die Toskana ein Ende, die wir seit einem Dutzend Jahren, angezogen von der Landschaft, der geschichtlichen Vergangenheit und nicht zuletzt angezogen von dem Charakter der Menschen, die hier zu Hause sind, unternommen haben.
In Ricavo brauchen wir zwei Tage, Gesa und ich, um uns an die Stille zu gewöhnen, die uns umgibt, um die Reinheit der Luft zu ertragen, die wir einatmen. Ein jeder ist plötzlich allein mit sich, ist in sich selbst zurückgeworfen. Die Landschaft hat nichts Einladendes. Sie überredet nicht, sie beglückt nicht, nicht jeder kann sie aushalten.
Sie fordert ständig auf, sie fordert heraus.
Es ist die unveränderte Landschaft ihrer Urbevölkerung, der Etrusker, von denen wir wissen, daß sie die Kargheit ihres Lebens mit raffinierter Kunst in Einklang brachten. Die Kultur des Öl-

baums und der Weinrebe ist hier auf Feldern und an Hängen entwickelt worden, die eigentlich Steinwüsten sind.
Es ist, als ob alle Herbheiten der Landschaften Europas sich zu einer Schau ihrer charakteristischen Muster zusammenfänden unter den blauen Schleiern dieser Luft. Schottische Heide, irische Ginsterinseln, die Wacholdersennen des Hochschwarzwalds wechseln mit thüringischen Eichenwäldern ab und den südlichen aus Zypressen und Eßkastanien. Das Herausfordernde an dieser Landschaft aber ist das Licht. Das Licht in seinem schnellen Wechsel. Diese Welt steht nicht still, sie ist nicht heil, diese Landschaft verändert stündlich ihr Gesicht. Die ständige Veränderung ist es, die zum Nachdenken zwingt oder – zum Malen. Kein Wunder, daß die Lehrer der Neuzeit ebenso wie ihre großen Bildner aus dieser Landschaft kamen.
Man braucht einen leichten Hut mit breiter Krempe, wenn man an einem Sommermorgen von Ricavo nach Osten wandern will, in die Sonne hinein. Hat man zwei hintereinanderliegende Hügel erklommen und eine Höhe von sechshundert Metern erreicht, so öffnet sich unvermutet nach allen Seiten das Bild. Es ist wie ein biblisches Ereignis. Als ich das erste Mal hier oben stand, wurde mir fromm zumut, und es hätte mich nicht gewundert, wenn Jesus von Nazareth mit seinen Jüngern den kleinen Pfad heraufgekommen wäre.
Bleibt man in der Richtung stehen, aus der man gekommen ist, so sieht man vor sich Pietrafitta liegen, ein Weingut aus dem fünfzehnten Jahrhundert, zu dem die Bauernhöfe der Umgebung gehören, zwölf an der Zahl. Auch dieser Platz hier oben, der sich Montalto nennt, gehört dazu. Ich stehe in unmittelbarer Nähe des Dreschplatzes einer Scheune, die, mächtig wie eine Sarazenenkirche an den Hang gebaut, auf diesen Platz hin ihren oberen Eingang öffnet. Das verlassene und verfallene Bauernhaus mit seinen zwei kleinen Türmchen, sienesisch anmutend, liegt zu meinen Füßen in der Achsel des Montalto-Hügels.
Pietrafitta heißt Steindichte, man könnte es mit Steinwüste übersetzen. Es krönt mit seinem schmalen Kirchturm, dem Herrenhaus und den darum liegenden Wirtschaftsgebäuden einen lang ge-

streckten Hügel, auf den eine Zypressenallee führt. Diese Allee setzt in die Landschaft ihr erhabenes Zeichen. Ihre ungewöhnliche Länge und die langsame Steigung geben dem Ort etwas Feierliches. Bizarr gezackt, steht sie wie eine düstere Drohung vor den hellen Weinfeldern der nächsten und übernächsten Hügelketten. Darüber in großer Ferne der schneebedeckte Höhenzug des Appenin, gleißend in der Sonne. Das steigert den Eindruck des Sakralen, und das Auge braucht Zeit, sich davon zu lösen. Aus dem Bann entlassen, fährt es unvermutet schnell das Panorama der ganzen Rundsicht ab: links im Hintergrund die Weindörfer S. Donato und Panzano. Im Mittelgrund die Fattoria Filigare im dunklen Zypressenkleid, davor das klösterliche Doglia, ein verlassener Hof, der auf Deutsch »das Weh« heißt, dann ein kurzes Verhalten beim Ausrufungszeichen der Landschaft, bei Pietrafitta, und noch schneller rechts herum über die Höhen von Cavallari und die verfallenen Ziegeldächer von Montalto. Ich habe das Gefühl, auf einer Insel zu stehen, nein, am Bug eines Schiffes. Ist mir schwindelig? Alles um meine Arche herum liegt viel tiefer, dreht sich, fällt steil ab. Meine Augen erreichen gerade noch den Etruskerhügel mit seinem schwarzen Pinienkranz, hier in der Nähe stand das alte Castellina, denke ich, und dort begruben sie ihre Toten, und ich laufe in den Schatten der Scheune auf die vom Gras überwucherten Steinplatten des Dreschplatzes. Meine ausgestreckten Hände finden Halt an dem Mauerwerk. War die Krempe meines Strohhutes vielleicht nicht breit genug?

Ich starre durch ein Loch, ein winziges Stallfenster, das direkt vor meinen Augen liegt, in die dunkle Tiefe der Scheune hinunter. Ich möchte meinen Strohhut absetzen, um den Schweiß wegzuwischen, aber noch ehe ich dazu komme, haben meine Augen sich an die Dunkelheit gewöhnt, fangen an zu erkennen und werden festgehalten von dem, was sie sehen. Ist dieser Raum unter mir ein Theater, ein verlassenes Theater?

Ich laufe ein paar Schritte durch den offenen Rundbogen des Anbaus – hier gibt es eine Mauerbrüstung, auf die man sich lehnen kann, um den tiefer liegenden Raum zu betrachten. Ich mache den Ansatz dazu und fahre zurück. Taumelndes Flügelschlagen unter dem Balkenwerk des Dachs, und ich sehe mit weiten Schwingen ein Nachtvogelpaar durch das Loch ins Freie fliegen. Der Steinkauz, Göttervogel der Minerva, er kann älter werden als der Mensch, und die Toskaner schätzen diejenigen glücklich, unter deren Dach er nistet. Der Schreck, der mein Erscheinen dem Paar verursachte, schlägt sich in der Losung nieder, die an die Mauer klatscht.

Ich lege die Arme über die Brüstung und schließe die Augen. Die kühle Stille tut gut.

Dann treibt mich die Neugier nach draußen, um den Eingang zu suchen. Ich steige den Hang hinunter zwischen Felsbrocken und Wacholderbüschen und sehe jetzt den Bau in seiner ganzen Höhe, einen mächtigen Kubus. Unten finde ich drei Eingänge, ich gehe durch den mittleren, und in dem Dämmerlicht fühle ich mich wie in einer Kirche. Nein, das ist natürlich kein Theater. Heu und Stroh liegen herum, es ist eine Scheune – aber sie ist gebaut wie ein Theater. Der Grund dafür war der Felsenhang, er gab dem Fundament seine natürliche Steigung wie bei einem Theaterparkett. Und weil im letzten Fünftel die Felsrippen zu hoch herausragten, hat man sie mit Steinen aufgefüllt und einen Rang geschaffen. Diesem Rang gegenüber liegt am anderen Ende des Raumes ein steinernes Podium, ein Meter hoch, vielleicht vier Meter tief. Zu meiner Verblüffung führt eine kleine Treppe auf diese »Bühne« hinauf.

Der ganze Bau, fast zehn Meter hoch aus unverfugten Natursteinen ausgeführt, hat keine Zwischendecken. Man sieht durch das Balkenwerk hindurch das rote Dach aus gebranntem Ton. Ich brauchte nur ein wenig sauber zu machen, und ich könnte heute noch anfangen, hier zu spielen . . .

Aber will ich denn überhaupt noch spielen? Sind mir die Zuschauer noch so wichtig, wie sie mir vierzig Jahre lang wichtig waren? Kann ich die Meinung noch teilen, die dem französischen Schauspieler Coquelin nachgesagt wird und die mich früher so beeindruckt hat: »Das Sterben fiele einem leichter, wenn das Publikum dabei wäre.« Und selbst wenn ich hier spielen möchte, wo kämen die Zuschauer her?

Wenige Tage, nachdem ich diese Bühne entdeckt hatte, erfuhren

Gesa und ich, daß Montalto ebenso wie die anderen zwölf verlassenen Höfe zum Verkauf stand.
Die Wahl fiel uns nicht schwer. Zwei Jahre später war das Bauernhaus bezugsfertig. Der Architekt Sep Ruf hatte Licht und klare Übersicht in die Räume gebracht, und dieser Freund war sich mit uns in der Behutsamkeit einig, zum Ausbau der Theatercapanna nur das Notwendigste zu veranlassen.
Auf eine Isolierschicht wurde ein einfacher Holzboden verlegt. Türen wurden eingesetzt, und unser Freund Bodo stiftete die Bestuhlung.
Jeden Morgen sitze ich eine Viertelstunde vor meiner leeren Bühne, das ist wie eine Andacht. Hier können die Träume eines alten Mannes ausprobiert und geprüft werden. Hier können die Figuren meiner Vergangenheit auftreten, wenn ich mein Leben überdenke. Vater und Mutter, Lehrer und Geliebte, die Freunde, Inge und Gesa, die Kinder und die vielen Schattengestalten meiner Theaterrollen . . .
Die obere Remise mit dem Rundbogen hat ein Fenster nach Osten bekommen. In seinem Rahmen liegt Pietrafitta wie ein mittelalterliches Bild. Davor steht der Tisch, an dem ich die Erinnerungen aufschreibe.

Kindheit

Ein Wunschkind war ich wohl nicht. Als meine Mutter mich trug, stand sie oft vor dem Spiegel, ihr liefen die Tränen – meine älteren Schwestern überraschten sie dabei –, sie schüttelte die Fäuste, hadernd mit Gott und dem Kaiser Wilhelm. Ihr Mann war im Krieg, und was da in ihrem Bauch strampelte, war ihr viertes.
Das vierte kam ausgerechnet am 27. Januar zur Welt, dem Geburtstag des Mannes, mit dem sie vor dem Spiegel soviel gerechtet hatte. Es war das Kriegsjahr 1915. Schwarzweißrote Schleifchen um die winzigen Handgelenke, so zeigt mich das erste Foto im Steckbettchen. Ein Kind der »Kaiserzeit«. Der Dialog mit der Obrigkeit hatte begonnen, bevor ich den ersten Schrei getan. Und noch als ich in jenem ersten Steckkissen lag, konnte man mir zurufen: ›Ernst, schimpf mal . . .‹ dann schüttelte ich die schleifenbeschwingten Fäustchen, bis ich dunkelrot wurde vor Zorn, wie ich es vor dem Spiegel geübt hatte, noch eins mit der Mutter.
Vielleicht war meine Mutter die leidenschaftlichste Schauspielerin in meiner Familie, obwohl sie nie auf einer Bühne gestanden hat. Sie war eine dramatische Person, und wir hatten eine dramatische Kindheit. Sie konnte uns zärtlich verwöhnen und uns plötzlich bestrafen wie ein Patriarch aus dem Alten Testament. Sie flößte dann Furcht ein, weil man sie nicht wiedererkannte. Man war wie ausgelöscht vor ihr.
Diesen einsamen Schauder meiner Kindheit habe ich viel später als reifer Mann noch einmal erlebt. Bei Hermine Körner als Atossa in den »Persern« des Aischylos. So losgelassen weiblich, so erschrek-

kend. Vierzig Jahre lagen dazwischen – und derselbe einsammachende Schauder. So persönlich mir bekannt, daß ich mich ekelte. Und doch von so weit her, daß man wie ausgelöscht war. Was für ein Erbe schleppt man mit sich herum, und was für ein Erbe gibt man weiter? Hab ich darum so unverständlich wie blödsinnig geweint, als meine Tochter Christiane mir sagte, sie wolle Schauspielerin werden?
Meine Mutter hatte noch im hohen Alter Spannungen in sich, daß in einem Zimmer jede Unterhaltung verstummte, wenn sie es betrat. Wie sah da wohl das Familienleben aus in meiner Kindheit? Wie sah mein Familienleben aus, als die eigenen Kinder klein waren? Wie sieht es heute aus?
Dramatische Personen, die die Bühne brauchen, hingegen im Alltag vortäuschen, normal zu leben wie alle anderen . . .
Als ich zehn war, hatte meine Mutter die öffentliche Leihbibliothek, was an Trivialliteratur und was an Schöngeistigem da war, ausgelesen. Es war schwer, ihr neuen Stoff zu besorgen, damals in dem kleinen Wanne-Eickel, im Ruhrgebiet. Vieles las sie ein zweites Mal, und diese Bücher begann sie dann nachzuerzählen, meinen Schwestern und mir. Sie tat das in der Form von Rede und Gegenrede. Sie spielte die Figuren nicht etwa, sie war sie. Stimmen kamen von ihr auf unterschiedlicher Tonlage. Aber die Vornehmeren z. B. sprachen leiser und knüpften ihr Mündchen, wie meine Mutter das nannte. Einmal versuchte auch ich, nachzuerzählen, was ich von ihr gehört hatte. Das wurde sehr ernst genommen, und ich wurde mehrfach unterbrochen: »So hat er es nicht gesagt!« Und dann machte sie genau die Hebung und Senkung vor, mit der er es gesagt hatte. Ich konnte nur staunen. Meine Mutter kannte die Leute also alle persönlich, sonst hätte sie sie nicht so nachmachen können . . . und so viele aus so vielen Geschichten?
Sie hat uns mit ihren Einfällen überrascht und auch gequält. Langweilig war es nie mit ihr. Drei Wochen vor Weihnachten versuchte sie, die kleinen Geschenke zu erraten, die wir für sie vorbereitet hatten. Sie bat mich dringend, ihr zu helfen, sie sei zu neugierig. Wenn ich dann nicht mehr widerstehen konnte und ihr alles verriet, zeigte sie sich tief enttäuscht über meine Schwäche.

Immer wieder, auch vor Geburtstagen, fiel ich darauf herein. Im übrigen hatte sie in der Weihnachtszeit ihre besten Auftritte. Wenn der Wind ums Haus pfiff, sagte sie plötzlich am frühen Nachmittag, wenn's noch gar nicht dunkel war, »laßt die Rolläden herunter, es kommt jemand«. Während wir gehorchten, stand sie mitten im Raum. Zwei Hände voll Walnüsse hinter ihrem Rücken verborgen, warf sie sie im richtigen Augenblick über ihren Kopf nach vorn, so daß das Geräusch der herunterfahrenden Läden von dem der aufprallenden Nüsse genau fortgesetzt wurde. Nicht genug, im selben Moment drehte sie sich um und sprach energisch in Richtung Tür, man möchte weitergehen, die Kinder seien brav. Unsere Verblüffung war beklemmend.
Mein Vater war Schneider. Ein verschwiegener Mann. Zwölf Stunden saß er an Werktagen auf dem Tisch. Über seinem Kopf hing eine nackte Glühbirne. Am Sonntag Vormittag wurde zugeschnitten. Da sah ich ihm gerne zu. Der Mann, den ich nur mit untergeschlagenen Beinen hockend kannte, schien mir völlig verändert. Er stand sehr aufrecht. Nur unmerklich gab der Körper nach, wenn die Kreide in seiner Hand die eleganten Bögen ausfuhr, die zu Rockschößen werden sollten. Wir haben nie viel miteinander gesprochen, auch damals nicht. Aber ich empfand Zärtlichkeit für diese Hände, die langgliederig und schön waren. Wenn die Schere unbekümmert in das feine Tuch hineinfuhr, das in einer Ecke einen englischen Farbstempel trug, der mir großen Eindruck machte, dann bewunderte ich meinen Vater. Oft genug sah ich ihn schwitzen, wenn eine Anprobe nicht klappen wollte, oder sah Unsicherheit in seinen Augen, wenn der Kunde reklamierte. Ich sehe ihn am Boden knieend neben dem Kunden, der im Spiegel sein neues Stück argwöhnisch betrachtet. Ich höre das Geräusch, wenn mit einem Ruck die lose gehefteten Teile auseinandergerissen wurden. Ich spürte dann, wie wir es beide vermeiden wollten, daß unsere Augen sich begegneten.
Ich habe mit meinem Vater nie eine Wanderung gemacht oder eine Theatervorstellung besucht. Wir trafen uns in seiner Werkstatt, beim Kirchgang oder beim Gang zum Friedhof. Wir konnten gut miteinander schweigen. Es gab keine Spannungen zwischen uns,

wenn wir nicht redeten. Eine richtige Unterhaltung, an die ich mich erinnere, hat es nur ein einziges Mal zwischen uns gegeben. Ich stand kurz vor dem Abitur, und er suchte mich auf dem Schulhof in der großen Pause auf. Es war in den Tagen vor dem dreißigsten Januar Neunzehnhundertdreiunddreißig. Der Vater redete zwanzig Minuten. Er sprach, was er nie getan, von seinen Kriegserlebnissen. Sie lagen fünfzehn Jahre zurück, aber seine Stimme klang so erregt, als spräche er von dem, was heute war. Hitler an der Macht, das bedeute wieder Krieg, und auch diesen Krieg würden wir verlieren. Sein Sohn sollte auf alles gefaßt sein. Wie vor den Kopf geschlagen war ich von diesem Ausbruch.
Damals konnten wir beide noch nicht wissen, daß mein Vater den Krieg wirklich noch erleben und überleben sollte. Es war nur ein Dutzend Jahre nach unserem Gespräch auf dem Schulhof. Das Haus in Eickel war zerbombt worden, und die Eltern waren zu einer meiner Schwestern gezogen, die in Prag verheiratet war. Auf dem Rückzug von dort blieben sie in Coswig bei Meißen hängen. Es war Hungersnot. Mit einem Leiterwagen wollte mein Vater Rüben abholen von einem Bauern. Ein Armeewagen der Besatzungsmacht fuhr ihn tot. Als ich ihn wiedersah, lag er in der kleinen Leichenhalle auf einem Tisch, unverletzt, nur an der Schläfe ein wenig Blut. Er, der so viele Menschen angezogen hatte, trug jetzt ein weißes Papierhemd. Um den Hals eine Papierschleife. Wir legten ihn in eine ungehobelte Holzkiste und brachten ihn zu dritt zum Friedhof.

Es ist schwer, den ›Kohlenpott‹ zu vergessen. Den primitiven Förderturm, die Schlackenhalden, die hinter dem Haus begannen. Zeche Hannibal II, das Wahrzeichen meiner Kindheit und Jugend. Im hinteren Hof war die Erde umgegraben. Hier pickten unsere Hühner herum zwischen dem Bergmannskohl. Grünkohl, der das ganze Jahr über schwarz war vom Kohlenstaub und der erst gegessen wurde, wenn der Schnee ihn gewaschen hatte. Ein einziges Bäumchen gab es; meine Mutter sagte, es würde einen braunen Stamm bekommen, glänzend wie eine Tabakspfeife. Ich wartete meine ganze Kindheit über auf dieses Ereignis. Es wurde nicht glänzend, und als ich achtzehn war, überragte es mich nicht einmal. In diesem kleinen Hof, der nach der feuchten Mauer roch und nach Huflattich, schliff ich mir aus zerbrochenen Ziegeln einen Steinbaukasten. Das rote Mehl, was dabei entstand, hing wochenlang in meinen Kleidern. Ich war sehr gern allein. Die schwarzen Zechengebäude wirkten bedrohlich auf mich wie der Name Hannibal. Den Zechenhof hab ich nie betreten. Ich wußte, daß die Bergleute sich in einer Halle alle zusammen nackt unter die Dusche stellten, und sich wuschen, wenn der Förderkorb sie wieder ans Licht gebracht hatte. Und auch der Name dieser Halle war mir unheimlich: Waschkaue. Und ich wußte, daß tief unten im Schacht ein paar Pferde lebten, die die Loren mit der Kohle durch die Stollen zogen. Wenn sie nach zwanzig Jahren wieder nach oben kamen, um das Gnadenbrot zu kriegen, waren sie blind. Gnadenbrot kriegten auch die Frührentner unter den Bergleuten. Ihre Lungen hießen Steinlungen, darin hatte sich der Kohlenstaub so eingenistet, daß sie kaum noch Sauerstoff aufnehmen konnten. Es hieß: nie: der Berg*mann* immer hieß es: die Berg*leute*. Ich sah weniger von ihnen, als daß ich sie hörte. Mein Schlafzimmer lag ebenerdig zur Straße hinaus. Jede Nacht hörte ich den Schichtwechsel der Bergleute. Mein Bett stand direkt an der Wand, die sie entlangmarschierten. Um drei in der Früh begann das Getrappel ihrer genagelten Schuhe von links nach rechts, immer in Grüppchen, nie einer allein. Es war die Schicht, die frisch zur Arbeit ging. Um dreiviertel vier, von rechts nach links, kamen diejenigen, die die Arbeit hinter sich gebracht hatten. Die genagelten Schuhe klangen weicher. Sie kamen einzeln, so, wie sie mit dem Waschen fertig geworden waren. So ging das viele, viele Jahre. Als ich älter wurde, konnte ich diese regelmäßige Stunde Wachsein gut gebrauchen, um nachzudenken. Meine Mitschüler wunderten sich, wie wenig Zeit ich am Tage für die Schulaufgaben benötigte.

Als Gesa und ich in die Toskana zogen, glaubte kaum einer von den Freunden und Kollegen, daß wir es ohne Theater aushalten würden. Inzwischen sind wir im dritten Jahr hier.

›Dort kennt dich doch niemand. Keiner weiß von deinen Rollen. Deinen Inszenierungen. Du wirst ganz verloren sein.‹ Eben. Oder – alles gewonnen haben? Gar nicht mehr spielen. Nur einfach leben? Si vedra. Man wird sehen.
Ins Kino gehen wir hier selten. In allen Fenstern haben wir die unvergleichlichen Lichtspiele der Natur. Das Licht. Es hat uns hergelockt. So viel Durchsichtigkeit. So viele Töne. So viele Schleier übereinander. Der unmerkliche melancholische Wechsel und der plötzliche, wütende. Das Licht-Geschrei vor dem Gewitter und sein sanftes Verwischen nach dem Regen. Was für ein fanatischer Bühnenbeleuchter bin ich gewesen. Tagelang saß ich mit meinen Freunden Heiliger und Camaro vor der riesigen Scheibe in Berlin, die wir aus der Untermaschinerie des Schiller-Theaters herauffahren ließen. Sonnenaufgang zu Beginn des Zweiten Faust. Das Parkett sollte geblendet sein. Wir hatten alles dazu getan. Echtes Blattgold. Verwegene Konstruktion der Scheinwerfer. Sogar durchsichtig konnte unsere Sonne werden. Heute weiß ich, daß wir zwei wichtige Sachen außer acht ließen: die unendlich lange Vorbereitung für ihr Erscheinen wie für ihren Untergang. Die dramatisch langsame Vermehrung der Glut ihres Bettes, in das sie dann mit atemraubender Plötzlichkeit hineinschießt oder herausrollt. Es braucht Genauigkeit, will man auf dem Theater Abbilder der Natur.
Im Chiantigebiet hat sich kaum etwas verändert seit tausend Jahren. Nun gut, viele Weinberge sind nicht mehr terrassiert, weil sie mit dem Traktor und nicht mehr mit den Ochsengespannen bearbeitet werden. Die Häuser und die Menschen darin sind die gleichen geblieben. Die steinigen Felder und die steinigen Wäldchen voller Eichen und Zypressen. Aus der Verwitterungsschicht der vulkanischen Felsen ist fruchtbare Erde geworden. Sie bringt den Wein hervor und das Öl. »Alles verdanken wir dem Stein«, sagen die Toskaner. Und sie lieben ihn. Dies Land ist nicht lieblich und milde, eher hart in seinem schnell wechselnden Klima. Wenn es regnet, muß man unwillkürlich an die Sintflut denken wie vor zehn Jahren bei der Überschwemmung von Florenz.
Die Sonne hingegen, wenn sie auch noch so brennt, sie schlägt

einen nicht, immer fächelt auf den Höhen ein leiser Wind. Bei Sturm aber und Gewitter rasen die Elemente wie in den Tagen der Vorzeit, wie in einem Stück von Shakespeare. Zum Fürchten. Die alten Götter mischen sich ein in unser Gespräch. Nebelschwaden fahren dann durch die offene Loggia unseres Hauses. Diese Erde ist zerfurcht und verwittert, aber was immer sie ausstrahlt, ist Harmonie. Ihr faltiges Gesicht ist so unendlich lange beansprucht worden von den Menschen, daß es dich ergreift. Jeder Stein in den Terrassen der Weinberge, in den Wänden der Häuser, in den manchmal vier Meter dicken Mauern, die die Bauern in Jahrhunderten um ihre Felder gezogen haben, jeder einzelne dieser Steine ist von Menschenhand bewegt worden. Eine Kulturlandschaft. Hier muß man lernen, vor sich selbst zu bestehen. Das Spielen ist zu Ende. Es ist Ernst geworden . . .

Don hat gestern ein Schaf gerissen. Ein trächtiges Schaf. Gesa und ich, wir sind nicht allein hier oben, wir haben Don, einen schwarzen Rüden. Wie viele so große Hunde hat er ein ausgeglichenes Gemüt. Er kläfft nicht, ist nie nervös. Wenn er mit seiner tiefen Stimme anschlägt, können wir sicher sein, es ist etwas los. Don ist nicht nur ein Wachhund, er ist auch ein Hütehund, er will erreichen, daß alle Schäflein zusammenbleiben. Diese Sorge hat er, in Ermangelung einer Herde, auf die Menschen übertragen. Wenn Besuch gekommen ist, macht er in genauen Abständen die Runde, um zu zählen, ob auch noch alle da sind. Als er einmal für einen Tag verschwunden war in dieser unbekannten Landschaft, hat Gesa geweint wie ein verlorenes Kind. Wir hatten beide das Gefühl, ohne ihn müßten wir Montalto für immer verlassen.

Gestern das war schlimm. Ich war durch das Tal gegangen, das sich vor unserem Hügel ausbreitet. Ein Sommergewitter lag in der Luft. Als ich hinaufstieg über den nächsten Hügel, weideten dort drüben am Hang die Schafe von Sassocupo. Don war nicht an der Leine. Er galoppierte los. Ich pfiff ihn zurück. Bestimmt war das zu früh, er hatte die Herde noch nicht beisammen und mußte mein Pfeifen als Aufforderung verstehen. Nach drei oder vier Umrundungen standen alle Schafe still. Jetzt schlägt das Gewitter los. Es blitzt und donnert gleichzeitig. Die Tiere scheuchen auf und fallen

übereinander. Don steht regungslos fast eine Minute lang. In dieser Stille renne ich wie verrückt auf die Herde zu. Beim nächsten Donnerschlag schreckt eines der größeren Tiere und bricht aus. Wieder tue ich das Falsche. Ich schreie, daß sich die Stimme überschlägt. Sofort hat Don das Schaf gestellt, und die Glocke an dessen Hals ist stumm. Es wendet sich und will nach Sassocupo hinauf. Don versperrt ihm den Weg. Wieder setzen die Schläge der Glocke aus. Dann eine neue Wendung, und mit polterndem Gebimmel rast es zur entgegengesetzten Seite die steinige Schlucht hinunter nach Casa Nuova. Wäre doch das Tier in Richtung der Herde gelaufen – jetzt ist Don nicht mehr zu halten. Zwischen den Felsbrocken, Wacholderbüschen und Macchiadornen fällt er das Schaf einmal von rechts an, einmal von links. Immer wütender werden seine Sprünge. Er will es abbringen von seinem Weg, zurück zur Herde. Dann sind Opfer und Verfolger meinen Blicken entschwunden. Nur die Glocke höre ich noch. Ich schreie vor mich hin. Schlittere das Geröll hinunter, durchstöbere die mannshohe macchia. Mal höre ich die Glocke, mal nicht. Es regnet in Strömen. Die Glocke wird immer leiser. Setzt gänzlich aus. Der Regen wäscht mir den Schweiß vom Gesicht. Ich habe Angst. Ich bin ein Fremder, noch neu in der Gegend. Die sprachliche Verständigung mangelhaft. Der Hund ohnehin gefürchtet, weil schwarz und groß. Il cane nero. Il canone! Ich stolpere und falle den verwilderten Weinberg hinunter. Ich krieche über die Terrassenmauern. Da ein Gebimmel. Zwei drei armselige Schläge. Zu spät. Ist das mein Hund, der den willenlosen Kopf des Schafes hin- und herschüttelt?! Ein schwarzes Ungeheuer, blutverschmiert. Seine Augen sehen mich an, als wäre ich ein Fremder. Unter ihm das tote Tier. Sein Fell dampft. Don hat ihm die Kehle durchgebissen.
Die Wolken hängen zum Greifen tief. Auf dem Rückweg nach Montalto müssen wir an den Schafen vorbei. Die Leine ist verlorengegangen, und ich habe meine Hand am Halsband des Hundes. Ich muß mich zu ihm hinunterbeugen. Ich heule und schimpfe ihn einen Mörder. Wir keuchen beide und laufen, als brenne hinter uns der Wald. Drüben steht die Herde. Tiere wie Steine. Kein Atem. Die Hälse starr nach oben gereckt. Schafe mit schwarzen Augen.

Anfängerjahre

Ich bin der kleine Zappelhans,
Und nie ist meine Hose ganz.
Ich klettre immer selbst im Traum
Auf jeden Birn- und Apfelbaum.

Mit dem Knabensopran hatte es angefangen. Mit fünf Jahren sang ich dies Liedchen im »Vaterländischen Frauenverein« und wurde bald in der Gegend herumgereicht, wo immer Theater gespielt wurde, war ich dabei. In meiner Kindheit gab es in Westfalen Gemeinschaften für künstlerisches Laienspiel, die Haaß-Berkow gründete. In einer solchen Gruppe spielte ich bis zum Eintreten in den Stimmbruch die Madonna in einem mittelalterlichen Mysterienspiel. Ein stummes Gnadenbild, das erst nach einer halben Stunde zu sprechen beginnt, um dann den ketzerischen Mönch zu bekehren.

Wenn ich von solchen »Gastspielen« nach Hause kam, sie fanden oft in den Nachbargemeinden statt, lag meine Mutter schon zu Bett. Sie richtete sich von dem Buch auf, das sie las, und sah mich lange an. Sie sagte dann immer das gleiche: »nun sieht er wieder ganz heilig aus.« Ich fühlte mich jedesmal verletzt, obwohl ich mir vorgenommen hatte, den ironischen Unterton zu überhören. Sie brachte mich dazu, die Sache immer noch ernster zu nehmen.

Ich nahm an Exerzitien teil, in denen volle drei Wochen geschwiegen wurde. Eine niederrheinische Niederlassung des Jesuitenordens hatte dazu eingeladen, und wenn man mich als Primaner fragte, was ich nach dem Abitur anfangen würde, antwortete ich unbefangen, ich wolle Schauspieler oder aber Priester werden.

Die Aufführungen, die ich in unserer engeren Nachbarschaft, im Stadttheater Bochum, zu jener Zeit sah, waren ganz dazu angetan, meine »priesterliche« Gestimmtheit für das Theater zu bestärken. Doktor Saladin Schmitt war der erste Theatermann, der mich beeindruckte. Sein Stil war feierlich und von katholischer Prächtigkeit. Ich konnte damals noch nicht ahnen, wie schnell ich mich davon freimachen sollte.

Nach einer Aufführung des »Ödipus« von Sophokles, die wir als Primaner monatelang vorbereitet hatten, ich spielte den Kreon, fand ich den Mut, den Mann mit dem magischen Namen aufzusuchen. Es war ein Frühlingstag, Ostermontagmorgen. In die Villa an der Königsallee wurde ich von einer älteren Dame ohne weiteres hineingelassen und in die erste Etage zur Bibliothek gewiesen. Wartend, die neue weiße Pennälermütze von einer Hand in die andere wechselnd, hatte ich wohl eine viertel Stunde Gelegenheit, mich umzuschauen. Also violette Tapeten hatte ich noch niemals gesehen und keine so kostbar gebundenen Bücher, die da hinter Glas standen. Elegante Lampen mit seidenen Schirmen, weiche Polstergruppen aus feinstem schwarzen Leder. An den Wänden Lithographien der überlangen Männerakte des Hans von Marées, den Namen kannte ich aus Zeitschriften. Ich war beeindruckt und verwundert zugleich.

Dann trat der hochgewachsene Mann ein. Er war mit auserlesener Eleganz gekleidet und roch nach englischer Seife. Er hielt meine Hand, wie mir schien, ungewöhnlich lange in der seinen, während mich seine Augen mit unverdeckter Strenge prüften. Die Augen hatten etwas Orientalisches, obwohl sie härter waren. Vielleicht waren eher die übermächtig buschigen, tiefschwarzen Augenbrauen entscheidend für diesen Eindruck und für die Gewißheit, die sich sofort einstellte: dieser Mann konnte gar nicht anders als Saladin heißen. Für mich war er wie ein Wesen von einem anderen Stern. Er hielt zwar noch immer meine Hand, aber er war Lichtjahre von mir entfernt. Einer solchen eigenartigen, distanzierten, einsamen Persönlichkeit bin ich in meinem späteren Leben nie wieder begegnet.

Kleinlaut sprach ich den Monolog des Kreon vor. Saladin zog ein blütenweißes Batisttuch aus der Brusttasche seines Saccos, der so tailliert saß, als trüge er ein Korsett darunter. Ich nahm das als

Sohn eines Schneiders ganz unwillkürlich wahr, sah, wie er mit dem Tuch über das Innere seiner Handfläche wischte und wie er das Tuch dann in eine Hemdmanschette seines Rockärmels so selbstverständlich versorgte, als trüge er ein Barockkostüm. Ich wußte plötzlich, dieser Mensch ist genauso aufgeregt wie du. Er räusperte sich auffällig laut, wie um sich selbst zur Ordnung zu rufen, und warf ein Kissen auf den Teppich. »Gehen Sie jetzt in den Nebenraum und schließen Sie die Tür. Sie treten dann erneut ein. Sie stutzen, erkennen Ihren Vater, der tot am Boden liegt und brechen mit einem Schrei über ihm zusammen. Das Kissen ist die Leiche. Bitte.«

Ich weinte schon vor der Tür und war dankbar, daß die Bibliothek nicht so hell war wie der Tag draußen. In Zukunft durfte ich jeden Sonntag Vormittag in die Königsallee kommen.

Saladin hatte mich seinem Heldenspieler Willi Busch als Schüler empfohlen, und auch ihn durfte ich einmal die Woche im Theater aufsuchen zum Rollenstudium. Ich sehe es als einen günstigen Zufall an, daß der erste Schauspieler, den ich kennenlernte, so gar nichts von einem Bohemien an sich hatte, nichts Weichliches, nichts Dämonisches. In der ersten Stunde begriff ich, das ist ein Beruf, in dem hart gearbeitet wird.

Und etwas anderes beeindruckte mich an Willi Busch. Er rang mit sich selbst um seine politische Überzeugung; der sogenannten »Bewegung« kritisch gegenüberstehend, war er hin- und hergerissen zwischen Liebe und Verachtung für sein Vaterland. Seine Brüder, die international bekannten Musiker Fritz, Adolf und Hermann Busch, hatten ihrer Heimat den Rücken gekehrt und waren im Ausland. Der Schauspieler aber ist wie kein anderer Künstler an seine Sprache gebunden.

Saladin Schmitt war ein leidenschaftlicher Spaziergänger, und so begleitete ich ihn oft auf seinen Wanderungen durch das damals noch ländliche Tal der Ruhr. Eines Tages erschien er bei meinen Eltern, die überrascht und verlegen waren. Sie sollten wissen, sagte er, mit wem ihr Sohn seine freie Zeit verbringe. Es tat mir leid, daß meine Eltern so verlegen waren und, ich wußte nicht warum, ich schämte mich ein bißchen. Ich genoß es sehr, so schöne Bücher geschenkt zu bekommen wie die Insel-Ausgaben der Klassiker, die Sonette von Shakespeare und Michelangelo und die Essays von Walter Pater. Ich war ein wenig beunruhigt über die Feierlichkeit, mit der mir der Meister gelegentlich über das Haar strich und dabei die Augen schloß. Solche Neigungen verstand ich erst, als ich den Briefwechsel zwischen Kainz und König Ludwig gelesen hatte, den er mir auslieh, nicht schenkte. Ich war dann nicht mehr beunruhigt ihm gegenüber. Er tat mir leid, aber Zärtlichkeit konnte ich keine empfinden. Ich wußte nur ein für allemal, wie leicht verletzlich er war. Wenn man dieses Tabu beachtete, gab es nichts, das man nicht mit ihm besprechen konnte.

In meiner Verehrung zu dem Mann war nicht wenig Stolz. Ich sah mich ernstgenommen von einem, der von Thomas Mann Briefe bekam, mit Gerhart Hauptmann korrespondierte und der ein leiblicher Vetter Stefan Georges war. Dessen dunkel tönende Gedichte hatte ich zu lesen bekommen, zusammen mit denen des ›Davidsdichters‹, Saladins eigenen Versen, die in den ›Blättern für die Kunst‹ bei Georg Bondi erschienen waren.

Auf unseren gemeinsamen Wanderungen ließ er mich teilhaben an seinen Spielplansorgen, seinen Vorbereitungen für seine berühmt gewordenen Klassiker-Festwochen. Ich wurde dazu angeregt, Material für ihn zu sammeln, und schrieb schon vor dem Abitur ein paar kleine Aufsätze für die Theaterzeitschrift »Das Prisma«. Ich lernte seinen Freund Ernst Bertram kennen, einen anderen Dichter aus dem Kreis um Stefan George, dessen Nietzsche-Buch ich verschlungen hatte und der an der Kölner Universität einen Lehrstuhl für Literatur innehatte. Mit ihm sollte ein Studienplan gemacht werden, den zu besprechen wir beide nach Köln fuhren. In der kühlen, klassizistisch eingerichteten Villa in Marienburg hörte ich der Unterhaltung der beiden Freunde aufmerksam zu und konnte feststellen, daß sie politisch durchaus nicht einer Meinung waren. Bertram glaubte, für die völkische Erneuerung, die in aller Munde war, die Argumente einer geistigen Perspektive nennen zu müssen, der sich Saladin entgegenstellte. Für ihn gehörte das zur Propaganda der Nationalsozialisten. So fand ich auf einer anderen Ebene die politische Meinung meines Vaters bestätigt, was mich

natürlich in meiner Freundschaft zu dem verehrten Mann bestärkte.
Nach bestandenem Abitur trat ich meinen ersten Vertrag an als Schauspielanfänger und Hilfsdramaturg in Bochum. Ich hatte mich für den »Zappelhans« entschieden. Nach Köln ging ich nur als Gasthörer.
Da es nichts gab, was ich nicht mit Saladin besprach, sagte ich ihm eines Abends, ich leistete ihm jetzt täglich beim Nachtessen Gesellschaft, ich hätte mich in ein Mitglied seines Theaters, in Inge Thiesfeld verliebt. Ich sagte das nicht einfach so, sondern ich schrie es heraus. Ich war wirklich gepeinigt und gequält von Liebe, und ich hatte Sorge, daß womöglich schon ein Kind unterwegs war. Ich führte mich so auf, wie ich mich fühlte. Wie jemand, dem man einen Nagel durchs Herz geschlagen hatte. Da sagte der Mann ohne jeden Übergang etwas ganz Unerwartetes: »Für das Kind würde ich sorgen.« Ich hielt den Atem an, und es entstand eine große Pause.
Inge Thiesfeld war sechs Jahre älter als ich, ein verwöhnter Publikumsliebling und eine der erfolgreichsten Schauspielerinnen seines Ensembles. Er hatte sie vom Düsseldorfer Schauspielhaus geholt, wo sie Schülerin von Louise Dumont gewesen und von ihr wie ein Kind im Hause gehalten worden war. »Wenn du und die Fräulein Thiesfeld« – er sagte immer *die* Fräulein, was ich absonderlich und altmodisch, diesmal aber ärgerlich fand – »wenn ihr zusammen ein Kind kriegt, werden es vielleicht doch nur Chrysanthemen sein.« Das sollte spaßig klingen, aber ich spürte die Ironie und sah, wie es in seinen Augen blitzte und wetterte. Er hatte diesen abstrusen Scherz gebraucht, um sich selbst zurückzurufen. Dabei wußte ich doch genau, daß er die Fräulein Thiesfeld wegen ihrer kindlichen Ausstrahlung besonders schätzte. Schlagartig hatte sich die Szene für uns alle drei verändert ...
Meine abendlichen Besuche bei ihm wurden kürzer, und Inge bekam weniger Rollen zu spielen, als sei es das Natürlichste auf der Welt. Saladins Interesse wendete sich einem jungen Schauspieler zu, der im gleichen Jahr wie ich als Anfänger engagiert worden war, Horst Caspar. Und ich saß dabei und sah zu, wie er mit ihm

eine schöne Rolle nach der anderen probierte, und wie der hochbegabte Caspar von Aufgabe zu Aufgabe wuchs und wuchs. Zähneknirschend saß ich. Heute weiß ich, daß mir damals nichts Besseres hätte passieren können: Anfängerjahre wie auf glühenden Kohlen. Von Anfang an sollte mir klargemacht werden, welchen Beruf ich gewählt hatte. Als Person ausgeliefert an die allerpersönlichsten Umstände, an den persönlichen Geschmack eines Einzelnen. Dagegen half nur Arbeit, sachliche Arbeit.
Zunächst aber gründeten wir einen Stammtisch. Alle jüngeren Schauspieler des Hauses und ein paar Presseleute, die übrigens später auch zum Theater gingen. Wir diskutierten und saßen nächtelang zusammen. Wir versuchten unsere kritische Haltung zu begründen, und wir kamen gut vorbereitet auf die Proben. Damals war es ja noch üblich, die Rollen im letzten Moment auszuteilen. Die »künstlerischen Vorstände« wollten verhindern, daß die Schauspieler vorbereitet, mit eigenen Ideen auf die erste Probe kamen. Um unfruchtbare Diskussionen zu vermeiden, wie es damals hieß. Theaterarbeit ist ja, wie keine andere Kunst, Terminarbeit; und Zeit war das Kostbarste, was ein Regisseur zu vergeben hatte. Es standen ihm höchstens vier Wochen zur Verfügung, auch für die schwierigsten Stücke.
Saladin spürte unsere kritische Haltung sehr bald, und unser Stammtisch bekam in seinen Augen eine Bedeutung, die er für uns selbst gar nicht hatte. Eifersucht war ihm ein leidenschaftlicher Genuß. Caspar übrigens blieb unserem Stammtisch fern, aber meinen Bühnenversuchen gegenüber zeigte er ein freundschaftliches Interesse. Er suchte mich am Nachmittag auf, um zu erfahren, wie am Vormittag das und jenes gemeint war vom Doktor, so nannten ihn die Mitarbeiter. Ich war schließlich auf allen Proben dabei, und Caspar war ein hartnäckiger Frager. Immer mehr fühlte ich mich in die Rolle eines Dolmetsch gedrängt. Ich mußte eine Sache vertreten und übersetzen, die langsam anfing, nicht mehr die meine zu sein. Ich wurde gezwungen, den Dingen auf den Grund zu gehen. Der schöngeistige Standpunkt, den allein Saladin vertrat, die formale Sicht auf das Kunstwerk anstatt auf das natürliche Leben genügte mir nicht. Weiblichkeit z. B. nur im Hinblick auf

Mütterlichkeit zu empfinden wie der Doktor es tat, war mir nicht gegeben. Meine Begegnung mit der weiblichen Welt hatte den Charakter des Aufruhrs. Als ein geforderter Partner fürchtete ich mich selbst zu verlieren. Liebe war eine Frage des Überlebens geworden. Ich fühlte mich ausgeliefert, preisgegeben. Ich stand einmal eine halbe Nacht vor dem Haus, in dem die Inge damals wohnte, und wartete. Ich war wie immer gegen Zehn vom Doktor gekommen und öffnete mit dem Schlüssel, den ich schon vor Monaten von ihr bekommen hatte, die Wohnungstür. Sie war nicht zu Hause. Ich weiß nicht, was mich trieb, ihre Rückkehr auf der Straße abzuwarten, es war Winter. Als sie endlich gekommen war, wartete ich noch eine Weile, bis das Licht im Schlafzimmer gelöscht war, dann ging ich hinauf und schloß auf. Wir sprachen beide nicht. Ich nahm ihr das Nachthemd ab und zerriß es sorgfältig in kleine Fetzen. Als ich wieder draußen war, rannte ich wie um mein Leben.

Vielleicht war das Klima des Bochumer Theaters damals besonders günstig für das Gedeihen von Eifersucht. Vielleicht aber gehören Theater und Eifersucht überhaupt unzertrennlich zusammen. Eine Art stimmungsfördernder Eifersucht, wie ich sie sonst nur unter Emigranten kennengelernt habe. Theater, das hat ja immer etwas Exterritoriales. Die Schauspieler in den verschiedenen Provinzstädten sind dort nicht eigentlich zu Hause, sind keine Bürger dieser Stadt. Sie spielen; sie leben kein ziviles Leben. Sie sind Emigranten, sie emigrieren von einem Theaterstück ins andere. Und es ist der beruflich bedingte Partnerwechsel, der sie zur Eifersucht besonders geneigt macht. Auch der Doktor wurde immer eifersüchtiger. Wobei sich Eifersucht nicht nur auf die Person, sondern ebenso stark auf die Sache bezog. Man wurde eifersüchtig auf den theatralischen Gedanken des anderen, auf seine Ausführung. Je anfälliger wir selber für die Eifersucht waren, um so sensibler übrigens wurden die Leistungen. Die Bochumer Bühne blühte.

Gemeinsame Spaziergänge wurden weiter gemacht, aber die Unterhaltungen dabei hatten sich verändert. Früher hatte der Doktor gern mir zugehört, wobei ich mich immer wunderte, daß ihn das

Floskel, die er sehr ausgiebig benutzte, löste sich die Verbindung auf, die die beiden Stadttheater Bochum und Duisburg unter seiner Leitung zusammengefaßt hatte. Die Duisburger Oper machte sich wieder selbständig. Es war wirklich »Leidwesen« um den auch gesundheitlich geschwächten Mann, dessen Not in rätselhaften Gründen nistete. Man hatte manches Mal Angst um ihn. Es konnte einem auch angst und bange werden vor seinen abstrusen menschlichen Einfällen und Ausfälligkeiten. Nicht nur Inge Thiesfeld und ich hatten darunter zu leiden.
Wir z. B. entdeckten eines späten Abends einen Polizisten, der mit der Taschenlampe durch die Jalousien der Fenster zu leuchten versuchte, hinter denen die Inge wohnte. Ehe wir herausbekamen, um was es sich handelte, hatte sich der Vorgang schon an mehreren Abenden wiederholt. Saladin hatte wahrhaftigen Gottes den Polizeipräsidenten persönlich angerufen und um Hilfe ersucht: eines seiner weiblichen Mitglieder bekomme nächtlich soviel Herrenbesuch, daß er es als Beamter nicht mehr verantworten könne. Er als Beamter! Es war eine lächerliche Geschichte, und doch war uns beiden nicht zum Lachen zumute.
Erst jetzt wurden wir uns ernsthaft des gemeinsamen Glücks bewußt und erlebten zusammen einen leuchtenden Sommer an der kurischen Nehrung. Wir wohnten in einer Fischerkate in der Nähe von Nidden. Hier an der Bernsteinküste des Samlandes, an dem einsamen weißen Strand verlor Saladins Theater viel von seiner Bedeutung. Wir ahnten etwas anderes, das lebendiger sein sollte als der liturgische Bochumer Stil . . . Die Natur half uns. Es war für den Jungen aus dem dunklen Kohlenpott die erste Enthüllung ihrer Schönheit. Wir standen mit der Sonne auf und gingen mit ihrem Untergang schlafen. Das Leben in der Natur lehrte uns die schreckliche Künstlichkeit unseres Theaters erkennen.
Von jetzt an wurde die Begegnung mit der Natur meine eigentliche Lebenshilfe. In allen Krisen und Zusammenbrüchen meiner späteren Laufbahn hat sie mir ihre Hilfe nie versagt. Ohne ausgedehnte Spaziergänge durch die Kiefern- und Buchenwälder zwischen Wannsee und Glienicke hätte ich in Berlin keine meiner großen Rollen geschafft, ich wäre im Narrenhaus gelandet. Immer wieder

war es der Aufenthalt in der Landschaft, der mich zu mir selbst zurückgeholt hat. Sobald ich es mir erlauben konnte, habe ich auf dem Lande und nicht in der Stadt gewohnt und statt dessen weite Fahrten auf mich genommen, oft viermal am Tag.

Am Strand liegend, schrieben wir Briefe an unsere Agenten nach Berlin und meldeten unsere Wünsche an, das Engagement zu wechseln. Unabhängig voneinander, ohne über die Zukunft zu grübeln, waren wir beide zu dem Entschluß gekommen, Bochum zu verlassen.

Wir gaben eines der renommiertesten deutschen Theater auf und standen vor dem Nichts. Bei den Verhandlungen, die vor uns lagen, sollte nicht der eine als »Knochenbeilage« für den anderen gelten, wie es im Theaterjargon heißt: nur ein zufälliges, kein erzwungenes Doppelengagement kam in Frage. Ein Jahr der Trennung, befanden wir beide, sei vielleicht sogar nötig, um Gelegenheit zu haben, unsere gegenseitige Beziehung zu prüfen. So kam es. Inge ging an das Württembergische Staatstheater nach Stuttgart und ich an das Stadttheater Bielefeld. Es war mein erster Fachvertrag: »Jugendlicher Held«.

Wir verließen den Doktor nicht leichten Herzens. Bis zu seinem Tod im Jahre Neunzehnhunderteinundfünfzig blieb ich in persönlichem Kontakt mit ihm. Sein rücksichtsloses Ausgeliefertsein an das Theater wirkte wie eine ansteckende Krankheit, gegen die es kein anderes Mittel gab als das Theater. »Nur der Skorpion heilt den Skorpion.« (Paracelsus).

Je länger Saladin tot ist, um so mehr bin ich geneigt, ihn zu historisieren. Insofern zu historisieren, als ich ihn bei jeder neuen Betrachtung ein Jahrhundert früher leben lasse, und siehe, sein unerklärliches Wesen hellt sich von Stufe zu Stufe mehr auf, je mehr er zurückversetzt wird in die Geschichte.

Zu seinen Lebzeiten erschien er mir wie ein Zeitgenosse Oscar Wildes, seine Kleider von englischer Eleganz, das ausgewählte Schuhwerk, sein Krawattenkult, seine sich brüstende Haltung im Frack. Keine seiner Gesten, die nicht eigentlich ästhetische Zitate waren und auch so vorgetragen wurden. Es war die priesterliche Gebärde des Jugendstils.

Doch dieses Beardsley-Portrait verflüchtigt sich, wenn man an die barocke Welt denkt, die Boswell in seinen Tagebüchern beschreibt. Jener Herr, der gerade bei Garrick gespeist hatte und der die finanziellen Geheimnisse geistlicher Würdenträger ebenso sicher in seine zynische Plauderei unterzubringen wußte wie die Preise für die Strichjungen von Marylbone, zugeknöpft bis unter die buschigen Augenbrauen, war das nicht eigentlich mein Lehrer?

Sein Geheimnis, das ihn wie eine ständige Gefahr umgab, nicht mit den Fingerspitzen berührte er es, nicht einmal mit einem seiner großen weißen Batisttücher, die er so ungewöhnlich oft in Bewegung brachte ... Mit einem solchen Battisttuch winkte er eines Morgens auf der Bühne eine Schauspielerin, die ihm zu töricht war, als daß er sie einer persönlichen Ansprache von seiten seiner, des Regisseurs Gnaden, für würdig hielt – er winkte sie wahrhaftigen Gottes stumm und ein wenig beleidigt in die ihr zugedachte Stellung ein.

Saladin, dessen Bild ich hier zu machen versuche, war beinahe kahlköpfig. Eine silbrige Strähne, übrigens zeitweilig künstlich nachgedunkelt, lag fixiert wie ein breites Band auf seinem hohen Schädel. Saladin wäre ein idealer Perückenträger des Barock gewesen. Undurchschaubar listig, verschlagen und vital wie ein Feldherr mit verzogener Braue, ein kaiserlicher Diplomat des Heiligen Römischen Reiches, ein Kurienkardinal mit privaten Spekulationen. Er war von blitzender Gefährlichkeit, und diese Ausstrahlung war erschreckenderweise auf Kommando zu seiner Verfügung. Er hantierte damit wie ein Elektriker.

Seine gedankliche Verführungskraft als Regisseur wurde durch die Gabe ergänzt, Schauspielern die Rollen vormachen zu können. Das war oft genug quälend für die Betroffenen. Das Außersichsein der Weiber, Maria Stuart und Elisabeth, in Augenblicken unbedingter Leidenschaft wie alttestamentarischen Hasses, gelang ihm peinigend und so unverhohlen schamlos vorzustellen, daß man zum Schweigen verurteilt wurde. Ich kann mir seit dieser Zeit keine Darstellerin der Penthesilea vorstellen, die den Zwang ihres Handelns so aus der Enttäuschung als Frau holt, wie er das tat,

erschütternd die Grenze überschreitend zu dem, was wir fatalerweise noch immer Perversion nennen. Es war so, als würde Kleists Dämon selber in Frauenkleidern auf der Bühne stehen und anspringen gegen sein Verhängnis.
Saladin spielte alle diese Rollen nicht vor, er »machte vor«, er zeigte die Richtung an, zeichnete den Weg auf, machte spürbar ihr nacktes Wesen, ihr Glück oder ihr Unglück. Die Chiffre der Rolle. Und das alles mit ungeschulten Mitteln, mit peinlichen, teils abstrusen und oft genug komischen Gesten, manchmal krächzend oder kreischend, vielleicht augenrollend und überschrieen, aber auf diese verzerrende Weise immer das Innere der Figur aufreißend. Da wurde die Unterwelt belichtet wie von einem schlagenden Wetter. Grausam und scheußlich konnte das sein für jeden, der zuschaute. Er selber fühlte sich jenseits von Gut und Böse. Ein Getriebener auf der Suche nach der Wahrheit, der die anderen treiben muß, sie mitzusuchen.
Unvergeßlich ist mir ein Vormittag in der Probenzeit zum »König Ödipus« – eine schrecklich schöne Sache, das Haupt der Gorgo am frühen Mittag leuchten zu sehen. Hier nämlich stellte sich nicht mehr die Frage, in welchem Kostüm, in welchem Zeitgeist Saladin am genauesten auszumachen sei. Er zeigte die Rolle des blinden Sehers Teiresias vor, und darin erkannte ich Saladin mit Gewißheit. Er bediente sich der »persona«, der Maske, durch die er hindurchsprach. Ich habe ihn weder vorher noch nachher mit der Maske agieren sehen. Dieser Teiresias wies ihn endgültig als einen Bürger der Antike aus. Einer, dem der Faden zu den Göttern noch nicht zerschnitten war. Beladen mit einer Schuld, die nur die Schuld der Götter selber sein kann, die er auf unnatürliche Weise mitzutragen versucht. Saladin hinter der Maske, die er ein Leben lang trug. Der Homosexuelle, der sich sein Leben lang tarnen muß, der zur höchsten Meisterschaft gezwungene Akteur hinter der persona.
Wieso hatte dieser einsame Mann, in einer argwöhnisch bürgerlichen Umgebung lebend (Ausspruch: wo kann man in Bochum anders sein als im Theater oder im Bett), solche fakirhaften Fähigkeiten so ungewöhnlich entwickelt? Sich täglich und stündlich

gefährdet dünkend, immer eingekerkert im Korsett seiner »Haltung«, nie herausgekommen aus der Gefangenschaft des Leibes. Aller Verkehr mit der Außenwelt bestand nur in sorgfältig herausgeschmuggelten Kassibern aus dieser seiner Gefangenschaft des Leibes. Er hatte seine körperliche Existenz, Extremitäten, Stimme, ja seinen ganzen Habitus gedrillt, die wirksamste Ergänzung seiner vorgehaltenen Maske zu werden. Der Maskenträger hatte sich als ein solcher dressiert und war darum als Vormacher schrecklich wirksam wie einer der maskierten Mimen des Kaisers Theodosius, von denen Panopolos sagte: »daß sie Gesten hätten, die Sprachen sprächen; Hände, die Münder, Finger, die Stimmen besäßen.«
Der eigentliche Schauspieler ist von Hause aus ein Maskierter. (Kainz spielte den »schönen Liebhaber« sein Leben lang mit fast zynischer Wut, seitdem er als junger Anfänger in Gera auf der Galerie die jungen Mädchen über seine Sperlingswaden hatte spotten hören. Da schon wurde in ihm der Entschluß zur Maske gefaßt.) Der Homosexuelle tarnt sich als ein anderer, weil die einen es so wollen.

Montalto und das einfache Leben. Eine Art Paßstraße führt von Castellina nach San Donato. Sie teilt die Landschaft in sehr unterschiedliche Gebiete. Das westliche ist klimatisch milder. Weingut grenzt an Weingut. Immergrüne Steineichen und Lorbeerwälder. Das östliche Gebiet ist dagegen karstig und rauh. Als die Landflucht begann, verließen die Bauern hier als erste ihre Höfe. Der Boden ist felsig und hart. Über die Schönheit des einen oder des anderen Gebietes kann man sich streiten. Nicht über seinen Ertrag.
Als wir hierher kamen, um eines der verlassenen Gehöfte auszubauen, konnten wir wählen zwischen denen hüben und drüben. Wir entschieden uns für eines, das auf der karstigen Seite lag, hoch und einsam. Von dort hatte man einen herrlichen Rundblick über viele kleine Täler und auf den mit Schirmpinien bewachsenen Etruskerhügel, in dem vor noch nicht langer Zeit die kunstgeschichtlich bekannten Gräber von Castellina gefunden worden waren. Es war Sommer, als wir uns entschieden, und wir spürten

dankbar den leisen Wind, der unsere Stirnen kühlte. Wir konnten anfangen. Was braucht man alles zum »einfachen« Leben? Immerhin Wasser, Heizung und Telefon.
Zunächst wird mit dem Bagger eine Schneise, die einmal eine Straße werden soll, durch Felder und Eichenwäldchen geschaufelt. Das sieht im Sommer aus wie das Geröllbett eines ausgetrockneten Bachs und während der Regenzeit verwandelt es sich in ein drei Kilometer langes Schlammbad. Damals wußten wir nichts, heute fünf Jahre später, wissen wir viel über Straßenbau. Aber es muß durchgestanden werden. Der Hohlweg, den der Bauer mit dem Ochsenkarren benutzt hat, ist zu steil und felsig, um mit dem Auto befahren werden zu können.
Es wird eine Zeit der Bewährung für das Zusammensein von Gesa und mir. Wir sind durchaus nicht immer einer Meinung, was für unseren Freund, den Architekten Sep Ruf, nicht einfach ist. Die Schwierigkeiten der sprachlichen Verständigung mit den Handwerkern kommen hinzu. Freunde, die uns zwischen den Steinhaufen in dem kahlen Felsennest unter Arbeitern und Maschinen herumirren sehen, fürchten für unseren Verstand und sagen vorsichtig, schließlich seien wir doch keine Dreißig mehr. Das Ganze ist weitläufig und an einen steilen Hang gelehnt. Es gibt viele Treppen.
Den Kessel für die Heizung zum Beispiel haben wir auf Vorschlag des Freundes in einem Nebenraum der mächtigen Steinscheune untergebracht, die später das Studiotheater werden sollte, und die noch einmal vierzig Stufen höher am Hang über dem Haus liegt. Wir versuchen, auf alles zu achten. Der Charme der toskanischen Bauernarchitektur darf nicht zerstört werden.
In den großen Ferien verbringen wir jeden Tag auf dem Bau. Trotzdem muß einiges wieder eingerissen, anderes durch einen zweiten Umbau korrigiert werden. Nicht gelungen ist es uns, zu verhindern, daß ein Feld dunkelblauer Iris, der Wappenblume von Florenz, jeweils im November, Dezember auf Montalto in voller Blüte zu bewundern ist. Dies Wunder ist einfach zu erklären. Die Heizungsröhren, die von der Capanna herunter ins Haupthaus führen, sind trotz mehrfacher Versicherung von seiten der Baufirma nicht isoliert worden.

Die Handwerker sind hilfsbereit, unermüdlich und so guter Laune, daß es einfach nicht gelingen will, auf alles zu achten. Man wird angesteckt von ihrer Leichtigkeit. Man bewundert ihren Formsinn, ihre Handfestigkeit und Erfindungskraft, und man wird nachlässig in seinen Forderungen. Heute würden wir vieles anders machen. Erst wenn man lebt in einem Haus, erkennt man dessen Fehler. Kein Wunder, daß nach einem Jahr der zweite Umbau nötig wurde, den praktischen Bedürfnissen mehr Rechnung tragend als der Schönheit. Es soll ja alles ganz einfach sein, aber wie selbstverständlich verwöhnt wir Leute aus der Stadt sind, das merkt man erst hier. Das Wasser muß schließlich auch in der zweiten Etage genug Druck haben, um die Badewanne schnell zu füllen. Und man will nicht des Nachts im Dunkeln vierzig Stufen den Hang hinaufklettern, um in der Capanna die Heizung für das Wohnhaus höher oder niedriger zu stellen.
Obwohl wir zu einem Gebiet gehören, das »Riserva di Caccia« ist, kommt gelegentlich ein Jäger mit seinem Auto bis ans Haus gefahren. Also muß ein Tor gebaut werden auf der neuen Straße. Bei einem Schrotthändler in Florenz finden wir zwei halbe »Sonnen«. Rundeisenstäbe, die von einem Zentrum ausstrahlen und durch Bögen zusammengehalten werden. Der Schmied von Castellina setzt die beiden Halbsonnen auf mächtige Quadrate, die in demselben Material gebaut werden, und das Tor ist fertig. Es paßt zu den sanften Schwüngen unserer Hügel, als hätte es immer dagestanden. Eine Bocciabahn, die auch die Regenzeit überdauern kann, wird gebaut. Treppen zum Hohlweg hinunter, Steinstufen zur Capanna hinauf. Eine Stützmauer, damit der Regen nicht Erde von der neuen Straße schwemmen kann. Wir wissen langsam nicht mehr, wo uns der Kopf steht. Es sollte doch alles ganz einfach werden? Aber eins zieht das andere nach sich.
Ich fange an, italienische Geschichte zu lesen. Die Vergangenheit der Deutschen in diesem Land. Die Geschichte des Heiligen Römischen Reiches Deutscher Nation. Die Deutschen in der Toskana. Die Österreicher in der Toskana. Ich hänsele unsere deutschen und unsere holländischen und schweizerischen Nachbarn, daß wir barfuß durch den Schnee des Appenin nach Hause

laufen werden. Nordwärts in Armut, wie viele unserer Vorfahren. Galgenhumor hilft bekanntlich.

Wir spüren nicht nur im Sommer den kühlen Wind, wir leiden im Winter auch unter den kalten Stürmen auf Montalto. Inzwischen haben wir natürlich längst entdeckt, wie kahl unser Hügel ist. Der Entschluß, Anpflanzungen zu machen, liegt nah und ist einfach zu fassen. Aber wie schwierig ist die Ausführung. In die Erde ist kaum hineinzukommen. Wieder muß ein Bagger bestellt werden, die Ruspa. Die Löcher zu roden ist teurer als die Bäume zu kaufen, die wir aus falschem Ehrgeiz zu groß auswählen. Ein Drittel wächst nicht an, und die Kleineren haben die Größeren inzwischen an Wuchs übertroffen. Eine Olive zu pflanzen, nicht nur in diesen Boden, braucht Geduld. Die Olive benötigt ein großes und tiefes Pflanzloch mit viel Luft und Steinen, sozusagen eine eigene Drainage. Nur so kann sie den trockenen Sommer überstehen. In Blechkanistern schleppe ich das kostbare Wasser, das in der Zisterne gesammelt wird, zu den Pflanzstellen, die tief untereinander liegen am Hang. Hunderte von Metern weit. Das Gemeindewasser, das wir von Castellina herauf haben legen lassen, soll nur im Haushalt gebraucht werden. Es fehlt an Leitungen und Schläuchen. Schließlich wird eine Motorpumpe geliefert.

In mondhellen, fast weißen Nächten sitzen Gesa und ich todmüde auf der offenen Loggia und können uns nicht satt sehen an dem, was wir pflanzten. Wir haben beide feuchte Augen, ganz wie damals am Wannsee, als das Gartenamt ohne jede Vorankündigung vor unserem Hause alle die über zweihundertjährigen Linden an einem einzigen Tag fällte. An jenem Tag, als wir den endgültigen Entschluß faßten, von Berlin wegzugehen. Nur weinen wir diesmal vor Glück und nicht vor Wut.

Wie zur Belohnung beschenkt uns der erste Sommer auf Montalto mit einer leuchtenden Flut unzähliger Rosen.

Beginn in Berlin

Nach einer Spielzeit in Bielefeld wurde ich an das Stadttheater in Kiel verpflichtet. Als ich dort im zweiten Jahr engagiert war, kam die Einberufung zum Reichsarbeitsdienst. Ich hatte gerade den Goetheschen Clavigo gespielt im gelbseidenen Rokokofrack, und nun gedachte ich, Drillich und Knobelbecher ebenfalls als Kostüm zu tragen. Das aber wurde schon nach drei Tagen anders. »Gelobt sei, was hart macht!« stand überall im Lager angeschrieben, und danach wurde gehandelt. Man sprach davon, es war im Jahre 1938, daß der Kriegsausbruch unmittelbar bevorstünde. Die Nervosität der Vorgesetzten steigerte sich zur Brutalität. Wider alles Erwarten erhielten wir eine militärische Ausbildung. Sie war kurz, aber hart. Dann ging's an den Westwall. Die »Siegfriedlinie« wurde gebaut in hastiger Eile. Tag und Nacht wurden Betonbunker gegossen. Unsere Arbeit war das Armieren, die Verdrahtung der Eisenrüstung. Zehn Stunden am Tag. Beim Rückmarsch ins Lager hieß es: »Ein Lied!« Während wir sangen, sah ich zu den Vogesen hinüber und dachte an meine Großmutter Josephine Noël, die Mutter meiner Mutter, die aus Frankreich gekommen war. Und ich war dem Weinen nahe, wenn ich an meinen Vater dachte: »Du sollst wissen, was dir bevorsteht. Hitler, das bedeutet Krieg!«

Ich war seit einem Jahr mit Inge Thiesfeld verheiratet und war verzweifelt, denn ich mußte fürchten, sie nie wiederzusehen. Es hieß, wir würden in der Stunde X an Ort und Stelle als Soldaten eingesetzt. In der Eingeschlossenheit des Lagers war die Weltun-

tergangsstimmung, in der sich ganz Europa befand, schwer erträglich. Aber noch war es nicht soweit. Noch wurde Aufschub gewährt. Der englische Premierminister Chamberlain reiste mit seinem Regenschirm nach München und machte noch einmal gut Wetter für eine Saison – obwohl Hitlers Armee in Prag einmarschiert war. Das »Münchner Abkommen« wurde geschlossen, Europa atmete auf.
Nach meiner Entlassung fuhr ich zurück nach Kiel zu meiner Inge. Ich hatte mich verändert. Die körperliche Arbeit war mir gut bekommen.
In dieser Woche gastierte Paul Wegener in Kiel als Edgar im »Totentanz« und als »Kollege Crampton«. Wegener war ein internationaler Star, wir kannten ihn alle nur von seinen dämonischen Filmrollen her, und es war durchaus nicht selbstverständlich, daß er die Kollegen aus der Provinz nach der Vorstellung bat, mit ihm zusammenzusitzen. Ich saß ganz am unteren Ende der Tafel, wie sich das für einen so jungen Schauspieler gehörte. In der Stille einer Gesprächspause – der vielberufene Engel ging durch den Raum – hörte man Inge in ihrem singenden ostpreußischen Tonfall sagen: »Und dann hat er mir die Nächte schwer gemacht!« Wegener, selber Ostpreuße, spielte sofort den unwiderstehlichen Charmeur: »Wer hat Ihnen die Nächte schwer gemacht, gnädige Frau? Und wer ist denn da aus Ostpreußen?« Er rief den Kellner: »Herr Ober, jetzt ist der Moment gekommen, wo ich meine Frau nicht mehr frage, ob ich noch Alkohol zu mir nehmen darf.« Er lud uns alle als seine Gäste ein. Es wurde eine ausgelassene Nacht, und am nächsten Morgen durften Inge und ich ihn beim Museumsbesuch begleiten.
Einige Wochen später stand ich mit klopfendem Herzen vor seiner Garderobentür im Schillertheater in Berlin. Würde der Mann mich wiedererkennen?
Ich war mit dem letzten Geld aufs Geratewohl nach Berlin gefahren, in die Reichshauptstadt, wie sie damals hieß, und wohnte in einer Pension in der Potsdamer Straße, wo die Übernachtung Einemarkfünfzig kostete. Dafür durfte ich die ganze Nacht die Geräusche der Wasserspülung anhören, denn die Toilette direkt neben meinem Zimmerchen war für alle Gäste die einzige.

Die große Stadt verwirrte und entzückte mich zugleich. Es war Liebe auf den ersten Blick. Ich konnte noch nicht ahnen, daß ich vierzig Jahre hier leben und glücklich sein sollte, daß meine drei Kinder alle Berliner werden und in einem herrlichen Garten am Wannsee aufwachsen sollten. Ich war naiv und unbefangen, der reine Tor aus der Provinz. Kein Wunder, daß Paul Wegener mich mit Staunen empfing, aber mich immerhin wiedererkannte. Wenn ich mit ihm über die Philosophen des Fernen Ostens sprechen wolle, sei er gern dazu bereit, vom Theater aber verstehe er zu wenig. Ich nahm damals als Koketterie, was in Wahrheit Bitterkeit war und Ressentiment aus politischen Gründen.
Wegener haßte die Nazis und ihre Auffassung von Kunst. Ihnen hingegen galt er als entartet, als Judenfreund, dem Osten zugeneigt. Die anderen deutschen Charakterspieler hatten es da leichter, auch mit sich selbst. Jannings, nach großen Erfolgen in Hollywood heimgekehrt, wurde künstlerischer Leiter der staatlichen Filmgesellschaft »Tobis«. Werner Krauss mit seinem vielbesprochenen Antisemitismus war zum Staatsrat ernannt worden. Eugen Klöpfer zum Intendanten der Volksbühne. Heinrich George zum Intendanten des Schillertheaters. George, von dem der noble Wegener mir einmal sagte: »ich bin ein sehr guter Schauspieler, er ist ein Genie.« Dieser George war nun sein Chef. Er hatte ihn noch als Kommunisten gekannt, als idealistischen Gesprächspartner von Herbert Wehner, ja als einen verzweifelten Heimkehrer aus dem Ersten Weltkrieg, revolutionär, wie es der liberale, mit Theodor Heuss befreundete Wegener nie gewesen war.
Also es hätte keinen Sinn ihm vorzusprechen, aber Ernst Legal, der Oberregisseur des Hauses, würde mich empfangen, das könne er zusagen. Dazu kam es schon am nächsten Morgen. Legal war eher reserviert zu mir. Ein universell gebildeter Mann, in Schulpforta erzogen, musikalisch und ein großer Komödiant obendrein. Er war schon damals Intendant gewesen, galt als bedeutender Opernregisseur, und er wurde ja auch wieder Intendant, als die Naziära vorbei war, nämlich an der Staatsoper in Ostberlin. Ich sagte ihm, daß ich Schüler sei von Saladin Schmitt und begann vorzusprechen. Alles, was ich konnte. Nach einer Stunde hatte er

noch keine Miene verzogen. Dann, nach einer kleinen Weile, unterbrach er mich, seufzte leise und pfiff durch die Zähne. Er fuhr sich mit der Hand über seinen grotesk hohen Schädel, als kraule er in den nicht vorhandenen Haaren und wies mich mit der anderen Hand zur Tür. Wortlos fuhren wir mit dem Fahrstuhl zum Bühnenpförtner hinunter. Er verabschiedete sich und sagte: »Sie sprechen heute abend Herrn George vor. Um neun bitte.« Wie auf Daunen ging ich hinaus, an die frische Luft. Ich hatte einen Mordshunger und verzehrte bei Aschinger zur Erbsensuppe sieben Brötchen. Wie sollte ich nur die Zeit herumbringen? Ich hatte niemanden in Berlin, mit dem ich hätte sprechen können. Als ich mich abends eine Stunde zu früh auf der Probebühne einfand, kannte ich die Auslagen aller Geschäfte in der Friedrichstraße und auch die meisten Bänke im Tiergarten. Bei Aschinger war ich noch ein zweites Mal gewesen.

Jetzt stehe ich dem Mann gegenüber, von dem ich lernen sollte, auf der Bühne zu atmen. Wirklich zu leben in einer fremden Haut. Jemand hat von draußen die Tür aufgehalten und wieder hinter ihm geschlossen. Weich wie ein Bär ist er hereingestapft, beide Hände in den Taschen seiner Manchesterhosen vergraben. Er trägt ein offenes Wollhemd und um den Hals ein rotes Kattuntuch. Seine Augen wischen über mich hinweg, und er sitzt schon hinter dem kleinen Tisch, als er sagt: »zieh die Jacke aus und fang an.« Er legt die Arme weit über den Tisch und den massigen Kopf darauf. Das geschieht mit der Ruhe eines Bernhardiners. Alles ist groß in diesem Gesicht. Die hellen Augen, die rundliche Nase, der Mund und die Ohren. Der verblüffend helle Schnauzbart zu den fast schwarzen Haaren. Hände und Füße eher zierlich im Verhältnis zu der Masse des Körpers. Seine erstaunliche Natürlichkeit wirkt sofort auf mich. Ich sehe ihn nur ganz kurz an, und mein Lampenfieber ist wie weggeblasen. Ich sage die ersten Sätze und fühle, so hat dir noch niemand zugehört. Carlos. Homburg. Gyges. Der Jakob aus Halbes »Strom« und der Teufel aus »Scherz, Satire, Ironie«, alles, was ich schon gespielt habe. Romeo, Oswald, Tasso, Franz Moor, alle Rollen, die ich noch nicht gespielt habe. Zuletzt tobe ich und rase, der Schweiß läuft mir den Rücken herunter. Ich

spüre, wie meine Kraft gewachsen ist bei der Zwangsarbeit draußen am Westwall.
Als George endlich aufsteht, sind fast zwei Stunden vergangen. Er stapft auf mich zu, gibt mir einen kleinen Kuß auf die Backe und sagt: »Du bist engagiert. Geh morgen zu Doktor Raeck ins Büro, der macht den Vertrag«, und läßt mich allein.
Acht Tage später erhalte ich mit der Post in Kiel zwei Reclamhefte, eingeschrieben per Eilboten: meine erste Rolle in Berlin. Es ist der Prinz Heinz in beiden Teilen von Shakespeares »Heinrich IV«. Den Falstaff spielt George, meinen Vater Heinrich den Vierten spielt Paul Wegener. Ernst Legal führt Regie.

Zwei Monate später, noch im Jahre 38, bringt »Die Woche« mein Prinz Heinz-Foto als Titelblatt. Ich fühle mich wie im siebten Himmel. Das sensationslüsterne gefürchtete brausende Berlin hatte mich angenommen. Als ich im Zweiten Teil der Shakespeare-Tragödie meinem Rollenvater Paul Wegener auf dem Schlachtfeld zur Hilfe eile, reiße ich mir in der Premierenaufregung den Helm herunter und mit dem Helm auch die dunkle Perücke. Die ungewollte Verwandlung des Prinzen von Wales in einen weizenblonden Jungen aus Westfalen wird vom Publikum mit Szenenapplaus bedacht. Die Kritiken sind gut. Ich bekomme mein erstes Filmangebot, die jugendliche Hauptrolle in einem Seekadettenfilm. Das Leben ist schön. Ich habe eine herzensgute Frau, sie ist graziös und gescheit, und unsere Umgebung ist von ihrem Charme bestrickt. Alle Wünsche sind erfüllbar. Das Leben ist wie eine vorausbezahlte ununterbrochene Taxifahrt, man gibt immer neue Adressen an, aber man steigt nicht aus. Die Welt ist noch zu Gast in Berlin.
In Heinrich George habe ich einen Chef, der kameradschaftlich ist und voller Humor. Um uns auf der Bühne zum Lachen zu bringen, ist ihm jedes Mittel recht. Das Theater war ja in Deutschland nicht immer so freudlos und vertrocknet, so ängstlich auf Belehrung bedacht wie heute. Es schenkte Freude, weil es denen Freude machte, die spielten. Was steht über dem alten Potsdamer

Theater? »Dem Vergnügen der Einwohner«. George also ist unermüdlich im Erfinden von Situationen, die einen verblüffen, vielleicht auch provozieren sollen. Wenn er mich als Falstaff in der Kneipe von Eastcheap zu beschimpfen hat »Du Degenfutteral, du Stockfisch!« kommen täglich neue, immer phantastischere Verhöhnungen hinzu. Ich merke trotz meiner Jugend – ich bin jetzt dreiundzwanzig – worauf das hinausläuft. Er will herausbekommen, ob ich auf der Bühne fähig bin zum Gegenangriff. Je kühner ich in meinen Antworten werde, um so mehr vergnügt es ihn, und schnell gibt er dann seinerseits bei. Bin ich kleinlaut und ohne Phantasie, scheut er sich nicht, eine riesige Kanne Sekt über meinen Kopf auszuleeren.

Wenn wir beide uns an den Händen halten, um den Applaus entgegenzunehmen, hat er sich vorher unbemerkt aus der Gasse einen mit Naßschminke vollgesogenen Schwamm geholt, den drückt er gleichzeitig mit meiner Hand und überläßt es dem Publikum herauszufinden, wieso aus unseren Händen rotes Wasser fließt.

In diesem Zusammenhang scheint es mir gut, George gegen falsches Zeugnis in Schutz zu nehmen: ich habe ihn, an vielen hundert Abenden sein Partner, niemals betrunken auf der Bühne erlebt. Nach der Aufführung mochte es immer wieder die bekannten Exzesse geben, aber auch dann blieb die Probe am nächsten Vormittag davon unbehelligt. Seine Natur war sehr stark.

Die zweite Rolle, die ich mit ihm zusammen spiele, ist Georg, zu seinem berühmten Götz von Berlichingen der fromme Knappe. An einen besonderen Abend der vielen Aufführungen dieses Stükkes habe ich eine unvergeßliche Erinnerung.

George sitzt in voller Rüstung in seinem Lehnstuhl hinter den Kulissen. Er scheint zu schlafen. Er besitzt die wunderbare Eigenschaft, sich in den Pausen seiner Rolle so entspannen zu können, daß er auf der Hinterbühne, während »draußen« die Aufführung weiterläuft, für ein paar Minuten die Augen schließt und einschläft. Ein Meister der Entspannung wie Buonaparte, von dem man ja berichtet, er habe während der Schlacht immer wieder die Gelegenheit wahrgenommen, sich durch Schlaf ein bißchen zu erfrischen. Der Inspizient nähert sich und tippt George auf die Schulter. Der brüllt ohne Übergang aus dem Schlaf heraus mit Stentorstimme: »Jörg, Miltenberg brennt!« Und im gleichen Augenblick ganz leise zu mir, der ich daneben stehe: »Was machst du für ein Gesicht?«. Ich sage ebenso leise: »In einer halben Stunde geht mein Zug nach Prag! Sie hatten mich für morgen zu Nachaufnahmen des Films freigegeben.« Jetzt kommt seinerseits mehrfach lautstark und, wie mir scheint, wütend gegen sich selbst, denn er hatte als Prinzipal etwas anzuordnen vergessen: »Miltenberg brennt! Miltenberg brennt!« und leise zum Inspizienten: »Wo ist Kai Möller? Er soll Hessling festhalten!« Und während wir uns gemeinsam auf die Bühne ins Getümmel stürzen, erwischt der Abendregisseur Möller noch den Kollegen Hans Hessling beim Bühnenpförtner, um ihn zu bitten, heute statt meiner den letzten Auftritt des Knappen Georg zu spielen. Hessling hatte die Rolle früher einmal mit George gespielt, und ich weiß nicht, ob sich an diesem Abend das Publikum gewundert hat, wieso der Knappe plötzlich einen Kopf kleiner geworden war. Ich saß indessen im Schlafwagen nach Prag und schminkte mich ab. Große Kosten waren der Filmfirma, und mir war der Ärger erspart geblieben.

Was die Filmerei betraf, so hatte ich ohnehin ein schlechtes Gewissen. Ich hatte sie nicht ganz ernst genommen. So diszipliniert ich in der Bühnenarbeit durch Saladin Schmitt erzogen worden war, so wenig ahnte ich, daß der Film auf Grund seines Gemischs von Technik, Kunst und Kostenaufwand unbedingt auf Disziplin bestehen muß. Unerfahren also und größenwahnsinnig zugleich hatte sich der Schneidersohn im feudalen Hotel Ambassador eingemietet, am Wenzelsplatz in Prag. Ich war überwältigt von der Freundlichkeit der Menschen in dieser von der deutschen Wehrmacht besetzten Stadt. Meiner angestammten Schwäche für das Fremde erlag ich willenlos.

Ich bin in meinem Leben nie Barbesucher gewesen und auch für Alkohol nicht sonderlich anfällig, aber an diesem ersten Abend im Ambassador gehe ich nach dem Nachtessen sofort in die Bar. Es spielt gar keine Rolle, daß außer mir kein Gast da ist. Die tschechische Bedienung ist überaus freundlich, und die Zigeuner-

kapelle spielt herrlich und spielt alles, was ich will. Es ist wieder das Gefühl, ununterbrochen im Taxi zu fahren, für das vorausbezahlt wurde. Ich brauche nur die Adressen zu wissen.
Immer wieder beschwöre ich die einzige Bardame, die da ist, noch nicht Schluß zu machen, ich sei ein Filmschauspieler. Ich spreche Französisch und Englisch mit ihr und zuletzt Tschechisch. Sie ist fast einen Kopf größer als ich und hat einen hohen Busen. Ich tanze die ganze Nacht mit ihr Tango und Onestep und betrinke mich ziemlich sinnlos. Meine Geldgeschenke an den Stehgeiger sind sinnlos hoch. Ich verlasse die Bar gegen sechs in der Früh. Um sieben muß ich beim Maskenbildner sein in den Barrandow-Ateliers. Die Vorstellung, die ich dort an jenem Morgen meines ersten Drehtags gebe, entspricht nicht dem, was man sich unter der Neuentdeckung des Berliner Schillertheaters vorgestellt hat. Die Gesichter um mich herum sind nicht belustigt, sie sind enttäuscht. Peinlich. Erst am Nachmittag bin ich fähig, einen Satz vor der Kamera zu sagen. In Amerika hätte man mich ausbezahlt und für immer nach Hause geschickt.
Diese Schlappe aber hat bewirkt, daß es in den vierzig Filmen, in denen ich später trotzdem spielen durfte, niemals eine Verzögerung durch meine Person gegeben hat, und ich habe nie ein Atelier betreten, ohne meinen Text bis aufs Komma zu können.
In diesem Jahr 1939 entdeckten Inge und ich gemeinsam die Ostsee. Freunde nehmen uns in ihrem Wagen übers Wochenende mit hinaus. In zwei Stunden sind wir auf der Insel Rügen. Aber auch die nächste Umgebung Berlins ist herrlich. Wir feiern die Baumblüte in Werder. Wir fahren im Kahn durch den Spreewald. Ich durchstöbere an probenfreien Tagen die vielen hundert Antiquitätenläden der Stadt und muß aufpassen, daß ich nicht süchtig danach werde. Wir können unsere Dreizimmerwohnung in der Künstlerkolonie am Breitenbachplatz gemütlich einrichten, weil ich am Radio etwas nebenbei verdiene. Bei dieser Gelegenheit lerne ich das Große Berliner Ensemble kennen, denn die Schauspieler der dreißig Berliner Theater bilden eine einzige Familie. Ich lerne Friedrich Kayssler, Eugen Klöpfer, Gustav Knuth kennen und alle die berühmten Kollegen von Gründgens' Staatstheater. Und um das Glück vollkommen zu ma-

chen, bringt Inge pünktlich zu ihrem dreißigsten Geburtstag einen Sohn zur Welt. Wir nennen ihn Sebastian, und ich bin ein verliebter, zärtlicher Vater – ganze vierundzwanzig Jahre alt.
Vierzehn Tage später, am 1. September, klingelt es Sturm an der Wohnungstür morgens um sieben. Eine verdammt frühe Stunde für einen Schauspieler, der allabendlich zu spielen hat und nachts nicht vor ein Uhr schlafen geht. Ist die berauschende Taxifahrt schon zu Ende – sie dauerte doch nur ein Jahr? Draußen steht ein Herr in Stiefeln. Es handele sich um unser jugoslawisches Hausmädchen, erfahre ich. Alle Ausländer werden sofort nach Hause geschickt, sagt der Herr, denn wir haben Krieg. Donnerwetter, denke ich, das nennt man Organisation. Während Bella weint und ihre Sachen zusammenpackt, stelle ich das Radio an und höre Hitlers rabiate Stimme mit dem dramatischen R – »Seit 5 Uhr fünfundvierzig wird zurückgeschossen und Bombe wider Bombe!« Ohne Kriegserklärung ist die deutsche Wehrmacht in Polen einmarschiert. Zwei Tage später erklären England und Frankreich Deutschland den Krieg.
Nach der Niederwerfung Polens trifft Norwegen, Dänemark, Holland, Belgien und Frankreich das gleiche Schicksal. Die Idee, England aus der Luft besiegen zu können, wird im Oktober 1940 aufgegeben, aber im Juni beginnt die Invasion von 121 deutschen Divisionen in die Sowjetunion.
Berlin hat sich total verändert. Heinrich George kann meine Reklamation nicht mehr durchsetzen. In Potsdam, in derselben Kaserne. wie dreißig Jahre zuvor mein Vater, werde ich zum Infanteristen ausgebildet. Dort auf der Wachstube besucht mich Inge mit Sebastian an der Hand. Drei Monate später gehöre ich einem Volksgrenadierregiment an, das an die Front nach Leningrad geworfen wird. Inge begleitet mich nach Frankfurt an der Oder. Im offenen Güterwagen stehend, nehmen wir Abschied voneinander. Jemand hat mit Kreide an die Waggons geschrieben »Jungens, das wird ein kalter Winter.« Ich winke der Inge, sie winkt nicht.
Ich lasse einen zweijährigen Sohn zurück und eine schwangere Frau. Wir sind uns einig, wenn es diesmal ein Mädchen wird, soll es Christiane heißen.

Das mütterliche Wort

Meinem Sohn und meinem Enkel

1943 geschrieben. Meine Generation war aufgewachsen, ohne gelernt zu haben, geschichtlich zu denken. Wer überleben wollte, mußte sich einrichten im nationalen Unglück oder fliehen – ins Wort.

»Laß mich im düstern Reich,
Mutter, mich nicht allein!«

Es ist März geworden. Der Schnee liegt noch glasig und dick wie im Dezember. Bloßen Fußes geht man die Steintreppen hinunter zu den Duschräumen dieses Hauses, das, vormals eine Hochschule, nun der Pflege von Verwundeten dient. Unten im Keller tut sich auf einem Flur die Tür auf. Ein russischer Gefangener im Schafspelz bringt frische Feuerung herein; der eisige Wind durchstößt die Korridore und trifft das Hirn wie ein Pistolenschuß: was tun die Anderen draußen, die Zurückgebliebenen, Hartnäckigen, Nichterfrorenen? Sie liegen in ihren zeltüberdeckten Löchern an den Ufern des erstarrten Wolchowflusses, des Stromes der Toten.
Hier mitten im Erdgeschoß ist die Küche, die mütterlich für uns besorgte, und daneben die Kleiderkammern. Da hängen die Gefährten der Angriffe und Nachtwachen; Beutepelze, Maschinenpistolen und Kopfschützer. Was war das für ein Winter, und in welchem Land sind wir?
Könntet Ihr die Gesichter derer sehen, die jetzt von der Front kommen und dies Haus betreten! Sie sehen das erste elektrische Licht in ihrem Leben, möchte man meinen. Ungläubig schauen sie in die warmen Duschräume hinein, und wie sie jetzt einzeln Namen und Truppenteil nennen, da ist das wie der Neuanfang eines Lebens auf einem anderen Stern. Mehr Männer mit Erfrierungen als Verwundete sind es, die sich ihrer Kleidung und ihrer Ausrüstung entledigen, um nach Monaten der Schlaflosigkeit und des Schmutzes den ersten Strahl warmen Wassers über ihren Kopf rinnen zu fühlen. Eine Wiedertaufe neugeschenkten Lebens, Reinigung von aller Vergangen-

heit. Ein Zustand der Schwebe zwischen den Zeiten. Es scheint, als ob eines der Geheimnisse dieses Landes, das Ineinander von Gegenwart, Vergangenheit und Zukunft, in unsere Sinne gefallen wäre. Wie war es denn? Der zivile Abenteurer wurde zum »Soldaten der Pflicht«, dem Todesnachen entstiegen, tritt er ans Ufer des Hölderlin-Landes, nun endlich menschliche Pfade zu wandeln . . .

> – Ach viel der leeren Worte
> haben die Wunderlichen gemacht. Geschieht
> doch alles aus Lust und endet doch alles
> mit Frieden.

Vier Reihen Strohsäcke liegen auf dem Parkettboden des Schulsaals, dessen beleuchtete Kassettendecke ewige Festesstimmung verbreitet. Drei Tage und drei Nächte hält der Schlaf die Entkräfteten in seinem Arm. Nachdem der zertrocknete Körpernerv aufgefüllt ist, kehrt das Gleichgewicht zurück. Die erschreckende Wachheit vor dem Geräusch des Geschosses aber ist geblieben. Der Blick ist durchsichtig. Die Pforten der Himmel stehen noch offen . . . Nun beginnen die ersten Gespräche. Es gibt nichts Aufgeschlosseneres als Soldaten nach der Schlacht. Bald weiß man ein paar Namen und ein paar Gesichter. Pavl, der Este neben mir, hat schon zwei Monate in Narva gelegen, und immer wieder eitert aus seinem narbendurchfurchten Rücken ein neuer Stahlsplitter heraus. Heute ist er ausgegangen, und in seinem Schafsmantel mit den Pelzflügeln an der Mütze war er für uns alle ein ganz ungewohntes Bild. Er glich eher dem weißblonden Prinzen in einem Märchen seines Landes als einem Krieger im russischen Stellungswinter. Am Nachmittag wurde Pavl gesucht von einer estnischen Krankenschwester. Seine Mutter war gekommen, eine kleine verarbeitete Bäuerin. Viele Stunden ist sie mit dem Essenskorb über Land gegangen und wartet auf ihren Jungen. Der kommt erst heim, als das Haus gerade geschlossen wird zur Nacht. Zwischen Tür und Angel treffen sie aufeinander. Die Frau sieht eine Sekunde lang den Wodkaschimmer in den vergnügten Augen des Sohnes, übergibt schnell den Korb mit einem mädchenhaften Nicken und läuft dann die sieben Stunden zurück zu ihrem Hof.

Draußen steht eine dunkle frostige Nacht. Wir hadern schweigend mit dem weißen Prinzen, dann tritt das Bild der eigenen Mutter vor unser Lager ...

Es ist zehn Uhr geworden. Den Saal durchzieht mit knatternder Härte das Segel des ersten Schlafes. Die schnarchenden Männer ruhen auf den Wellen vergangener Anstrengung und Entbehrung. Die Erinnerung an die Schrecknisse schwankt durch den Raum wie ein überfrachtetes Schiff. Ich bin gerade dabei, meine Zigarette zu löschen, als mich mein Nachbar zur Linken auf den Arm schlägt, gleich darauf schreiend, er werde nun doch Schwefelblüte nehmen, das verfluchte Ding schösse wieder nicht. Ein Bajonettstich zwischen die Lungenflügel hat ihn hierhergebracht; nun liegt er da, die Arme weit vom Körper herabhängend, den Hals nach rückwärts gewendet. Ich lege ihm seine Hände auf den Leib und schließe meine Augen; dann kommen die Erinnerungen. ... Es war in Tur, einem Landflecken, in dessen Nähe die Trigoda in den Wolchow mündet, als ich zum ersten Male einem Feldgeistlichen begegnete, einem bei der Ausübung seines Amtes. Der untersetzte Mann mit einem gepflegten Vollbart, eher wie ein russischer Pope anzuschauen, steht vor einer der Türen, die aus dem hohen Saal zur Rechten und zur Linken hinaus führen in die Vorräume dieses riesigen Gebäudes, das nach beschwerlichem Anmarsch endlich vor uns erreicht wurde. Ehemals eine Fabrik, ein Brauhaus vielleicht, ein Versammlungs- oder Krankenhaus, jetzt ist es der Hauptverbandsplatz einer aufgeriebenen Division.

Durch die halbzerfallenen Tore fegt der Schnee in den Saal, auf dessen Zementboden, mit spärlichem Stroh bedeckt, sich die Männer niederkauern, klamm und steif, vom tagelangen Liegen auf den offenen Kraftwagen. Wir schlürfen den heißen Tee und sehen keinem der vielen Toten ins Gesicht, die die Sanitäter an uns vorbeitragen. Inzwischen wächst der Haufen abgebrauchten Kriegsgerätes an, der sich in einer Ecke zwischen den Türen breit macht und auf den die Sanitäter wahllos Kleidungsstücke, Lederzeug und Waffen werfen. Der Schwerverwundete braucht das Seitengewehr nicht mehr, den Brotbeutel nicht mehr der Tote. Immer wieder öffnet sich die Tür des Zimmers, vor der der Geistliche steht und in dem die Männer mit den

Gummischürzen schnell und sicher und beruhigend still am Werke sind. Ab und zu wird der untersetzte Vollbart hereingerufen. Und jedesmal, wenn er wieder herauskommt, ist es, als ob dieser Mann uns fremder, um Jahre entrückter geworden ist . . . Sein Gesicht ist gütig, beinahe lächelnd, seine Stimme, wenn er einen vorübergehenden Verwundeten anredet, sanft und hell. Und jetzt spüre ich es deutlich: die neuangekommenen Männer hassen ihn, hassen ihn um jeden Toten mehr, den er vielleicht vor wenigen Augenblikken noch zum Ende hin getröstet hat.
Ein wenig später wird uns unser Auftrag bekannt. Hinter dem jenseitigen Ufer des Wolchowflusses ist ein Waldstück auf Skiern zu durchkämmen und in einer Tiefe von fünf Kilometern eine vorgeschobene Stellung zu stürmen.
Beim Morgengrauen greifen wir an. Es ist der erste Angriff, den ich mitmache. Auf der Anfahrt in die Bereitschaftsstellung – kurz vor Mitternacht – hört man hundertfach das Aneinanderklingen von Trinkbechern und Spaten, Gewehrschaft und Feldflasche. In den Kurven stöhnt der Schnee unter der Last auf den gewachsten Brettern. Gerät einer von uns aus der Spur, dann gibt es einen klingenden Ton, beinahe fröhlich; ein ungewollter Vorstoß in das verschneite Ödland, dessen nächtliche Stille erst wirksam wird durch das Geschnaufe der Männer. Ein Nebelstreif gefrierenden Atems, der zurückbleibt . . .
Nie wieder werde ich in solch einen Mond schauen. Er scheint so groß, als wollte er den gleitenden Heerbann in sich aufschlucken. Ein Riesenauge, unwirklich flach, von rostigem Rot und dabei ein alles verzerrendes Licht. Kein Stern steht am Firmament. Wolkenbilder mit gewittergrünen Rändern und braunen Schattentälern. Das Ufer des Stromes haben wir überschritten; wir wissen nicht, wie lange wir uns schon auf seiner Eisdecke bewegen, unterströmt vom Wasser eines Urtales. Wie dick muß diese Winterhaut sein, wenn Granattrichter, ins massive Eis gehauen, totenstill sind; kein lebendiges Rauschen, kein beruhigendes Gluckern.
Zwei volle Stunden fahren wir ins Riesenrund des Mondes hinein. Ist es das verborgene Wasser, ist es das verzerrende Licht, oder ist es das, was uns bevorsteht, der gefürchtete Blick ins Auge des Geg-

ners, was alle Beziehungen löst – ich fühle eine vogelhafte Leichtigkeit in mir. Schwerelos fahren wir dahin. Es wird halblaut gesungen in den beiden Zügen, die uns zu Fuß folgen, die Bretter geschultert.

Die Reise nach Jütland, ei, die fällt mir so schwer,
Du, mein einzig schönes Mädchen, wir sehn uns nicht mehr.

Jetzt müssen wir eine kleine Insel umfahren, auf der ein Haus steht. Beinahe dran vorbei, erkennen wir ein eingefrorenes Schiff. Gespenstisch heben sich seine Masten in die sternlose Nacht. Ein verlassener Baggerkahn im erstarrten Wasser.

Das Schifflein am Strande schwanket hin und schwanket her,
grad als ob im fremden Lande keine Hoffnung mehr wär.

Geduckt erklettern wir das jenseitige Stromufer, unser junger Bataillonsadjutant allein steht in voller Größe vor der unbepflanzten Weite. »Mir kann heute nichts geschehen, Kinder, an meinem dreiundzwanzigsten Geburtstag.« Wir laufen, der Schneeschuhe entledigt, durch unsere vorderste Grabenlinie, um in einer Schneise vom Kommandeur für den Angriff eingewiesen zu werden. Da haben wir Neuen zum ersten Mal die Wolchow-Krieger gesehen. Ein Häuflein gesichtsloser Männer mit seltsam geweiteten Pupillen; Uniformen vom vereisten Lehm verkrustet, das schmutzige Weiß des Winterstahlhelms, das angebrannte, nicht mehr zu reinigende Kochgeschirr . . .
Mit einer Fingerbewegung befiehlt der Bataillonskommandeur jedem einzelnen von uns, nach vorn zu gehen. Am Ende des Trampelpfades steht er, in einer Lücke des halbdichten Buschwäldchens, dem Eingang ins Niemandsland. In Schützenlinie keuchen wir an ihm vorbei. Immer wieder hebt und senkt sich der Zeigefinger seiner vor den Leib gehaltenen Hand; es ist, als ob er jeden einzelnen damit abtäte, ausstriche aus einer Liste. Dunkel und starkknochig wie ein Rübezahl steht er im knackenden Geräusch der Ästchen, die von den erfrorenen Birkenstämmlingen fallen. Nachdem der Letzte meines Zuges vorbeipassiert hat, sehe ich den Mann unter der Föhre einen Schluck aus der Flasche tun, die er aus der Rocktasche seines Pelzmantels zieht; eine Bewegung, we-

gen deren allzuhäufiger Wiederholung er am Ende unserer Wolchowunternehmung zurück in die Heimat geschickt wurde.

Wir wissen unsere Kompaßzahl, den Winkel zur Sonne, die jetzt wäßrig hervorblinzelt, formieren uns in Schützenkette, flüstern uns von Mann zu Mann Entfernungen, Anschlußzahlen und Zugehörigkeit zu, und ich komme aus dem Erstaunen nicht heraus, daß wirklich alles so getan wird, wie wir es auf dem heimatlichen Übungsfeld probierten.

Der Schnee reicht bis an den Nabel, wir tappen nach allen Seiten sichernd voran. Die Leichtigkeit ist noch in mir, ist tiefer gesunken unter die Grenze meiner Aufmerksamkeit. Der Körper ist nur noch Instinkt, atmende Witterung. Da steht auf acht Meter Abstand der erste Russe vor mir; ein hoher und breiter Mann im Schafspelz, halb mir zugewandt, die Hände in den Taschen, das Schnellfeuergewehr umgehängt; ein stiller Vorposten, wie taub aus der Erde gewachsen, nicht fremder und nicht unbekannter als die Bäume des Waldes. Es fallen zwei wohlgezielte Schüsse. Wie ich sein Blut im Schnee sehe, ist keine Reue fühlbar: Schrecken und schmerzliche Wut. Ich sehe das Kristall des weißen Schnees und darin die breite Lache dampfenden Blutes, das ausfließende Leben eines getöteten Menschen. Es gibt kein röteres Rot. Alle Leichtigkeit ist unwiederbringlich aus mir herausgefallen.

Dann peitschen wie ein Hagelsturm Gewehrgeschosse durch die Bäume. Aus den Stämmen blitzt das weiße Holz. Meine Schießbrille beschlägt vom Atmen, blind falle ich in Schneelöcher bis zum Kinn; erstickende Angst ist in mir.

Jetzt wird nicht mehr geflüstert. Als Maschinengewehrfeuer einsetzt, schreien wir nicht nur unsere Zugmeldungen, auch unsere eigenen Namen hinüber und herüber. Der Abstand von Mann zu Mann ist auf fünfzehn Schritt angewachsen. In wilden Sprüngen, die schweren Munitionskästen reißen einen immer wieder zur Erde, fallen wir über Unterholz und Baumwurzeln.

Immer wütender, an der Feuerstärke des Gegners wachsend, klingen unsere Schreie, bis wir ohne Verabredung losbrüllen, gemeinsam »Hurra« schreien, als wären wir alle zusammen ein Tier, das verwundet aus dem Dickicht bricht.

Die Antwort des unsichtbaren Gegners, sein heiseres »Hurreh« kommt überraschend aus der linken Flanke. Mit unwillkürlicher Wendung und wieder schreiend stürmen wir in die neue Richtung. Kälte ist keine mehr zu spüren, Hautfetzen bleiben am Stahl der Waffen kleben. Unsere Granaten fallen in die verschneiten Bunker, die plötzlich wenige Schritte vor uns auftauchen. Ihre Öfen qualmen. Als der Gegenstoß des Gegners beginnt, hört man hinter den Maschinengewehren hier und da Stöhnen und Weinen. Es sind die frisch aus der Heimat gekommenen Ersatzmänner, schwäbische Bauernjungen, denen die Nerven versagen. Erfrorene Füße, nicht mehr im Stiefel zu bewegen, erfrorene Nasen und Hände. Der Schmerz macht die Männer unvorsichtig; viele stehen aufrecht beieinander. Da schlagen schon die ersten Granaten von drüben ein. Volltreffer in die Gruppen. Flüche der Unterführer und Zugführer. Es ist drei Uhr mittags, und schon sinkt die Dämmerung in das Waldstück. Niemand hat geglaubt, daß sich die Kälte noch steigern könnte. Fünfundvierzig Grad. Die Mühe um die Verwundeten wird gleichgültig. Ein Stoßtrupp wird aufgerufen, Verbindung mit dem Nachbarregiment aufzunehmen. Die am ärgsten Betroffenen melden sich dazu. Sie schleichen sich rechts hinaus über das freie Eisfeld des Flusses. Da: Granatwerfervolltreffer. Dreißig Schritte vor mir liegt mit zerspaltenem Schädel ihr freiwilliger Führer, unser Bataillonsadjutant, das strahlende Geburtstagskind von heute morgen. Ich kann bei seinem Anblick nichts empfinden; ich habe ihn doch ganz gut gekannt, und jetzt liegt er da. Halblaut spreche ich seinen Spitznamen vor mich hin, das ist alles. Und als ich seine Stiefelspitzen unter dem weißen Schneehemd hervorstechen sehe, kommen sie mir zu klein vor. Es fehlt an Feldbahren, die Verwundeten zu bergen. Als die ablösende Einheit endlich kommt, macht sich ohne Befehl ein jeder auf den Weg. Von drüben läßt man die gesammelte Feuerkraft auf unsere Bewegungen los.

Um den Weg abzukürzen, tasten wir uns zurück durch das ehemalige deutsche Grabenfeld; alle paar Schritte stolpern wir über tote Männer, die hier seit Wochen zu Stein erfroren liegen, in der Bewegung des Kampfes vom Frost zu einem panoptikumhaften Leben festgehalten. Auf schwarzen Erdinseln – die Artillerie hat den eisenharten

Boden umgepflügt – liegen Knäuel von Menschenleibern, in der Geste des Nahkampfes noch jetzt mit erhobenem Spaten einander bedrohend. Jünglinge, im abgeschabten Sommerrock sich in die schwarze Erde oder ins eigene Handgelenk verbeißend. Daneben pelzgekleidete Russen, noch im Tode herüberlangend, beide wachsgelb, beide von der gleichen Granate getroffen. Etwas weiter zurück die Mutloseren vielleicht, oft mit der Photographie einer Frau, eines Kindes in der Hand oder auf dem Leib.
In Zeltbahnen schleppen wir unsere Schwerverwundeten heim. Das heraussickernde Blut gefriert zu roten Zapfen.
Wieder ist sternlose Nacht. Das Gelände wird schwieriger, zerrissene Bäume wollen umgangen sein, die Verwundeten stöhnen beim kleinsten Rucken; wir können unsere Füße nicht mehr heben, die toten Leiber nicht mehr umgehen, die immer zahlreicher werden, je weiter wir zurückkommen. Ein leichter Wind bringt Schnee mit. Feine Nadelspitzen anstatt Flocken. Über uns heult es durch die zersplitterten Äste. Nun sind auch die Augen der Ältesten naß. Keine Scham mehr vor dem andern, da ist kaum einer, der nicht laut und verzweifelt weint. Wir wissen gar nicht, wen wir in den Zeltbahnen mit uns tragen und wer für immer blieb. Beine und Füße scheinen abgestorben, es ist, als ginge man auf Stümpfen, auf den Kniegelenken.
In der Nähe des eingefrorenen Schiffes erreichen wir den Strom wieder, den alten Anfahrtsweg von gestern.

> Das Schifflein am Strande schwanket hin und schwanket her,
> Grad als ob im fremden Land keine Hoffnung mehr wär.

Unsere Schatten auf dem Strom irren uns voran. Der Mond steht uns im Rücken. Er ist dunkelrot, ohne Gesicht und satt. Sein Licht stößt uns gleichsam von sich ab, hinein in die Schneewolken und Nebelbilder, die uns umhüllend aufnehmen . . .
Als Mitternacht vorbei ist, sind wir wieder im roten Steinhaus beieinander. Immer noch steht der untersetzte Vollbart vor der Kammer, in der die Männer mit den Gummischürzen so schnell und so sicher und so beruhigend still am Werke sind. Hier haben die letzten vierundzwanzig Stunden nichts verändert. Als jetzt der geistliche Mann den einen oder anderen anspricht, steigt ein

tierhaftes Lächeln in ihre Augen. Sein vertrauliches »Du« treibt ihnen Schamröte ins Gesicht. Sind wir Geschöpfe in der einzigen Geborgenheit Gottes?
Viel stärker als die Liebe ist der Tod. Alle Straßen der Sehnsucht enden in ihm. Die Liebe aus dem Geschlecht: dieser rote Vorhang der Erinnerung ist zerschlissen; durchsichtig geworden, wettert durch ihn der Unbekannte. Wir sind nicht mehr die Gestrigen. Leben wir im wirklichen Heute?
Die Nacht verbringen wir in einer Hütte nahe beim roten Steinhaus, die Nacht nach der Wanderung zwischen den beiden Monden. Nur jeder Dritte ist zurückgekehrt; aber unsere Gesichter sind uns gegenseitig so neu, unsere Bewegungen uns so fremd, daß keiner noch das Fehlen des Zweiten und Dritten empfindet. Still, gleichsam für die Zurückgebliebenen mit, tun und sprechen wir. Die Stimmen haben viele Böden, aus den Augen schauen Drei heraus.
Schnell ist die kleine Holzstube überheizt, der Lehmofen glüht, und wie Watte legt sich die Wärme auf unsere Ohren. Ich liege unter einer Wandbank, auf der sich zwei mit den Scheiteln berühren. Wenn ich den Kopf ein wenig anhebe, fällt mir ihrer beider Haar zu einer feuchten Strähne vereint ins Gesicht.
Als es gegen Morgen kälter wird, stehe ich auf, um Holz hereinzuholen. Die Tür stößt knarrend auf, Nebel bläst über die Schlafenden hinweg. Draußen im zugeschneiten Garten steht der Kompanieführer. Ich klopfe den Schnee von den Holzkloben, da sehe ich im Hereingehen, die Hand schon am Riegel der Tür, daß er nur Socken an den Füßen hat. Und als ich ihn darauf aufmerksam mache, deutet sein Kopf nach oben: »Wieder derselbe Mond wie gestern und vorgestern.« Und er umfaßt sein rechtes Handgelenk und bewegt in der Linken die gespannte Faust. Er wendet sich mir zu, erst mit dem Gesicht, dann mit der ganzen Gestalt: »Wie viele sind wir jetzt noch? Zweiundzwanzig. Ja.« Er ist der Einzige von uns, der zu zählen anfängt. Dann sieht er mich an. Es ist der Blick eines Bruders, aus dem die Mutter herausschaut.
Die Lastwagen der Kampfgruppe stehen bereit für die Rückfahrt ins Heimatgelände unseres Regimentes. Als der Befehl kommt, hierzubleiben, um unmittelbar einer anderen Division unterstellt zu wer-

den, sieht man keine Enttäuschung auf den Gesichtern. Der tote Fluß läßt einen nicht los. Im Winkel eines seiner Kniee lösen wir eine verbrauchte Mannschaft ab. Das aus den Resten vieler Bataillone zusammengewürfelte Häuflein verschießt in der letzten Wachnacht seine gesamte Munition, wie in einem Rausch. Es geschieht aus der Freude zurückzukommen und gleichzeitig, um sich der Last zu entledigen für den Rückmarsch. So reißen sie sich mit Lärm ins Leben zurück, und man hört beim Aufbruch viele, die sich selber laut mit Namen anrufen und verrückte Zeichen machen. Wer so tief im Namenlosen steckt, muß sich selber taufen.
Wir sind nur zu dritt im neuen Unterstand, der Zugführer, der Krankenträger und ich, der Melder. Der Ofen ist ein leeres Benzinfaß. Sein Rohr besteht aus Konservenbüchsen, die ineinander stecken. Der Boden, mit Tannenreisig bedeckt, ist beinahe trokken. Wir hängen unser Koppelzeug an die Holzspäne, die in die Lehmwände geschlagen sind, und reinigen unsere Waffen. Ich hocke vor dem Ofen, aber nur die Fußspitzen werden warm, und das versengte Leder riecht nach Tierhaut. In der gleichen Stellung saß ich auf dem Kraftwagen, der uns herbrachte; so fahre ich immer noch weiter. Und obwohl wir über die vereiste Rollbahn rasen, ist eine gleitende Zurückbewegung in mir.
Schneewolken lassen die Gestalten am Wege verblassen. Männer, klamm an ihre Kräder gedrückt, sausen scharf an uns vorbei: Gebirgsjäger, die wir ablösen. Auf jedem Beiwagen liegen zwei, drei erfrorene Tote mit Riemen aufeinander geschnallt, flach und gerade wie Bretter. Eine Parade des Todes im schärfsten Tempo gefahren. Der Zug der Opfer, motorisiert.
Die Ebene, rings herum auf viele Stundenweite zu übersehen, dröhnt vor Kälte. Wie Knochenfinger weisen alleinstehende Schornsteine in den grünen Himmel: hier stand ein Dorf. Aufgetriebene Pferdeleiber ragen aus dem Schnee an den Rändern der Rollbahn. Die Nüstern hellrot.
Unser Wagen bremst, einige steigen ab, ihr Wasser zu lassen. Einen Augenblick lang spürt man warmen Rauch, flüchtig wie in einem Reagenzglas, dann steht eine schmutzige Säule im Schnee, im Nu in der Luft gefroren.

Ein namenloses Gespenst ist der Krieg. Wie ein offenes erfrorenes Auge sieht es dich an, und so siehst du ihn.
Ein Heerbann von Augen marschiert auf mich los. Der dunkle Tierblick des Leides, Jahrtausende alt. Es ist ein Zug ziviler Russen, den ich vor der Kommandantur stehen sah, tagelang am selben Fleckchen voll brütender Geduld, Passierscheine zu erhalten. Mit Sack und Pack, mit Schlitten und Wägelchen und mit vielen Kindern. Kinder im Arm und in den Decken, Kinder in Kissen gebunden, ins Hausgerät eingeschnürt, Kinder, die nicht einen Laut von sich geben. Kinder, die nur Augen sind, die wochenlang wortlos durch den Schnee marschierten, oftmals mit nackten Knien in den Filzstiefeln, ein monatealtes Schwesterchen als Bürde. Nie habe ich eines dieser Kinder weinen oder schreien hören. Aber auch die Greise schimpfen nicht und weinen nicht.
Wie eine Strafe überfiel mich Tags zuvor der Auftrag, die Einwohner aus der Feuerzone heraus, hinter die Hauptkampflinie zu bringen; ich hatte das ganz allein zu tun. Es waren ein paar Familien aus den Holzhütten in der Nähe des Bahndamms, bei denen man unvermutet ein Sendegerät gefunden hatte.
Schweigend umsteht das Häuflein seine Habe. Ein paar greise Männer und Frauen, junge Mütter mit ihren Kindern. Die unnötigsten Gerätschaften sind zusammen mit dem Bettzeug auf kleine Handschlitten geladen, die immer wieder umschlagen. Eine heftig schluchzende junge Frau preßt ihr Gesicht in ein Kissenbündel, in dem ein Kinderkopf zu erkennen ist. Sie lamentiert laut und verweigert jede Hilfe. Die Alten ziehen stumm ihren Karren, den ich von hinten zu schieben versuche.
Stockend bewegt sich der Zug über das Eis des Tigodaflusses, als deutsche Infanterieaufklärer über unsere Köpfe hinwegbrausen. Im selben Augenblick liegen die Alten flach auf dem Bauch. Die Kinder staunen in die Luft und bleiben aufrecht. Alles ist still, außer der klagenden Mutter, die immer mehr gegen sich wütet, das Kissen mit dem Kind vorsichtig auf das Eis bettet, und sich dann selbst darüber wirft. Auf meine Fragen erfahre ich, daß es sich um eine Verwandte handelt, die nach vierzehntägigem Fußmarsch gestern erst angekommen ist. Die Flieger haben sich entfernt, als die Frau das Kleine wie-

der aufnimmt, und nun habe ich Gelegenheit, genauer hinzusehen. Der Säugling ist tot, die Füßchen erfroren. In dem Eifer, es zu wärmen, hatte die Mutter das Kind erstickt. Seit Tagen trägt sie die kleine Leiche mit sich herum und weigert sich, sie zurückzulassen.

Nun sind die Wochen der dunkelsten Nächte. Die Fronten stehen still vor dem Gesicht dieses Winters, alle Bewegungen erstarren vor seinem gläsernen Auge. An gefrorenen Seen vorbei führt mich allnächtlich der Weg bis an den Rand des Hochwaldes, in dem kein Vogel fliegt und kein Tier lebendig ist. Wenn du hier auf Horchposten stehst, brüllt dir die Stille in beide Ohren, und du mußt an dich halten, sonst schreit sie aus dir heraus. Es lärmen die zurückgelassenen Toten im vereisten Harz der Bäume, und ein abgebrochenes Holz läßt dir den Atem stocken. Mit jedem Reisig, das deine Hände, die tastenden Füße knicken, bricht ein Stück Leben aus deiner Vergangenheit, verlierst du einen Freund, ein Gedicht, eine Geliebte, springt ein Stück von dir in den Schnee, wie ein klirrendes Kristall.

Mit Vorsicht und Eifer findest du immer wieder den kleinen festgetretenen Platz von gestern und vorgestern, zwei Fuß breit und zwei Fuß lang. Hier ist vorjähriges Laub, auf dem du stehst, und nun hebst du den Fuß, langsam den rechten, langsam den linken, streckst und krümmst ihn immer wieder im Stiefel. Unhörbar muß der Takt dieser Bewegung sein, denn das Auge des Baumschützen ist scharf, sein Ohr hell, und die Horchposten drüben stehen wie Eissäulen, wachsam wie das Wild.

Eine Stunde dieser Kälte ausgesetzt, spürst du das Mark in den Röhren deiner Knochen sich verfestigen. Du gefrierst langsam von innen, das Gefühl für deine Außenhaut stirbt ab. Ein Vorgang, täglich verwunderlicher. Bald nimmst du ihn so unpersönlich wahr, wie der Wissenschaftler am fremden Objekt die künstlich hervorgebrachte Entwicklung.

Am sechsten Tag, an dem du stehst, bist du endlich du selbst, ohne Vorher und Nachher, ohne Sehnsucht, ja ohne Erinnerung an das Geschlecht. Durchsichtig wird dir dein Leben, du siehst den Anfang und siehst das Ende, und mächtig wächst dir im Herzen die Mutter. Von ihr kamst du und zu den Müttern mußt du. Um

dich das kahle Geäst der Bäume belaubst du mit deinen Gedanken, und da ist viel Platz, und da ist viel Zeit . . .
Die Kronen der Kiefern sind damit beladen, und wie gestochen zeichnen die entlaubten Eichen deine Gedanken gegen den Himmel. Du lernst deine Handschrift lesen am Horizont. Kein Vogelflug, der dich ablenkt, kein Tierruf, der dich verlockt, du stehst erschreckt von dir selbst, allein vor dem Nichts. Du suchst Gott in allen Nächten und findest deinen Anfang, du findest die Mutter. Des Mannes Begierde ist erloschen, du glühst körperlos für das Ende.
Da trifft dich das mütterliche Wort, jedesmal zeitiger. Eine wundersame Gelassenheit atmet aus deiner Brust. Bist du reif am Baum, so pflückt dich Gottes Hand, dann wird deine Mutter weinen, und dein Sohn wird warten . . . Aber solltest du je zurückkehren, so bleibst du ein Einzelner – das weißt du – allein mit deinem Anfang, allein mit deinem Tod. Du kannst dich nicht mehr an einen Menschen verlieren. Von Stunde zu Stunde weitet sich die Nacht, du stehst noch – da nahen sich die Lichter, deinen neuen Himmel zu bestirnen. Keine Furcht ist in dir und keine Hoffnung. Stärker als die Liebe ist der Tod. Alle Straßen der Sehnsucht enden in ihm.
Deine Ohren sind weit, es tönt darin die Melodie ewiger Dämmerung, denn kein Morgen mehr und kein Abend ist zu erkennen. Alle Stunden wandeln im gleichen Kleid der Belichtung, weiß bleibt der Schnee bei Tag und bei Nacht, im stumpfen Grau bleibt der Himmel.
Immer tiefer steigt der Frost in die Erde, der Winter frißt sich in sein Grab. Der Überwache ist müde und der Müde überwach. Der Raum über dir verliert sich, und die Zeit ist dir längst entgangen. Die Füße der meisten sind erfroren, der Schritt wird dir sonderbar leicht, die Stiefel werden aufgeschnitten, die Ballen quellen zu blutigen Schwämmen. Stroh und Papier, Säcke und Zeltbahnen werden darum geschnürt. Zwei Äste unter die Arme gedrückt, so heben und stoßen sich die Männer vorwärts in die Erdlöcher hinter ihre Gewehre.
Der Weg der Ablösung vom Unterstand in die vordere Stellung ist kurz; er führt über die zugewehten Toten des Herbstes. Du mußt deine Notdurft verrichten und stolperst über ihre Leiber, du mußt deine Notdurft verrichten und tust es mit Unterbrechungen, sonst

beißt dir die Kälte dein Leben weg. Du freust dich auf dein Gepäck, das die Schlitten vom Troß bis an die große Schneise brachten. Du robbst den Waldrand entlang bis an den bekannten Ort, da siehst du die eigenen Wachposten erschlagen auf den Holzstapeln liegen und findest auch nicht einen Tornister. Du hast das einzige Stück Heimat verloren, aber deine Trauer hat kein Gewicht mehr. Wer wird jetzt deine beiden Bücher in den Händen halten, den »Wandsbeker Boten« und Pascals »Gedanken«? Kein Brief blieb dir von vielen, kein aufgeschriebener heimlicher Wunsch und kein Bild vertrauter Gesichter. Du besitzest ein Taschenmesser, eine Pistole, ein Gewehr, und das Maschinengewehr habt ihr zu viert. Die Luft ist dünn geworden um euch wenige. Die Augen übernehmen den Dienst der Verständigung – eine Sprache des Schweigens ist zwischen euch.
Gefallen ist die Grenze zwischen Traum und Tat. Handlungen sind wie Federn im Wind, aber die Träume wachsen schmerzhaft, wie zähes Holz dir ums Herz. Der Schlaf stößt dir den Kopf durch tausend Wände.
Um die Rinden der Bäume flimmert die Ahnung vom Ende, ein Flämmchen der Hoffnung leckt dir das Brustbein herauf, und die Teufel der Feigheit kneifen dir plötzlich die Sehnen: da schlägt die Stunde. Du wendest dich zurück: da hörst du den Ruf: »Matuschka!« Im Flüchtlingsstrom, ein verirrter Knabe stieß ihn aus, die verlorene Mutter zu finden. Du lauschest ihm nach, kein zweiter folgt und kein dritter. Eine tönende Stille stülpt sich über die Wälder, wie wenn alle Ungeborenen die gläserne Kuppel läuteten. Das war dein Zeichen, und du hast es nicht verstanden. Du hältst dir die Ohren zu und hörst nicht den wirren plötzlichen Lärm; da kriecht es heraus aus den Bunkern: Alarm! Alarm! Du wendest dich vorwärts und kannst dich nicht lösen. Du stehst wie ein Fremder . . .
Die Waffen stampfen. Die wortlosen Münder schreien, zu Hunderten wälzt sich die Schlange des Gegners über den Bahndamm, noch keine vierzig Schritt von dir entfernt, zerschießt man ihr den Leib. Das Waldstück schwelt. Im Vorbeilauf rüttelt dich der Zugführer: »Schieß doch grün«, ruft er dir unter den Helmrand, »unsere Artillerie schlägt zu kurz.« Du greifst in die Tasche, lädst die Pistole: du bist doch der Melder und stehst wie ein Fremder! Da durchzuckt dich

dein Unrecht, du hebst noch den Arm, den wichtigen Schuß zu feuern und schon liegst du getroffen im Schnee.
Der Baum neben dir, noch eben standest du wie er, zerbrach in der Mitte. Du siehst seine Wunde, da weißt du, daß du noch lebst. Schmerz ist keiner zu fühlen, aber auch nicht das Leben. Du drückst die Augen in den kühlen Schnee, die brennen von dem grünen Gewitter. Man zieht dich am Fuß, dein Freund kriecht heran, der Sanitäter, dich zu verbinden. – Da schreist du vor Schmerz, du spürst deinen Körper bis prall unter die Haut, und du drückst dich an die Erde. Im Ohr wiederholt sich der fliehende Ruf des russischen Kindes, und ein Gefühl überkommt dich, wie du es nicht kanntest. Wie spürst du zu Hause den wartenden Sohn.
Da springt es aufs neue heran. Schwarze Erde wirft sich in Klumpen dir auf den Rücken. Du preßt einen Fluch zwischen die Wurzeln des Nachbarn, des verwundeten Baumes, du wälzt dich herum, denn neben dir stöhnt es ganz nah. Dein Helfer ist es, der Freund, das Verbandszeug in den Händen. Seine qualmende Pfeife, im ganzen Abschnitt bekannt, steht aufrecht im Schnee, entfiel dem fröhlichen Munde, aus dem jetzt sein Blut rinnt. Und nun liegst du auf ihm und reibst seine Hände, jetzt merkst du, deine Linke versagt ihren Dienst. Mit dem Messer zerschneidest du den Waffenrock, der dir warm an der Brust klebt. Du hebst deine Augen, und fremd ist dir alles, fremd sind dir die nächsten Gesichter. Fremd ist dir dein Gewehr, das du zurückläßt, wenn schon der Mann ausfällt. Du hast Frieden geschlossen im Herzen, du Fremder. Zu keinem von diesen gehörst du.
Noch einmal im Unterstand, dich abzumelden beim Kommandeur, siehst du ein Bild, das dich festhält: er selbst, sein Adjutant und der Arzt gurten mit rußigen Händen für die Maschinengewehre Munition. Das will dir den neuen Frieden zerreißen, und ein Jammer ergreift dich. Zu einem Schluck, dich zu fassen, reicht dir der Leutnant die Flasche.
Die Pistole vor dem Leib, Schulter und Arm verbunden, die Waffenbluse zerschnitten, zur Hälfte im blauen Sweater, so gehst du. Den Baum verläßt du, unter dem du nachtnächtlich standest, und gehst als ein Fremder durch fremdes Land.

Mit Vater, Mutter und den beiden Schwestern, Gerda und Lie (1916)

Shakespeare »Heinrich IV.«, Prinz Heinz; Heinrich George als Falstaff (1938)

Beethoven (Paul Wegener) und sein mißratener Neffe in
»Die Zehnte Symphonie« von Fred von Hoerschelmann (1942)

»John Gabriel Borkman« von Ibsen. Mit Bertha Drews

Frisch verheiratet mit Gesa, geb. Ferck (1946)

Stresemann (1956)

Frau Warrens Gewerbe«, Käthe Dorsch als Kitty; Sir John Crofts

»Graf Öderland« von Max Frisch, Neufassung

An Einzeltischen« von Terence Rattigan. Mit Marianne Hoppe

»Die Ehe des Herrn Mississippi« von Friedrich Dürrenmatt. Mit Ruth Hausmeister

Das Unvernünftige regiert die Stunde

Als ich im Frühsommer 1942 nach meiner Verwundung auf Genesungsurlaub nach Berlin komme, ist meine Tochter Christiane drei Monate alt. Das Regiment, dem ich angehörte, war im Kessel von Leningrad eingeschlossen. Ich blieb ohne Postverbindung mit Inge. Erst im Lazarett erfuhr ich, daß Christiane am selben Tage geboren wurde, an dem ein Granatsplitter mir den Oberarm durchschlagen hatte. Ich war aus der Hölle entlassen. Das Neugeborene hatte mich abgerufen, so wollte es mir scheinen. Die Verbindung zu Christiane hat immer etwas Schicksalhaftes behalten.
Die Menschen in der Heimat hatten sich verändert. Nicht nur wir Soldaten an der Front hatten den Krieg erlebt. Die nächtlichen Luftangriffe zermürbten die Frauen, die Kinder und die Greise. Zwei, dreimal des Nachts in den Luftschutzkeller hinunter zu müssen mit den kleinen Kindern und gepackten Koffern, ist entsetzlich. Inge und ich sind manchmal so fahrlässig, den Abstieg zu unterlassen. Sebastian, noch keine drei Jahre alt, steht aufrecht in seinem Gitterbett und ruft: ich will in den Keller, ich hab solche Schuld im Bauch. Aus dem Kind spricht das Unterbewußtsein von Millionen von Menschen: die Begriffe Angst und Schuld sind nicht mehr auseinanderzuhalten.
Vieles, was in jenen Tagen geschieht zwischen Menschen, läßt sich niemals aufhellen. Der Zusammenhang von Ursache und Wirkung ist verlorengegangen. Das Unvernünftige regiert die Stunde.
Seit Tagen versuche ich mich in meiner Turmstube auf Montalto

zu besinnen auf diese dunkelste Zeit meines Lebens. Ich komme mit meiner Schreiberei nicht vorwärts. Das hat seinen Grund. Nicht die Zeit, über die ich schreiben möchte, entzieht sich mir, ich bin es, der vor sich selber davonläuft. Ein Komma, das ich mit der Maschine tippen möchte, wird zu einem Punkt, ohne daß ich es will. Ich sperre mich. Es hat seinen Grund, ich weiß.

Außerdem tobt hier seit zwei Tagen ein schirokkohafter Wind, die Tramontana. Sie tobt in einer Stärke, wie wir sie noch nie erlebt haben auf Montalto. Wir kennen sie weniger heftig, aber schon dann ist der Pulsschlag unregelmäßig, und das Herz flattert. Diesmal bläst der trockene Staub durch die Mauern, daß man ihn auf der Zunge schmeckt. Bei der geringsten Kleinigkeit gibt es Streit mit Gesa. Weil wir es wissen, gehen wir uns aus dem Weg.

Wir schreiben den 29. April, und die Vegetation ist ihrer Zeit weit voraus. Die ersten Rosen blühen, und die Nachtigallen schlagen schon, viel früher als sonst. Vor vierzehn Tagen hat es noch einmal Nachtfrost gegeben. Er hat in den Rebbergen solchen Schaden angerichtet, daß die Bauern verzweifelt sind. Jetzt trocknet der Wind den Boden aus. Die Erde hat Risse wie im Hochsommer, obwohl der Winter so feucht war. Die Tramontana hat eine mürrische Gewalt, daß man glaubt, die Erde bebt. Gestern auf der Fahrt nach Florenz sahen wir viele Olivenhänge verdunkelt. Von einer Art Läusepest befallen. Wenn es regnet, tropft schwarzer Schleim von den Bäumen.

Ich fange an, die Landflüchtigen zu verstehen. Jahr für Jahr müssen die Bauern darum bangen, daß die Natur sie nicht um die Frucht ihrer Arbeit betrügt. Das einfache Leben in der Toskana ist nicht einfach.

Das Wichtigste habe ich vergessen. Ich wurde 1942 reklamiert, unabkömmlich gestellt. Und ich habe vergessen, daß ich in jenen Monaten Beziehungen zu einer Frau aufnahm, die mein Leben veränderte. Sie war verheiratet, noch einige Jahre älter als Inge, und sie war eine sehr angesehene Schauspielerin. Unbekümmert wie ein Naturereignis kam sie auf mich zu. Eine andere Keuschheit war darin und eine Aufrichtigkeit, vor der ich erschrak. Im Hause ihres Mannes sagte sie zu mir: wenn du mit mir schlafen möchtest, dann tue es. Sie goß heißes Kerzenwachs über meine Hand, daß ich noch heute ein Mal davon habe. Das war wie ein Siegel. Unsere Leidenschaft sollte vier Jahre anhalten. Wir sprachen beide davon als von einer Heimsuchung.

Alle Türen in mir, die ich verschlossen gehalten hatte, wurden aufgestoßen. Ich wußte genau um meine Schuld, denn ich entdeckte mich selbst. Es war meine Aufgabe, schuldig zu werden. Die Geliebte war ohne Vorbehalte. Sie war stark.

Nicht nur wir zwei waren in Schuld verstrickt, auch unsere beiden Ehepartner wurden ihr ausgeliefert. Die äußere Unordnung des verdammten Krieges war ein Abbild unseres Innern geworden. Die allgemeine Sprachverwirrung wurde immer schlimmer. Freundschaften gingen aus politischen Gründen auseinander.

Anfang 1943 verloren die deutschen Armeen die Schlacht um Stalingrad. Hunderttausend Tote, hunderttausend Gefangene. Ein paar Monate später Afrika. Einhundertfünfundsiebzigtausend Soldaten der Achsenmächte gehen in Gefangenschaft.

Es ist lächerlich, in solchem Zusammenhang davon zu sprechen, aber in diesem Jahr beginnt meine Entwicklung vom Liebhaber zum Charakterspieler, ich betrachte auch das nicht als einen Zufall. Das gelebte Leben wurde zum Maßstab für mein Spiel auf der Bühne. Man hat mich später manchmal für einen naßforschen Komödianten angesehen, dem es ein teuflisches Vergnügen mache, zu übertreiben. Dazu muß ich sagen, daß ich im Grunde meines Wesens ein schüchterner Mensch bin, der auch im Leben, geschweige denn auf der Bühne alles »üben« mußte, wenn es gelingen sollte. Auch Frauen gegenüber bin ich allezeit eher ein schüchterner Liebhaber gewesen. Die Ereignisse meines Lebens hingegen und die Umstände, unter denen ich mich durchsetzen mußte, haben mich gezwungen, genauer zu beobachten und mich schärfer zu äußern. Ich habe soviel auf den Kopf bekommen, bis die Formen meines Ausdrucks kräftig und überzeugend wurden.

Noch zweimal war ich in dieser Zeit der Partner des männlichsten Charakterspielers, den ich kannte, Paul Wegener. Ich war sein Mörder in der »Pagode Tien Ti« und sein mißratener Neffe in

einem Beethoven-Stück, in dem er den tauben Komponisten spielte. Zucht und Ehrlichkeit konnte ich von ihm lernen. Er war als Partner ein uneitler Kamerad.
Die Luftangriffe auf Berlin wurden zynischer und zahlreicher. Die Evakuierung begann. Unsere beiden Kinder wurden nach Mecklenburg in ein kleines Landstädtchen verschickt, zusammen mit der Hausgehilfin. Die Entfernung war nicht zu weit, um sie übers Wochenende zu besuchen.
Inge wollte in ihren Beruf zurück. Ich bat sie um Geduld und sagte ihr, daß ich unsere Ehe um keinen Preis aufgeben wolle. Eines Tages überraschte sie mich mit der Tatsache, den Vertrag für eine Wehrmachtstournee durch Frankreich abgeschlossen zu haben. Ich äußerte mein ungutes Gefühl für eine solche Sache in dieser Zeit, und gemeinsam mit Freunden beschwor ich sie schon der Kinder wegen, davon zurückzutreten. Damals legten wir ihre Hartnäckigkeit als ostpreußischen Dickkopf aus, was wir im Nachhinein als etwas anderes erkennen mußten.
Von unterwegs schrieb sie regelmäßig. Die Briefe enthielten ein bißchen viel Politik, aber das wunderte mich nicht, weil sie auch im alltäglichen Gespräch unser Problem gewesen war. Der Verleger Günther Wasmuth und sein Bruder, der Philosoph Ewald Wasmuth, waren unsere nächsten Freunde, und sie hatten Beziehungen zum Kreis um den Kardinal Preysing und zu Widerstandsleuten im Oberkommando der Wehrmacht.
Inge schrieb, daß sie nach gründlicher Unterrichtung in einem Fliegerhorst an der Art, wie die Maschinen über ihrem Kopf geflogen würden, geheime Nachrichten ablesen könne, die nur für sie bestimmt seien. Dann kam aus Avignon ein Brief, der mich alarmierte. Inge schrieb, daß sie zum katholischen Glauben übergetreten sei, nachdem sie vor einigen Tagen in der Nähe von Toulon ihren Trauring ins Meer geworfen habe: jetzt erst sei unsere Ehe gültig. Ich muß dazu sagen, daß ich meinerseits nie einen Ehering getragen hatte und daß unsere beiden Kinder wie ich selbst katholisch getauft worden waren. Ewald Wasmuth gegenüber, der zum katholischen Glauben konvertiert war, hatte Inge oft ihren Protestantismus mit einer Heftigkeit verteidigt, die Was-

muth und mich verwundert hatte. Was war geschehen? Im August 1944 erreichte mich ein Telegramm der Heeresdienstleitstelle Avignon mit dem Inhalt: Ihre Frau schwer erkrankt. Kommen Sie sie holen. In diesem Augenblick nahmen mich die beiden schrecklichsten Zeitgenossinnen, die Schuld und die Angst, zwischen sich, und diese beiden sollten von nun an nicht mehr von meiner Seite weichen.

In Avignon eingetroffen, am 13. August, erfuhr ich es: Inge hatte mitten in einer ihrer Szenen die Bühne verlassen und eine Weile in einer naheliegenden Gasse mit Kindern Ball gespielt. Dann war sie in eine deutsche Flakstellung gelaufen und hatte zu den Soldaten, die dort hinter Sandsäcken lagen, gesagt: »Ihr könnt nach Hause gehen, Kinder, Eure Mutter wartet auf Euch. Morgen beginnt die Invasion.« Inge und ich nahmen den nächsten Zug in Richtung der deutschen Grenze, und ich konnte nicht wissen, daß es vorläufig der letzte war, der fuhr. Am 15. August landete, womit niemand gerechnet hatte, zwischen Toulon und Cannes die Siebte amerikanische Armee mit 115 Schiffen.

Ich fand Inge äußerlich verändert. Der graziöse Körper war dicklich geworden und das Gesicht aufgeschwemmt. Die Heimfahrt mit ihr war gespenstisch. Immer wieder mußte ich mit ihr das Abteil des überfüllten Zuges wechseln, weil Opiumraucher darin säßen, die sie in höherem Auftrag vergiften wollten. Als wir uns nach dreißig Stunden endlich Berlin näherten, war ihre Unruhe nicht mehr zu bändigen.

Drei Wochen später hatte sie sich im Westendkrankenhaus so weit erholt, daß sie die Erlaubnis erhielt, in das mecklenburgische Städtchen zu fahren, um unsere Kinder zu besuchen. Dort geschah nach einer Reihe von Auffälligkeiten ihrerseits, die alle politischen Charakter hatten, das Unglück. Die Behörden veranlaßten ihre Einweisung in die Landesheilanstalt Schwerin, wo die Ärzte, ohne Erlaubnis einzuholen, sie mit Elektroschocks behandelten. Als ich es erfuhr, erreichte meine Angst ihren Höhepunkt. Meinen Freunden und mir war klar, daß dieser Aufenthalt lebensgefährlich für Inge war, wenn die Ärzte sich als Nationalsozialisten verpflichtet fühlten. Gemeinsam mit unserer Freundin Hildegard Cornelsen reiste ich nach Schwerin. In einem vertraulichen Gespräch mit dem Chefarzt sagte ich ihm von meiner Not, die mir das Schuldgefühl gegenüber seiner Patientin verursache. Eher grob antwortete er mir, er habe inzwischen die Krankengeschichte von der Mutter der Patientin gelesen, und wenn im übrigen alle betrogenen Ehefrauen erkranken würden, so gäb es bald keine mehr, die gesund wäre.

Ich erreichte Inges Entlassung mit der schriftlich vorgewiesenen Begründung, einen Platz in einer Privatklinik für sie gebucht zu haben. Auf dieser Reise mußte ich immer wieder an die Augenblicke kurz vor unserer Eheschließung auf dem Standesamt in Stuttgart denken. Die schöne, graziöse, heitere Inge wies mich auf ein Schild im Warteraum hin. Dort stand in gotischen Lettern: »Deutscher, bevor Du Dich bindest, prüfe die Erbgesundheit Deines künftigen Ehepartners!« – Hast Du das auch ernsthaft getan, sagte Inge und sah mich fest dabei an. Natürlich war ich einen Moment erschrocken, denn ich dachte an Inges Erzählung von ihrer Mutter, die nach der Geburt ihres zweiten Kindes in eine Heilanstalt kam, dort fünfundzwanzig Jahre blieb und verstarb. Auch Inge dachte daran, ich las es in ihren Augen. Aber da war auch eine viel mächtigere Überzeugung zu lesen, daß die Nazis wegen ihrer grausamen Rassegesetze Verbrecher waren, und wir nahmen uns an der Hand und wurden im selben Augenblick vom Standesbeamten hereingerufen. Wir waren fröhlich und voller Zuversicht. Nur gemeinsam das Leben zu bestehen, waren wir entschlossen.

Schon im Juli 1944 waren »im Sinne des totalsten aller Kriege« die Theater geschlossen worden. Ich wurde wieder als Soldat nach Spandau eingezogen und im Oktober zu meiner alten Feldeinheit an die Südfront nahe Ravenna in Marsch gesetzt.

Es kam in Hannover zu einem Abschied für Inge und mich. Sie hatte von ihrer Klinik, die dort in der Nähe auf dem Lande lag, Ausgangserlaubnis erhalten. In einem Café saßen wir uns gegenüber. Der allernächste Mensch vernahm zwar noch meine Stimme, aber er verstand mich nicht mehr. Inge war für mich durch keine Anstrengung mehr zu erreichen. Das war das einzige, was sie mir

sagte: sie fühle sich schwanger. Dann heulten die Sirenen zur Luftwarnung, und ich brachte Inge in einen Bunker in der Nähe des Bahnhofs. Ich war feldmarschmäßig bepackt und blieb solange bei ihr, bis mein Zug ging.
Ich ließ zwei kleine Kinder zurück und eine kranke Frau, von der ich glauben mußte, sie sei schwanger. An der Front erfuhr ich von der Leitung der Klinik, daß es sich um eine eingebildete Schwangerschaft handele.

Als der Krieg für mich zu Ende ging, war ich dreißig Jahre alt. Die schönsten Jahre waren in Angst und Not dahingegangen. Eingesperrt im Getto einer Ideologie, an die ich nicht geglaubt hatte. Dem Gläubigen fallen die Opfer leichter, die die Ideologen uns abverlangen.
Der farbige amerikanische Sergeant, der mir auf einer Landstraße in der Nähe von Padua die Waffen abnahm, trug sein handgroßes christliches Kreuz aus falschen Brillanten mit Überzeugung auf der Brust, das sah man ihm an. Und der italienische Pfarrer, der unseren Schlupfwinkel verraten hatte, war ein überzeugter Antifaschist, wie er uns sagte. Welche Überzeugung besaß ich? Nichts als eine große Enttäuschung. Enttäuscht von meinem Vaterland, aber auch von mir selber, den Befehlen der Obrigkeit nichts anderes entgegengesetzt zu haben, als Mutlosigkeit. Mein Eisernes Kreuz, das der Sergeant mir von der Waffenbluse nahm und unter sein Brillantkreuz steckte, nahm sich in der strahlenden Umgebung klein aus.
Nichts war mir als Gefangenem geblieben als das bißchen Bildung, das gottseidank noch in der »Systemzeit« erworben worden war. Darauf besann ich mich, und ich wurde ein leidenschaftlicher Lehrer, als ich entdeckte, wie wenig die jüngeren Soldaten wußten, wie abgeschnitten von der ganzen Welt sie gelebt hatten. Sie kannten Thomas Mann nicht einmal dem Namen nach. Es entstand eine Art Gefangenenhochschule. Rudolf Hagelstange, Rolf Boysen, Otto Albrecht von Oppen und der Theologe Manfred Mezger, alle waren wir im selben Zeltlager in der Nähe von Livorno. Mezger, später in den sechziger Jahren Universitätsrek-

tor in Mainz, war in seiner Art zu lehren unvergeßlich. Sein Gedächtnis war phänomenal. Er lehrte nicht nur Theologie, auch Literatur und vor allem Musiktheorie. Er pfiff, begabt mit dem absoluten Gehör, große Bachkonzerte, ganze Mozart-Opern, Sinfonien von Bruckner, und verschaffte uns auf diese unterhaltsame Weise das Material für seine Analysen.

Weil sich die gesamte Südarmee mit einem Schlag ergeben hatte, war die Ernährung mehr als knapp. Ich wog bald keine hundert Pfund mehr und konnte mich an Tagen, wenn der Schirokko blies, nicht auf den Beinen halten. Die Begeisterung aber für das Lernen wie für das Lehren hatte bald das ganze Lager ergriffen. Die Stunde Null, von so vielen herbeigesehnt, sollte sie zur Geburtsstunde einer geistigen Erneuerung werden? Das »Prinzip Hoffnung« war in Vorbereitung.

Nach sieben Monaten gehörte ich zum ersten Schub derjenigen, die entlassen werden sollten. Wir mußten einzeln vor einem Beamten des amerikanischen Geheimdienstes erscheinen. Er saß allein in einem Zelt, hatte die Unterlagen vor sich auf dem Tisch und fragte mich in akzentfreiem Deutsch: »Stimmt es, daß Sie kein Mitglied der Partei oder einer ihrer Gliederungen waren?« Nach meinem »Ja« fragte er: »Und in welchen Filmen haben Sie gespielt?« Ich antwortete, ich sei in erster Linie Bühnenschauspieler. »Aber in dem Film ›Ohm Krüger‹ haben Sie doch gespielt?« Ich muß sagen, ich war ziemlich platt. Der gescheite Mann merkte das und setzte undurchdringlich fort: »Ich wollte Ihnen auch nur sagen, daß der Film zur Zeit in der Sowjetunion läuft als Propaganda gegen die Engländer, das wird Sie vielleicht interessieren. Ihre Entlassung ist o. k.«

Ins Zelt zurückgekehrt, hatte ich das Bedürfnis, meinen Kameraden von Emil Jannings zu erzählen. Ich fühlte mich um sechs Jahre zurückversetzt in ein anderes Zeltlager. Es war für die Dreharbeiten an dem ›Ohm Krüger‹-Film in den Rüdersdorfer Kalkbergen bei Berlin gebaut worden. Hier teilte ich das Zelt mit dem Kollegen Hans Adalbert von Schlettow, er spielte den Burengeneral Christian de Wett und ich Krügers jüngsten Sohn. Schlettow war ein Unikum, immer wie ein kleiner Junge zu Streichen aufgelegt, obwohl er altersmäßig hätte mein Vater sein können. In unseren Rollen hatten wir viel zu reiten, und da Schlettow ein perfekter Routinier, ich aber im Sattel ein Anfänger war, konnte ich viel von ihm lernen. Unser Reiter- und Zeltleben war nicht ungefährlich. Bei den Attacken der »Engländer« gegen die Buren, die von der Heereskavallerieschule Hannover geritten wurden, gab es Tote. Einige Unteroffiziere wurden beim Anreiten von Baumästen aus dem Sattel gehoben und buchstäblich aufgespießt. In welchen »heroischen« Zeiten wir lebten, sah man daran, daß in solchen Augenblicken die Aufnahme nicht etwa abgebrochen wurde, sondern daß der Regisseur den geschmacklosen Ehrgeiz besaß, diese Aufnahmen in seinem Film zu zeigen. Die Stimmung unter den Schauspielern war dementsprechend oppositionell. Schlettow schwor, Rache an der staatlichen »Tobis« zu nehmen: Jeder sollte seine schöne silberbeschlagene Doppelflinte, zweihundert Jahre alt und entsprechend hoch versichert, mit nach Hause nehmen, einfach verschwinden lassen, sagte er. Ich muß einflechten, daß Schlettow in dieser Beziehung eine echte Macke hatte, wie man in Berlin sagt. Er besaß eine ganze Sammlung gestohlener Filmrequisiten, vom Ledereimer, mit dem der brennende Stefansdom in Wien gelöscht worden war, bis zum Salzfäßchen des Großen Kurfürsten.

Es war schon Nacht und regnete in Strömen, als wir kostbar bewaffnet im firmeneigenen Wagen der »Tobis« das Tor des Lagers passieren wollten. Da löste sich aus dem Schatten des Wachhäuschens eine massige Gestalt, eine Zeltbahn umgehängt, die von Regen troff: Ohm Krüger persönlich. Er machte sein am meisten berühmt gewordenes Jannings-Gesicht, schelmischer Blick von unten nach oben, Schmollippe und Plüschauge: »Ihr Lausekerle, ich warte schon eine volle Stunde auf euch, um euch das Gericht zu ersparen, ihr wißt wohl gar nicht, in welchen Zeiten ihr lebt. Raus mit den Waffen!« Wir waren beide ziemlich kleinlaut, denn die Zeiten waren wirklich nicht spaßig.

Jannings seinerseits war auch ein Requisitennarr, aber auf seine künstlerische Weise. Er war der größte und umständlichste Requisitenspieler seiner Epoche. Sein Mut, sich Zeit zu nehmen für das

Spiel mit einem Requisit, machte Filmgeschichte. Wer jemals den Film »Der blaue Engel« gesehen hat, wird nicht vergessen haben, wie er gleich am Anfang die Figur des Professors Unrat etablierte: die unnachahmliche Gelassenheit, mit der er vor Beginn der Unterrichtsstunde sein Taschentuch ausbreitet und nach Gebrauch sorgfältig wieder zusammenlegt.
Auch mein Engagement in »Ohm Krüger« verdanke ich dem Requisitenspiel. Jannings hatte mich zur Verhandlung in seine Suite des Hotels »Kaiserhof« bestellt, nachdem er mich als Shakespeares Prinz Heinz auf der Bühne gesehen hatte. Während ich zusah, wie der gichtkranke schwere Mann von zwei Dienern in die Badewanne gehoben wurde, fragte er mich, was mir denn an seinem Film »Der Herrscher«, der gerade in Berlin angelaufen war, am meisten Eindruck gemacht habe. Auf eine solche Frage nicht gefaßt, antwortete ich zögernd, es sei wohl der Moment, wenn der Herrscher, von der Beerdigung seiner Frau nach Hause kommend, in der Bibliothek vor ihrem Portrait stehenbleibt und sich eine Zigarette anzündet. »Und warum?« fragte er zurück. »Weil Sie sich die Zigarette aus einem zerknitterten Papierpäckchen aus der Hosentasche holen und nicht aus einem goldenen Etui, wie man das im Film von einem Industriellen erwartet. Das Publikum kann fühlen, wie gerührt der Mann ist, da er als Gewohnheitsraucher gar nicht wahrnimmt, wie er mit der Zigarette beschäftigt ist – er ist in das Bild versunken. Beim Spiel mit einem Etui wäre die Nuance der Abwesenheit aus Rührung nicht möglich.« Das Gesicht in der Badewanne zeigte ein breites Grinsen. »Und du wirst Shakespeare eines Tages viel natürlicher sprechen als gestern abend, oder warst du so aufgeregt, weil ich drin war?« Und ob ich aufgeregt war. Ein Mann wie Jannings war für einen jungen Schauspieler im damaligen Berlin ein Gott. Bei den Atelieraufnahmen zum Krüger-Film hatte ich bald heraus, daß Jannings meistens schon eine Stunde, bevor Regisseur und Kameramann mit ihren Stäben erschienen, allein in der Dekoration zubrachte. Ich schlich hinter einen Dekorationsteil oder auf die Beleuchterbrücke und erhielt auf diese Weise von dem sich unbeobachtet fühlenden Meister allmorgendlich ein unbezahlbares Privatissi-

mum der Schauspielkunst. In dem spärlichen Licht schlurfte er mit zu großen Schuhen in dem alten Gehrock herein, das unbewegliche Hinterteil wie ein lahmender Elefant hinter sich herziehend. Er probte alle Gänge, die er in den bevorstehenden Szenen zu machen gedachte. Er »übte« Blicke. Vom Schreibtisch aufblickend zur Tür und umgekehrt. Er putzte die Brille, die er beim Schreiben trug, setzte sie mehrfach auf und ab. Er übte das Aufstehen vom Schreibtisch, mit und ohne Aufstützen. Er übte die richtige Haltung des Federhalters, immer bedacht, den Daumen zu verdecken, denn dem historischen Burenführer fehlte ein Daumen. Dieser Fehler machte ihm besonders beim Pfeifestopfen Schwierigkeit. Er übte das Öffnen der Tabakdose in allen Variationen, das Herausheben des Tabaks ohne Daumen; dann mit der anderen Hand das gleiche. Das Spiel mit den danebengefallenen Krümeln, altmännerhaft pedantisch. Die Mühe, die er sich mit den Rauchutensilien gab, war ganz bewußt: Ohm Krüger war am populärsten als Pfeifenraucher. In so bedächtiger Konzentration entstand langsam und natürlich eine fremde, vielleicht historisch zu nehmende Aura um die Figur des Schauspielers, die den ganzen Tag anhielt. Wenn die Mitarbeiter erschienen, war Jannings in der Rolle: er empfing sie als Ohm Krüger. Olaf Gulbransson veröffentlichte eine zutreffende Zeichnung von dieser Jannings-Krüger-Figur. Er hatte darunter geschrieben: »Wenn ich nicht wüßte, daß ich Ohm Krüger bin, würde ich annehmen, ich sei Emil Jannings.«
Mit meinen Erzählungen über das Berliner Theater der Vorkriegszeit verging der letzte Abend in unserem Zelt im Lager von Pisa. Nach dem Appell am nächsten Morgen wurden die Namen der Gefangenen aufgerufen, die zur Entlassung nach Deutschland transportiert werden sollten. Die Stimme des Ausrufers kam von einem der hölzernen Wachtürme im Drahtverhau. Ohne jede technische Übertragung erreichte sie das Ohr von zigtausend Gefangenen. Deren Erwartung war es, die sie so übernatürlich tragend machte. Sie klang biblisch, eine Vorahnung des Jüngsten Gerichts. Die Kraft des Vorsängers also ist abhängig von der Erwartung der Gemeinde. Ein theologisches Phänomen, das in der Antike sicher auch für das Theater Geltung hatte: die Stärke, die

aus der erwartungsvollen Stille der Vielen strahlte, ließ den Schauspieler über sich hinauswachsen.
Der Rücktransport geschah mit Unterbrechungen. Verona war eine solche Zwischenstation. An unseren Lagerzaun angrenzend hausten in einem kleinen Camp fünfunddreißig deutsche Offiziere im Generalsrang. Sie trugen keine Waffenblusen und keine Stiefel, aber doch die Stiefelhosen mit den breiten roten Biesen. Wenn ihre Gesichter nicht so verhungert ausgesehen hätten, wäre es ein lächerliches Bild gewesen. Während wir zum Abzählen antraten, kam drüben einer vom Küchendienst heraus und kippte eine Tonne voll heißer Kartoffeln in den Sand. Wie ein Rudel verhungerter Hunde fielen die Generäle darüber her, rücksichtslos gegeneinander. Das Abzählen brach ab, und in der Stille, die entstand, hörte ich hinter mir eine Stimme aus dem zweiten Glied sagen: »Es gibt kein Tier, es habe denn etwas dem Menschen gleiches. – Meister Eckart, deutscher Mystiker Dreizehnhundertsoundso.«
In offenen Güterwagen wurden wir durch die blauvioletten Hügel der Toskana gefahren. Eine mondhelle Sommernacht. Wir standen dicht aneinandergedrängt und schwiegen. Melancholischer Abschied von einer Landschaft, die Siegerin geblieben war: Wie immer wieder, seit Jahrhunderten, über die Waffen derer, die sie zu verteidigen glaubten.

Während meine Augen sich an der Schönheit ringsum satt trinken, steigt etwas in mir auf, das ich an seinem stechenden Schmerz wiedererkenne: eine kindliche Sehnsucht nach Deutschland. Genau so stark wie damals nach der Verwundung, als ich aus dem Lazarett in Dorpat kommend, die alte deutsche Ostgrenze passierte. Damals packte mich die Wut über meine Tränen, diesmal habe ich nur den einen Wunsch, die Zeilen eines Gedichts zu behalten, die mir jetzt zufliegen, als würden sie diktiert. Ich warte ab, es sind zwölf einfache Zeilen und ich wiederhole sie mehrfach. Dann nenne ich das Gedicht »Der Mann im Mond – an Matthias Claudius«.
Seine drei Strophen sind mir noch immer gegenwärtig. Hier oben auf Montalto zwischen den Wacholderbüschen sage ich sie manchmal vor mich hin.

Er verschwieg am langen Tage
Übrigen Gedankenwind.
Er träumte viel, und ohne Frage
Blieb ihm die Welt ein Kind.

Die sah er nicht als Richter.
Er hütete den Blick.
So war er täglich schlichter
Fand immer mehr zurück.

Vom Monde fiel wie Tau
Sein Schweigen ins Gedicht.
Der Mond zeigt schön genau
Den Mann und sein Gesicht.

Das Wiedersehen mit der Heimat zu beschreiben, traue ich mir nicht zu. Alle Worte verblassen vor dem einen: Hunger. Die Rattenplage in den Ruinen war schlimm, und die Kälte war schlimm; der Hunger war schlimmer. Menschliche Phantasie reicht nicht aus, um sich vorzustellen, was damals ein Laib Brot bedeutete. Es gab Leute, die ein Aquarell von Paul Klee dafür erwerben konnten.
Die Amerikaner entließen niemanden nach Berlin, also wurde ich in meine westfälische Heimat entlassen und machte mich dann von Münster aus auf den Weg. Was die Kleidung betraf, so hatte ich mir als Schneiderssohn selbst geholfen. Noch im Lager hatte ich mir aus einer Zeltbahn eine Hose und aus einer Wolldecke eine Jacke genäht. Die wenigen Eisenbahnzüge, die fuhren, waren überladen mit Flüchtlingen und Hamsterern. Trauben von Menschen auf den Trittbrettern. Ich kletterte auf eine Lokomotive und erreichte nach zwei Tagen die sowjetische Zonengrenze. Hier fand sich eine kleine Gruppe beisammen, die das gleiche Ziel hatte wie ich. Wir warteten die Nacht ab und machten uns auf Schleichwegen über die grüne Grenze nach drüben. Die Spürhunde der Roten Armee machten uns ausfindig, und die Wachsoldaten brachten uns auf die Kommandantur: ich sah mich schon in einem Arbeitslager in Sibirien. Ich fegte den Hof und schälte Kartoffeln, bis mir das

Zauberwort »artista« auf der Stelle die Freiheit gab: ich hatte abends auf der Wachstube das Gesicht des in einem Buch lesenden Offiziers gezeichnet. Ich ging zu Fuß nach Berlin.
Meine Wohnung in der sogenannten Künstlerkolonie am Südwestkorso war, obwohl teilweise durch Brandbomben zerstört, von fremden Leuten besetzt. Ich ging sofort in den Keller: die Bücher, die ich hierhin verlagert hatte, waren erhalten geblieben. Meine alten Freunde, das Ehepaar Cornelsen, wohnten noch im selben Haus. Sie nahmen mich auf, und ich bekam ein eigenes Zimmer. Das Leben war neu geschenkt.
Am anderen Morgen lief ich auf die Straße und begegnete als erstem Menschen Karlheinz Martin, der auf einem verrosteten Fahrrad den Südwestkorso hinunterfuhr. Ich bringe es nicht mehr fertig, eine solche Begegnung Zufall zu nennen. Dieser bedeutende Regisseur, ein zarter leiser Herr, hatte gerade von dem russischen Stadtkommandanten das Hebbeltheater als Intendant zugesprochen bekommen und war nun unterwegs, um die überlebenden Schauspieler Berlins einzusammeln. Wir kannten uns aus unserer gemeinsamen Zeit am Schillertheater. Daß dieses Theater zerstört worden war, wußte ich, nicht aber, daß sein ehemaliger Hausherr Heinrich George genauso wie der Chef des Staatstheaters Gustaf Gründgens in Russischen Lagern festgehalten wurde. Alles, was den Titel General in irgendeinem Zusammenhang trug, war von den Sowjets eingesperrt worden, so auch diese beiden ›Generalintendanten‹. Gründgens kam frei durch die Vermittlung des Volkssängers und Spanienkämpfers Ernst Busch, dem der nicht gerade nazitreue Gründgens einmal bei der Gestapo das Leben gerettet hatte und der jetzt Gelegenheit nahm, sich dafür zu bedanken. George aber starb im Lager von Oranienburg, nachdem er dort noch Russisch gelernt hatte, um sich seinen Bewachern als Puschkins Postmeister verständlich machen zu können.
Ich habe diesen Mann nicht nur wegen seiner unbedingten Ehrlichkeit sehr geliebt. Gemeinsam mit Kurt Raeck verfaßte ich ein Memorandum für seine Freilassung, das von allen ehemaligen Schillertheaterleuten unterschrieben und der Kommandantur eingereicht wurde. Weil Georges Tod deren Entscheidung vorweg

nahm, mag aus zeitgeschichtlichen Gründen der Wortlaut des Memorandums hier erhalten bleiben.

»Die unterzeichneten Berliner Schauspieler legen hiermit vor der sowjetischen Besatzungsbehörde Zeugnis ab für den in Haft befindlichen Schauspieler Heinrich George.

Es sind vor allem die Mitglieder des ehemaligen Schiller-Theaters, das George in den Jahren 1938–1945 leitete, die hier übereinstimmend von nichts anderem bewegt als dem Wunsch nach Gerechtigkeit, aussagen wollen.

Die Aussagenden sind sich bewußt, daß ein Mann wie George bei der niemals berechnenden Art seines Charakters, bei seiner übertriebenen Spielfreudigkeit, bei der Labilität seines Wesens, einer fast krankhaften Unausgeglichenheit seines Temperaments von Haus aus gar nicht dazu angelegt war, politisch aktiv zu sein. Und genau betrachtet hat George auch niemals aktiv nationalsozialistische Politik gemacht. Er hat es nur nicht verstanden zu verhindern, daß seine Popularität propagandistisch ausgenutzt wurde.

Die politische Haltung Georges wird am klarsten, wenn man ihn in seiner Eigenschaft als Theaterleiter betrachtet. Es ist eine Tatsache, daß unter den Mitgliedern seines Theaters, die ja doch er aussuchte und immer wieder verpflichtete, nur ein nomineller Parteigenosse zu finden war. Es ist eine Tatsache, die hiermit unterschrieben wird, daß in den sieben Jahren, die er das Schiller-Theater leitete, in den Garderoben der Künstler, auf der Bühne, ja selbst in den Verwaltungsräumen nur Gespräche geführt wurden, die, wenn sie das Allgemeine betrafen, immer antifaschistischer Tendenz waren. Dies war George bekannt! Er hat dagegen nie etwas unternommen. Ja, man verließ sich darauf, daß er nichts unternehmen würde. Natürlich blieben solche Äußerungen auch außerhalb des Hauses nicht verborgen, so daß zeitweilig ein Leumund entstand, der immer wieder in die Worte gefaßt wurde: »Ihr seid das rote Theater.« Die Angestellten des Hauses wissen zu berichten, daß auf den Gruß »Heil Hitler« nicht einmal vom Pförtner geantwortet wurde. Ein Schild »Hier gilt der Deutsche Gruß«, das es sonst in allen städtischen Betrieben gegeben hat, war in Georges Theater nicht zu finden. Es hatte sich hier eine Gruppe

von Kollegen zusammengefunden, die sich gegen die Ideologie der Naziherrscher verschworen hatte, und die sich gegenseitig ein Stück Heimat gab in der allgemeinen politischen Verworrenheit. Eine Tatsache, die nun freilich nicht der bewußten, politischen Auslese des Theaterleiters zu Gute gehalten werden muß, als vielmehr seinem ungewöhnlichen menschlichen Instinkt.
George entgagierte den Schriftsteller Günther Weisenborn in dem schon gefährlichen Jahr 1942, obwohl er dessen radikale politische Linkseinstellung kannte. George verpflichtete die Schauspieler Hanns Meyer-Hanno und Herwarth Grosse (heute Deutsches Theater) von Jahr zu Jahr neu, obwohl er wußte, daß beide schon immer Mitglieder der KPD waren. Er engagierte seit Gründung des Theaters den Kunsthistoriker Dr. Wilhelm Fraenger als künstlerischen Beirat, der bei der Machtübernahme durch die Nazis seine wissenschaftliche Stellung in Heidelberg verloren hatte, der ständig von dem Berliner Sicherheitsdienst der SS angegriffen und beobachtet wurde. Dr. Wilhelm Fraenger, heute Stadtrat in Brandenburg, ist seit fünfundzwanzig Jahren einer der intimsten Vertrauten Georges und selbstverständlich zur Aussage über ihn bereit.
Es muß ausgesagt werden, daß der Theaterleiter George trotz immer wiederkehrender Schwierigkeiten zehn Mitglieder verpflichtete und zu halten verstand, und zwar in ersten Positionen, die aufgrund ihrer jüdischen Versippung unter das »Nürnberger Gesetz« fielen. Es sind dies

der Direktor Dr. Kurt Raeck
der Schauspieler Eduard von Winterstein
der Regisseur Walter Felsenstein
der Schauspieler Horst Caspar
der Schauspieler Peter Widman
die Schauspielerin Maria Eis
der Schauspieler Ernst Stahl-Nachbaur
der Schauspieler Robert Müller
der Schauspieler Hanns Meyer-Hanno
der Bühnenbildner Robert Herlth.

Es wird als notwendig erachtet, den Spielplan des Schiller-Theaters in den sieben Jahren der Intendanz Georges durchzusehen. Es wird dabei die erstaunliche Feststellung gemacht werden, daß – im Gegensatz zu den meisten deutschen Bühnen einschließlich der Staatstheater – kein Stück um der politischen Tendenz willen gespielt wurde.
Es muß in diesem Zusammenhang erwähnt werden, daß George kein Amt im Kultursenat, in der Kulturkammer, in einer öffentlichen Körperschaft oder in irgendeinem Präsidialrat bekleidete, daß George kein Parteigenosse war, nicht einmal förderndes Mitglied irgendeiner Formation.
Seine Mitglieder wissen zu sagen, daß in all den Jahren George nicht eine antisemitische Bemerkung gemacht hat. George hat sich in Gegenwart sehr intoleranter Leute aus dem Propagandaministerium mehrfach erlaubt, die Grammophonaufnahme seiner Stimme vorzuspielen aus dem Film »Affaire Dreyfus«. Es war die Rede Zolas an die Jugend gegen den Antisemitismus.
Man hat von ihm während des ganzen Krieges kein Wort gehört gegen sowjetische Absichten oder Verhältnisse. Wie weit sein Verständnis, ja seine Bewunderung für das russische Volk ging, allerdings auch seine vorbehaltlose Naivität, erhellt aus dem heute beinahe grotesk klingenden Satz Georges: »Wir werden bestimmt die Ersten sein, die vor Stalin spielen.«, den er mehrfach geäußert hat. (Wenn man seinen Puschkin-Film ›Der Postmeister‹ ansieht, wird man sich des Eindrucks nicht erwehren können, den auch Stanislawski in der Volksbühne nach einer Aufführung von Gorkis ›Nachtasyl‹ hatte, als er zu George, der den Satin spielte, sagte, er sei echter und »russischer« als der Moskauer Vertreter der Rolle gewesen und habe ihm selber neue Perspektiven eröffnet.)
Wenn man sich die Liste der Filme vorlegen läßt, in denen George spielte, so tritt klar zutage, wie wenig politische dabei sind. Seinen Mitarbeitern ist bekannt, wie er sich immer strikt geweigert hat, irgendwelche Propaganda zu machen. Es gab die schwierigsten Auseinandersetzungen mit Goebbels und »Prof.« Harlan gelegentlich des Kolberg-Films.
Alle Mitglieder des Theaters, die an den Gastspielen im Ausland

teilnahmen, wissen zu sagen, daß er anläßlich offizieller Reden, Rundfunkinterviews und Empfänge immer wieder betonte, daß es eine menschliche Verständigung geben müsse jenseits der Politik, wozu über die Nationalität hinweg einzig die Kunst berufen sei.
Er hat anläßlich des ersten Gastspieles einer deutschen Bühne an der »Comédie Française« 1941 in Paris die Mitglieder dieses ehrwürdigen Hauses vor dem Eingreifen des deutschen Sicherheitsdienstes bewahrt, und zwar aus selbstverständlicher Solidarität. Als die Pariser Kollegen geäußert hatten: »Wir werden den Deutschen nicht unsere Garderoben zur Verfügung stellen«, (die sehr kostbar und traditionell eingerichtet sind) »weil sie doch alles stehlen«, war diese Redensart von der SS aufgegriffen worden. George wußte mit einem Lächeln dieses Vorurteil wegzuwischen und politische Weiterungen auszuschalten.
In demselben Paris zeigte sich George demonstrativ in der Öffentlichkeit mit dem Kollegen Harry Baur, dem bekanntesten französischen Schauspieler, den damals der deutsche Sicherheitsdienst verfolgte, umarmte ihn und machte eine Fahrt im offenen Wagen mit ihm.
Der halbjüdische Schauspieler Robert Müller, der aufgrund seiner Ehe mit einer Jüdin als Volljude galt, ist von George vor dem Zugriff der Nürnberger Gesetze gerettet und von ihm engagiert worden. Er hat ihn vor dem Tragen des Judensterns bewahrt. Die halbjüdische Ehefrau und die jüdische Schwiegermutter des großen deutschen Schauspielers Albert Steinrück sind durch Anstrengungen, die man George sehr übel genommen hat, vor Auschwitz bewahrt worden.
Der Bruder des Dramatikers Per Schwenzen wurde von ihm aus dem KZ geholt. Schwenzen war der Leiter des norwegischen Schauspielerverbandes und wurde durch Georges energischen persönlichen Einsatz beim »Gauleiter« Terboven aus der Haft befreit mit der Verpflichtung, sich nur in Deutschland aufzuhalten.
Der ehemalige Direktor der Berliner Akademie der Bildenden Künste, Prof. Max Beckmann, von den Nazis als entartet bezeichnet und ins Ausland emigriert, war sein Freund und wurde auch nach 1933 von ihm besucht und finanziell unterstützt.

Was die vielbesprochene und ihm zur Last gelegte Teilnahme an der Sportpalast-Kundgebung (Aufruf zum Totalen Krieg) betrifft, so ist es eine Tatsache, daß die prominenten Berliner Künstler bei solchen Anlässen einen Wagen vors Haus geschickt bekamen und zehn Minuten vorher noch nicht wußten, um welchen Empfang es sich handelte. Es muß allerdings gesagt werden, daß sich George nur in den seltensten Fällen bei Staatsempfängen gezeigt hat.
Abschließend bleibt zu erklären, wie das George zur Last gelegte »Durchhalte-Bekenntnis« vom April 1945 zustande kam. Dies kann nur als das Ergebnis einer Erpressung durch das ehemalige Deutsche Nachrichtenbüro (DNB) dargestellt werden. Man weiß, wie George von den Agenten und »Schriftleitern« des DNB drei Wochen lang im Theater, im Filmatelier, in seiner Wohnung, ja selbst auf der Straße verfolgt wurde, ihn mit Namen eines Gerhart Hauptmann, Wilhelm Furtwängler, Friedrich Kayssler, die bereits geschrieben hätten, ködernd. George, wohl wissend, wie es um das Allgemeine stand, – schließlich nicht zuletzt auf Anraten engerer Mitarbeiter – hatte widerstanden. Daß es dennoch zu der bekannten, sofort publizierten Äußerung kam, lag nicht nur an der allgemeinen Panikstimmung des belagerten Berlin, sondern an der krankhaft leicht umschlagenden Gemütsverfassung Georges, die aus Opposition zu irgendeiner zivilen Feigheit, der er gerade begegnet war, den privaten Ärger zum Anlaß eines völlig verfehlten »Bekenntnisses« nahm. Gerade diese Äußerung zeigte aber, wie wenig ernst im Sinne politischer Verantwortung ein so von der Phantasie und vom Temperament pathologisch gefährdeter Mann zu nehmen ist. Ein Mann, nicht mehr und nicht weniger als ein – allerdings singulärer – Komödiant.
Ein Mann, der eine einfache Liebe zu seinem Vaterland hatte, verbunden mit einer kleinbürgerlichen Untertanentreue und der gewillt war, Dankbarkeit und Achtung jedweder Regierung zu zollen, und sei es nur aus den Anfechtungen der Eitelkeit. Eines aber besaß er nicht, die Geschicklichkeit anderer exponierter Bühnengrößen zur Doppelzüngigkeit.«

Neuanfang in Berlin

Karlheinz Martin war der richtige Mann zur richtigen Stunde am rechten Ort: ein Glücksfall des Berliner Theaters. Kein Wunder, daß die wenigen Jahre, die ihm vergönnt waren das Hebbeltheater zu leiten, ein Ruhmesblatt der Theatergeschichte ausfüllen. Die zarte Handschrift dieses Regisseurs wurde von der kräftigen Pranke Jürgen Fehlings und der gestochenen Klarheit Erich Engels ergänzt und von Fritz Kortners Phantasie illuminiert: ein äußerlich karges, menschliches und darum großes Theater. Das Haus war halb zerstört, es regnete auf die Bühne, trotz mitgebrachter Wolldecken froren die Zuschauer, aber was von der Bühne herunterkam, wärmte die Menschen und ersetzte das, was ihnen an Brot fehlte. Die amerikanischen Besatzer fuhren eine Gulaschkanone vor das Theater, und nach der Probe gab es einen Schlag Suppe in den Napf. Lange Fußmärsche konnten weder Zuschauer noch Schauspieler davon abhalten, sich an die Futterkrippe der Phantasie zu drängen.
Zu Weihnachten, der ersten Friedensweihnacht, wünschten sich die Amerikaner ein Krippenspiel von dem Intendanten. Martin erinnerte sich an meinen Anfang als Mysterienspieler, ich hatte ihm einmal von meiner Kinder-Madonna erzählt, und darum gab er mir den Auftrag: ›Schreib so ein Krippenspiel, du kannst das.‹ Noch in der Wohnung von Franz Cornelsen, der inzwischen Verleger geworden war, an dessen Programm ich mitarbeitete, schrieb ich das »Kreuzberger Krippenspiel 1945«, unbekümmert Teile eines alten Spiels aus dem Siebzehnten Jahrhundert nutzend.

Der Anfang spielte unter entlassenen Kriegsgefangenen, die aus einem zerstörten U-Bahnschacht heraufstiegen und sich den Weg erfragten nach ›Bethlehem in der Mark‹. Unter ihnen war ein älterer Mann, der einen Rucksack trug, in dem ein Zimmermannsbeil steckte. Er war von einer schwangeren Frau begleitet.
Ich durfte das Stück inszenieren und spielte einen der Landser, wobei ich die selbstgenähte Gefangenenhose trug. Eine Straßenszene also im damaligen Berlin: viele Flüchtlinge waren unterwegs, damit »ein jeglicher sich einschreiben lasse in seiner Stadt«. Während ich in meiner Rolle den mürrischen Mann mit dem Zimmermannsbeil auf den Zustand seiner Gefährtin aufmerksam machte und ihn um Schonung für »Maria« bat, fiel mir der Soldatenmantel herunter, und ich sah in meinem Kostüm aus wie der Verkündigungsengel bei Ghirlandaio. »Wieso weißt du ihren Namen, seit wann kriegt diese ein Kind?« Statt einer Antwort berührte ich die Schultern des Mannes und der Frau, worauf auch ihre Alltagskleider fielen. In mittelalterlichen Gewändern erkannten sie einander als Josef und Maria. Die Flüchtlinge aber hasteten blindlings weiter. Das Spiel konnte beginnen.
Für die Besetzung, die Martin zur Verfügung hatte, war ich ihm sehr dankbar. Martins Freundin Ita Maximowna, die heute als Bühnenbildnerin einen internationalen Namen hat, machte ihr erstes Bühnenbild. Lu Säuberlich spielte die Maria, Walter Werner den Josef. Herodes war Walter Franck, Fritz Rasp der Teufel, Franz Nicklisch der Trommler. Es war meine erste ganz und gar freie Theaterarbeit, in der Verantwortung nur mir selbst verpflichtet. Wolfgang Goetz schrieb in seiner freundlichen Kritik: irgendwo bimmelt die Idee »Berlin«.

Es war ein Neuanfang in einer Sache, die reich an Traditionen war: Theater in Berlin. Um mitmachen zu können, mußte ich mich zunächst einmal selbst finden. Karlheinz Martin hat mir am meisten dabei geholfen, weil er mich am meisten forderte. Er erbat sich von mir den Entwurf einer Theaterschule, die er dem Hebbeltheater angliedern konnte, und er betraute mich mit der Leitung.

Mir schwebte eine Schule vor für Schüler und Lehrer. Was mich angeht, so habe ich an dieser Schule mehr gelernt über mich und das Theater als vorher und nachher. Ich machte die Erfahrung nebenbei, indem ich die Möglichkeiten der Schüler erforschte, erforschte ich meine eigenen. Man braucht nicht satt zu sein, um zu lernen, man braucht nicht satt zu sein, um lehren zu können.
Ich lebte für diese Schule, und es gab keine Trennung zwischen Privatleben und ihr. Meine Ehe mit Inge Thiesfeld war geschieden worden, und es dauerte noch einige Jahre, bis die beiden Kinder mir zugesprochen wurden. Also hatte ich keinen anderen Lebensinhalt als diese Schule, sie war meine Familie: ich war glücklich und doch allein.
Walter Franck, unter den prominenten Schauspielern Berlins der einzige, der sich schon immer als Lehrer betätigt hatte, war ein selbstloser Helfer. Und die unvergessene Lu Säuberlich. Walter Felsensteins disziplinierende Intensität wurde den Schülern zum Vorbild. Roma Bahn und Karl Meixner, zeitweise auch Walter Richter leiteten eigene Klassen. Edith Türckheim lehrte Tanz. Karl Korn hielt einen Zirkel für Literatur, und nachdem er Herausgeber der Frankfurter Allgemeinen Zeitung geworden war, konnte ich als seine Nachfolgerin Sabina Lietzmann verpflichten. Graf Treuberg, aus der Emigration zurück, tat allwöchentlich mit den Schülern einen »Blick über die Grenzen«. Die Theateroffiziere der vier Besatzungsmächte kamen als Gastlehrer.
Unsere pädagogische Methode ergab sich zwanglos aus der Bereitschaft, die Schüler als Person zu erkennen, um sie zu sich selbst zu führen, in ihre eigene Mitte. Atemtechnik zum Beispiel wurde mit analytischen Methoden gekoppelt und der Katalog von Improvisationsübungen sehr persönlich gehandhabt. Ich schrieb ein Büchlein über unsere Erfahrungen »Die Besessenen«. Es ist sozusagen mit dem Pathos eines geistig wie körperlich Verhungerten geschrieben. Vieles daran wirkt heute komisch. Als ich später zu Studienzwecken in Amerika war, fand ich es dort als Lehrmittel vor bei Dramakursen an der Universität.
Ein Dreißigjähriger als Leiter einer Schauspielschule hat Probleme mit der Erotik, wie könnte es anders sein. Junge Mädchen, die

zum Theater drängen, sind meistens hübsch, und in uns allen war das Bewußtsein der neu gewonnenen Freiheit so stark, daß es nur vom Hunger unter Kontrolle gehalten wurde.
Ich möchte versuchen, Selbsttäuschungen und Zwecklügen zu vermeiden, mit denen Autobiographien gewöhnlich gespickt sind, auch solche, die nicht von Schauspielern stammen. Also ich war fraglos gefährdet – in jeder Beziehung, eben auch in der Eigenschaft als Angestellter einer städtischen Schule. Körperliche Berührungen, ob bei Sylvia, bei Yvonne oder Edith, konnten beim Rollenstudium nicht vermieden werden, sie gehörten einfach dazu, zufällig oder bewußt. Und da die Mädchen bald heraus hatten, wie ich mich zu beherrschen suchte, legten sie es um so mehr darauf an, mich zu irritieren. Dabei nahmen sie mich in der Sache genauso ernst wie ich sie, das war das Verführerische an der Situation: die Distanz erhöhte den Reiz. Der Zustand war spannend und konnte unmöglich lange anhalten. Ohne daß es mir zunächst bewußt wurde, sammelten sich meine Empfindungen auf die Gestalt eines Mädchens, das mir am fremdesten schien. Ein dunkler Typ, im Unterricht eher schüchtern, aber mit erstaunlich bewußter Zurückhaltung auftretend. Ein frisches slawisches Gesicht mit fülligem charaktervollem Mund und so dunklen schrägstehenden Augen, daß man ohne weiteres etwas Fernöstliches vermuten konnte. Auf einer Bühnenprobe, an der alle Schüler als Komparsen mitmachten, hatte Paul Wegener sie einmal in meiner Gegenwart gefragt, wo sie denn geboren sei. Auf die Antwort »Ich bin Hamburgerin«, stutzte er einen Moment und setzte dann verschlagen hinzu, Hamburg sei eine Hafenstadt.
Dieses Mädchen war Walter Franck und mir bei der Prüfung aufgefallen, weil es die Marion aus Georg Büchners »Dantons Tod« mit ausländischem Akzent vorsprach. Nach dem »warum« befragt, hatte die Antwort in stummem Erröten bestanden. Es war überhaupt ein eher schweigsames Geschöpf. Ich erinnere mich, es außerhalb des Rollenstudiums nur einmal aufgerufen zu haben, um sie einen Bibeltext vorlesen zu lassen. »Und sie erkannten, daß sie nackt waren.«
Dieses fremdartige Mädchen habe ich nie privat angesprochen,

aber um so mehr angeschaut. Ich sah gern seinen zuverlässigen Gang, und seine Art, sich Mitschülern gegenüber zu äußern, habe ich lange beobachtet. Eines Mittags war mein Bild vollständig. Ich sagte zu der Schulsekretärin: »Bitten Sie Fräulein Ferck, aufs Büro zu kommen.« Als sie kam, lud ich sie für den nächsten Tag zu mir nach Hause ein. Um ihr die Zusage zu erleichtern, setzte ich hinzu, daß meine Mutter bei mir lebe. Am nächsten Nachmittag saßen wir uns bei einer Tasse Tee gegenüber. Wir hatten erst ein paar Sätze miteinander gewechselt, als ich mich sagen hörte: »Wollen Sie wirklich Schauspielerin werden, oder könnten Sie sich vorstellen, meine Frau zu werden?« Die Antwort war eindeutig, und sie kam ohne Zögern. Ich nahm die Hand meiner Besucherin und sagte ihren Namen: »Gesa.«

Drei Monate später, an ihrem einundzwanzigsten Geburtstag, heirateten wir. Die Theaterschüler sangen auf dem Standesamt in Schmargendorf einen Kanon. Dieser Tag hat sich vor kurzer Zeit zum dreißigsten Mal gejährt.

Gesa gehört einem Jahrgang von Mädchen an, der gleich nach dem Abitur an die Flakscheinwerfer gestellt wurde: das letzte Aufgebot, um beim Einmarsch der Russen Berlin zu verteidigen, so hieß es offiziell. Im Artilleriefeuer auf einem geliehenen Fahrrad erreichte sie ihr Elternhaus in Hohenschönhausen. Im Tarnanzug, den Stahlhelm auf dem Kopf, lief sie in die Arme ihres Vaters. Dieser Vater war infolge einer Verwundung, die er im Ersten Weltkrieg erlitten hatte, querschnittsgelähmt. Das hinderte ihn nicht daran, ein listenreicher Verteidiger seiner Tochter zu werden. Er versteckte sie in einem Verschlag auf dem Dachboden des Hauses, und es gelang ihm, ihr unbemerkt Essen zu bringen, obwohl sich unten im Haus Soldaten einquartiert hatten. Eine Geschichte wie aus Grimmelshausens »Simplizissimus«. Erst Wochen später, nachdem die kämpfende Truppe der Sowjets von Besatzern abgelöst worden war, durfte Gesa, in den Overall eines Monteurs gekleidet, die Haare unter einer alten Sportmütze versteckt, sich sozusagen als Lehrling unter die Hausbewohner mischen. Die List des Alten war geglückt, die brutale Vergewaltigungswelle überstanden.

Mit dem Verstecken von Sachwerten war der Vater weniger erfolgreich. Er hatte Gesas Aussteuer in einen Keller verlagert und die Türe zugemauert. Das Versteck wurde verraten und mit der Spitzhacke geöffnet. Mir sei die Braut auch ohne Aussteuer lieb, sagte ich dem Vater und bat ihn um seine Einwilligung zu einer zehntägigen Wanderung durch den Harz, die ich mit seiner Tochter unternehmen möchte. Er war mißtrauisch, ich sei schließlich ein geschiedener Mann, und er sprach ausführlich über Hamburgischen Kaufmannsgeist. Ich verstand den Zusammenhang nicht ganz, blieb aber nicht ohne Eindruck von dem Humor, der dabei zutage trat, und richtig, nach Bekanntgabe der offiziellen Verlobung konnten wir wandern.
Bei Wernigerode trafen wir auf Leute, die uns ihren Schlüssel zu einer einsam gelegenen Jagdhütte gaben, in der wir wohnen konnten: sehr frühe Vorübung für Montalto. Zu essen gab es so gut wie nichts. Für sündhaft teures Geld verkaufte uns ein Bauer alle zwei Tage einen halben Liter Milch. Im übrigen lebten wir von Pilzen, die wir im Wald fanden und von denen wir schmackhafte Suppen kochten. Die Sache hatte nur einen Haken: wir sagten einander nicht, daß wir giftige nicht von eßbaren Pilzen unterscheiden konnten. Jeder vertraute der Kenntnis des andern. Sie mit der Nase sondierend, haben wir in diesen zehn Tagen kiloweise unbekannte Pilze verspeist und keinen Schaden genommen. Unser gegenseitiges Vertrauen hätte tödliche Folgen haben können, und als wir es uns gestanden, konnten wir nicht umhin, es als ein günstiges Vorzeichen zur Ehe anzusehen. Unterbewußtes muß geholfen haben, denn was hätten wir zu essen gehabt nach dem Geständnis, eßbare nicht von giftigen Pilzen unterscheiden zu können? Gesa übrigens ißt überhaupt keine Pilze mehr.

Nachdem der erste Jahrgang der Schüler die Reifeprüfung bestanden hatte, brauchten sie eine Bühne, um sich auszuprobieren, und, da Berlin auch künstlerisch eine Insel war, ohne provinzielles Hinterland, gründete ich das Rheingautheater. So hieß ein Kino am Bergheimerplatz, im Rheingauviertel des Südwestens gelegen.

Kurt Raeck, der zehn Jahre zuvor als geschäftsführender Direktor des Schillertheaters meinen ersten Berliner Vertrag aufgesetzt hatte, stand mir mit seiner langjährigen Erfahrung kritisch zur Seite und sicherte mir finanzielle Hilfestellung zu. Er war 1946 Intendant des Renaissancetheaters geworden, was er bis heute erfolgreich geblieben ist. Er hatte mich eingeladen, seine Eröffnungsvorstellung zu inszenieren. Es gab Strindbergs »Fräulein Julie« mit Ruth Hausmeister und Walter Franck und nach der Pause »Boubouroche« mit Aribert Wäscher. Die Schauspieler hatten mit Recht den größeren Erfolg als der Regisseur.
Ich habe dann noch die Tribüne mit einer die Gemüter erregenden Aufführung von Sartres »Tote ohne Begräbnis« eröffnet, der sehr junge Horst Buchholz spielte darin seine erste Rolle, und schließlich die Komödie am Kurfürstendamm. Wo ein Theater neu eröffnet werden sollte, auch als das Schillertheater wieder aufgebaut war, wurde ich von den Zeitungen als möglicher Leiter genannt, oder besser gesagt, verbraucht. Nichts verwelkt so vorzeitig als Lorbeerkränze, für die die Blätter noch gepflückt werden müssen.
Als ich selber reif war und mich nach Verantwortung sehnte, kam kein Mensch auf die Idee, daß ich vielleicht doch einer der Theaterleiter meiner Generation sein könnte, aus dem einfachen Grunde, weil ich mich ein ganzes Leben darauf vorbereitet hatte. Die offizielle Fassung hieß, aus Achtung vor mir als Schauspieler wolle man mir eine Intendanz nicht zumuten. Ich empfand das als Demütigung, die mich jahrelang gequält hat, bis ich um Haaresbreite abgestürzt wäre vom Seil. Die Theaterlandschaft war aber zeitweilig auch so verdüstert, der Leichengeruch so penetrant, daß der Einzelgänger ohne Clique keinen Weg mehr sah. Man wollte die Institutionen verunsichern, aber man verunsicherte die Schaffenden, und schlechte Beispiele verdarben die Sitten.
Vielleicht ist unser Theater so hoffnungslos provinziell, weil es so hoffnungslos politisiert ist und weil Berlin als maßstabgebende Metropole wegfällt und statt dessen selber zum Symbol wurde für hoffnungslose Politisierung.

Abenteuer als Theaterleiter

Als ich am 1. Mai 1948 das Rheingautheater mit »Don Carlos« eröffnete, war die Situation in Berlin keineswegs ohne Hoffnung. Schillers Streitgespräch zwischen dem alten Mann, der »Tod sät« und dem »sonderbaren Schwärmer« war noch nicht entschieden. Gedankenfreiheit wurde in der ungeteilten Stadt noch in Sprache umgesetzt. Und das nicht nur in der kleinen Kneipe dem Theaterchen gegenüber, wo Ost und West sich trafen, wo Karsch und Erpenbeck, Paul Rilla, Kortner, Luft und Langhoff beieinandersaßen.

Da gab es vor allem die »Möve«, den sowjetisch geführten Künstlerklub, ohne den viele von uns verhungert wären. Das ist die Wahrheit, mag sie sich auch noch so pathetisch anhören. Es gab sogar noch Humor damals, etwas, das heute ganz aus dem Theaterleben verschwunden ist, und der war berlinisch, nicht östlich und nicht westlich.

Der frisch aus sowjetischer Haft entlassene Gustaf Gründgens verkehrte sofort in der »Möve«, wo Russen und Amerikaner beisammensaßen. Einmal fragt er schon beim Eintreten ziemlich laut, wir sollten es alle hören, den russischen Theateroffizier: »Hat Herr Schröder sein U-Boot an der Garderobe abgegeben?« Ich trug immer den einen Rollkragenpullover, ich besaß nichts anderes. Ich kann nicht annehmen, daß ihn das gestört hat, eher wohl mein Spitzbart. Für ihn, mit Recht, hatte das klassische Schauspielergesicht bartlos zu sein. Er konnte auch noch nicht unsere ›Räuber‹-Aufführung im Hebbeltheater gesehen haben, eine hervorragende Arbeit von Walter Felsenstein, in der ich den Spiegelberg in der Maske eines jüdischen Revolutionärs spielte. Aber den Anwesenden wurde klar, mit dieser Floskel nahm der Mann mit dem spitzen Mundwerk auf seine Weise Kenntnis von einer eben begonnenen Karriere. Das Theatervolk lebt von der Nuance. Und Schauspieler, die intakt sind, erziehen sich gegenseitig wie Kinder, die viele Geschwister haben.

Wir probierten auf der kleinen Kinobühne wie eine verschworene Familie, die zwar am Hungertuch nagt, ich wog immer noch keine hundert Pfund, die aber genau weiß: was wir wollen, ist richtig, ist human, hat den moralischen Anspruch der Schaubühne Schillers. Die Aufführung wurde ein Erfolg, der sich auszahlte: wir bekamen die Lebensmittelkarte Eins zugesprochen. Damit konnte man nicht sattwerden, aber überleben.

Die zweite Aufführung des Theaterchens inszenierte Peter Elsholtz, der, ebenfalls von Karlheinz Martin gefördert, gerade am Hebbeltheater eine expressionistische »Rechenmaschine« von Elmer Rice gemacht hatte. Eine Aufführung, die nicht nur mir sehr gefallen hatte. Nach der Lektüre des »Caligula« von Albert Camus, war ich so fasziniert von den darstellerischen Möglichkeiten der Rolle, daß ich mich mit gefräßiger Lust auf diese Figur stürzte: ich konnte nicht mehr unterscheiden, was mich stärker trieb, der geistige oder der körperliche Hunger. Elsholtz, auf sprachliche Gliederung bedacht, brachte in meine heftige Diktion die notwendigen Synkopen ein, und das Resultat war eine rhythmisch komponierte, konzertante Aufführung.

Ich hatte Berta Drews gebeten, als Cäsonia meine Partnerin zu sein. Mit ihrer Art, sozusagen auf zwei Ebenen Theater zu spielen, war ich seit langem vertraut. Es fiel mir in ihrer Gesellschaft leichter, versteckt Persönliches nach außen zu bringen, als bei anderen Partnerinnen. Wir arbeiteten wie unter der Wirkung von Drogen. Ein zweiter Glücksfall kam hinzu, nämlich ein gelungenes Bühnenbild. Es bestand aus einem geflochtenen Spankorb, der die ganze Bühne einnahm, und, von hinten ausgeleuchtet, dadurch in seiner blauvioletten Grundfarbe durchsichtig wurde. So entstand ein magischer Raum, in dem die Figuren des Spiels sich wie von selbst zu Ideen abstrahierten. Sie lebten nur aus ihrer Sprachlichkeit und besaßen gerade dadurch eine andere theatralische Stoßkraft. Herbert Ihering, bis zu diesem Zeitpunkt mir gegenüber eher skeptisch eingestellt, wurde von nun an ein gewissenhafter Befürworter fast aller meiner Produktionen. Von dem blauen Bild reden Berliner Maler gelegentlich noch heute.

Anschließend inszenierte ich mit großem Vergnügen »Kolportage« von Georg Kaiser. Die Besucher des Rheingautheaters sollten nicht auf Humor verzichten müssen. Die lustig-listige Carsta Löck hat denn auch als Frau Appelbloom ihre Chance genützt.

Während der Proben zum nächsten Stück, Mussets »Man spielt nicht mit der Liebe«, ich hatte den Schriftsteller Heinz von Cramer als Spielleiter eingeladen, machte uns wieder einmal die Politik einen Strich durch die Rechnung. Über Berlin wurde die Blockade verhängt. Die »Rosinenbomber« der Amerikaner mußten nicht nur Lebensmittel einfliegen, sondern auch Kohlen, und im Zusammenhang mit der Energieknappheit fuhren bald keine U-Bahnen mehr, und die Mitglieder der Volksbühne, unser einziges Abonnement, konnten nicht mehr herangebracht werden. So wurde nach einer einzigen glückhaften Spielzeit aus dem Rheingautheater wieder das Kino an der Ecke.

Zu dieser Zeit bot mir der Geschäftsführer der Freien Volksbühne, Dr. Siegfried Nestriepke, die künstlerische Leitung an. Leider verschloß ich mich nicht dem Rat meines Freundes Kurt Raeck, doch statt dessen lieber die »Komödie« am Kurfürstendamm als Privattheater in eigener Regie zu übernehmen. Ich sagte der Volksbühne ab, was ich schon drei Monate später bereuen sollte. Da machte nämlich die Politik einen noch dickeren Strich durch meine Rechnung: die Währungsreform wurde auch in den Westsektoren von Berlin durchgeführt. Jeder Bürger bekam vierzig Mark Startgeld, und keiner ging mehr ins Theater. Im Zuschauerraum saßen ein paar Leute auf Freikarten. Gähnende Leere herrschte da unten, und ich hatte die Subventionen der Volksbühne ausgeschlagen! Von den Schwierigkeiten, ein Privattheater zu leiten, kann man sich als Laie die rechte Vorstellung wohl nicht machen. Wer kennt die Etatposten von Garderobefrauen, Putzfrauen, täglichen Insertionskosten für die Zeitungen? Dabei glaubte ich nicht ohne Geschäftsgeist bei der Wahl des Eröffnungsstücks vorgegangen zu sein. Der Maler Paul Strecker, aus französischer Emigration heimgekehrt, eine besonders liebenswürdige Figur im Nachkriegsberlin, hatte mir »Maja« von Gantillon gebracht in seiner Übersetzung. Das Stück war einmal unter Reinhardt gespielt worden, ein etwas sentimentales Dirnenstück. Strecker macht dafür ein brillantes Bühnenbild. Wir probierten Tag und Nacht. Tilly Lauenstein spielte die Titelrolle. Hilde Sessak, Elsholtz , Konrad Wagner, Sebastian Fischer und auch Gesa waren mit von der Partie. Es wurde eine zarte, fast melancholische Aufführung, übereinstimmend mit den Pastellbildern von Strecker. Das Presseecho war bösartig, das Stück wurde als Eröffnungspremiere degoutant befunden. »Nackte Mädchen am Kurfürstendamm!« Das Stück kam einfach sechs Wochen zu früh heraus, denn was sich bald nach der Währungsreform in Berlin tat, war freche Geilheit gegen diesen, zugegeben etwas kitschigen Hymnus auf die Allmutter Liebe. Wie immer in kritischen Situationen, in die ich nicht schuldlos geriet, tat ich noch eins drauf und sagte in einem Interview, wir seien uns alle gemeinsam, ich selbst spielte einen Zuhälter, so guter Absichten bewußt, daß wir beschlossen hätten, die Garderoben der Damen für den Publikumsverkehr freizugeben, damit man sich an »Ort und Stelle« über das Stück unterhalten könne, denn die Stimmung im Ensemble sei ungeteilt fröhlich. Man überhörte meine Ironie, und eine Ostberliner Zeitung nannte mich den Totengräber zweier Theater. Ich wachte also eines Morgens auf, hatte einen Haufen Schulden und einen Teil meines Rufs verspielt. Einige Gläubiger haben mir später ihre Forderungen erlassen, die Hauptsumme aber habe ich im Dunkeln verdient und abgestottert, d. h. ich saß am Schneidetisch und machte Texte für die Synchronisation amerikanischer Spielfilme, die ich dann auch regielich betreute. Das geht bekanntlich im Dunkeln vor sich, tatsächlich und auch im Sinne der Publizität. Der Kollege Wolfgang Lukschy, einmal von Kortner auf diese traurige Tatsache angesprochen, wußte zu erwidern: »Aber die Gage, Herr Kortner, gibt es im Hellen.« Sehr viele Berliner Schauspieler konnten sich damals nur mit Hilfe der Synchronisation über Wasser halten. Ich jedenfalls weiß seit dieser Zeit, was Geld ist.

Der amerikanischen Militärregierung schien mein angeknackster Ruf nichts auszumachen. Zusammen mit Ita Maximowna, Friedrich Luft und O. E. Hasse folgte ich der Einladung des State Department, zwei Monate amerikanisches Theater zu studieren. Wie Botschafter wurden wir in den Staaten empfangen. Wir bestiegen in Bremerhaven ein Armeeboot und standen eine Woche später am 1. Mai 1949 wie staunende Kinder in der Fülle und Prächtigkeit des Broadway. Vier etwas seltsam angezogene, blokkierte Berliner.

In der eleganten Wohnung der Mady Christians am Central Park fanden die Besucher es komisch, daß ich meinen Wunsch nach einem warmen Bad ohne Hemmung kundtat. Mißerfolge normalisieren. Für die Wochenschauaufnahmen mit der Christians und Kurt Weill mußte ich mir von O. E. Hasse eine Krawatte ausborgen. In Santa Monica zeigte uns Lion Feuchtwanger die stattliche Reihe seiner Bücher, die früher in Deutschland, und die noch stattlichere Reihe derer, die jetzt in der UdSSR verboten waren. Mit Paul Hindemith saßen wir auf der Schwelle seines Holzhauses in Yale und aßen Erdnüsse. Piscator erwog mit uns seine Rückkehr nach Berlin. Abends sahen wir die Uraufführung von »A Streetcar named desire«, worin einer seiner Schüler die Hauptrolle spielte: Marlon Brando. Max Beckmann zeigte uns in San Louis etwas mißmutig die Ausstellung seiner Schüler: alle Bilder mit dem perlmuttfarbenen Rosa des Meisters und der chirurgisch schwarzen Kontur. In Hollywood warf Max Ophüls seinen Mantel auf den Boden und trampelte darauf herum, als er vom deutschen Film sprach. Wir aßen mit Ernst Deutsch bei Joseph Schildkraut, der sich nach seinem Paten in Berlin erkundigte, nach Eduard von Winterstein. Wir sahen etwa dreißig Aufführungen allein am Broadway. Wir erfuhren, daß es Tausende von Universitätstheatern gibt. Wo wir sie kennenlernten, wirkten sie am überzeugendsten, wenn sie junge Dramatiker mit erfahrenen Theaterleuten zusammenbrachten. Fünf Millionen Menschen in Amerika verlassen allabendlich ihre Wohnung, um Theater zu spielen. Dabei sind achtzig Prozent

aller der Gewerkschaft angehörenden Schauspieler arbeitslos. Von allen Berufen hat der Schauspielerstand die höchste Selbstmordziffer.
Bei allen Widersprüchlichkeiten, die der »American Way of life« erkennen ließ, immer wieder hat mich der Satz Lincolns verfolgt: »I don't like what you say, but I will fight to death, that you can say it.« Ich erlebte aufregende Einzelfälle, wie hartnäckig diese Anschauung noch heute praktiziert wird.
Wir sahen mehr von Amerika als der Durchschnittsamerikaner in seinem ganzen Leben. Wir fuhren mit dem Baltimore Express nach Cleveland und weiter nach Texas. Mit dem Pullman Pacific durch die Rocky Mountains nach Los Angeles. Im Hause von Salka Viertel, der Freundin von der Garbo, lernten wir die zweite Generation der Emigranten kennen, die Söhne von Brecht und Kortner. Sie brauchten sich nicht wie ihre Väter jahrelang einzuschließen, um das »Th« aussprechen zu lernen.
Auf einer Party, die Elli Sillman gab, klagte ich, angestrengt von der Fülle der Eindrücke, wie schwer es doch sei, als Fremder in diesem Lande Entspannung bei einer Frau zu finden. Und ob man wirklich das Gesundheitszeugnis auf den Nachttisch legen müsse. Ich hatte mich mit meiner Intimität an Hildegard Knef gewandt, zu deren Ehren der Empfang veranstaltet wurde. Ohne hinzugukken, wies sie durch das Fenster, vor dem wir standen, in den beleuchteten tropischen Garten hinein. Die lebenskluge Hildegard hatte dort längst wahrgenommen, was ich erst jetzt sah: ungeniert, hinter einem Tamarindenstrauch stehend, liebte sich ein Pärchen von Partybesuchern auf naturnahe Weise. Dann machte sie mich mit Ellen bekannt, der Tochter eines Zigarrenfabrikanten, der aus Bünde in Westfalen emigriert war.

So gern ich mit meiner Familie zusammen bin, mit Verwandten habe ich es schwer. Es gibt natürlich Ausnahmen. Von denen möchte ich erzählen. Sie stammen aus der Abenteuerer-Familie meiner Mutter.
Meine Mutter hatte viele Brüder. Man redete von ihnen als den »verrückten Noëls«. Der Vater war aus Frankreich gekommen,

und viele Söhne wanderten auch aus dem Rheinland wieder aus. Einer starb auf See auf der Fahrt nach Ost-Indien. Einen anderen besuchte ich 1949 im Farbigenviertel von Cleveland/Ohio: Jakob Noël. Ein Kerl wie ein Baum, weit über achtzig, mit prächtigen weißen Haaren. Er saß in einem Ohrensessel, von dem er den ganzen Hinterhof überschauen konnte. In der riesigen verstaubten Wohnung lebte er allein. Frauen und Kinder hatten ihn verlassen. Während der Zeit des Alkoholverbots hatte er als Spritschmuggler auf dem Michigansee ein kleines Vermögen gemacht. Sein uraltes Ford-Cabriolet stand auf dem Hof. Seine schwarzen Nachbarn erzählten mir, daß »Good old Jack« tags zuvor vor dem Schnellrichter gestanden habe, wegen Überschreitung der Höchstgeschwindigkeit. Das sei aber wieder mal gut ausgegangen. Als der mächtige Bursche auf den Schreibtisch des Richters zugegangen sei, habe der nur leicht mit dem Finger gedroht und gesagt: »Old boy, watch your step!« und ihn nach Hause geschickt.
Onkel Jakob erklärte mir in seinem rheinisch klingenden Amerikanisch, er habe sich schon gedacht, daß ich aus der Noël-Familie stammen würde, als ich über den Hof gekommen wäre, so etwas sehe man am Gang. Innerhalb einer Stunde hatten wir die Flasche Whisky ausgetrunken, die ich ihm mitbrachte. Und während ich so tue, um meinen Besuch nicht allzu abrupt zu beenden, als würde ich mir die Sammlung seiner Postkarten ansehen, die um den Spiegel geklemmt sind, übrigens alles nackte Weiber, meint er, eine zweite Flasche sei leicht zu bekommen, drüben an der Ecke sei ein Drugstore. Schon während des Satzes hält er die Trillerpfeife, die an einer Schnur um seinen Hals hängt, vor den Mund, und jetzt bläst er hinein wie Becketts Ham im »Endspiel«, seinen Clov zu rufen. Ein kleiner Schwarzer erscheint, der mich vielversprechend angrinst, kriegt Geld und verschwindet so schnell, wie er gekommen ist. Onkel Jakob erhebt sich und gibt seinen Kommentar zu den »gepinselten Weibern«, seiner einzigen Freude, die ihm noch geblieben sei, außer der Musik. Jetzt erst sehe ich, daß die Postkartenschönheiten des Michiganschiffers mit Sorgfalt von Hand gepinselt sind. Onkel Jakob hat viel Zeit, und er hat Liebe zum Detail, das sieht man ... Onkel Jakob setzt das Grammo-

phon in Gang. Eine provinzielle Stimme singt Seemannslieder, aber auch von den Segnungen der Prohibition singt sie. Onkel Jakob deutet mit dem Daumen in die Richtung, aus der die Stimme kommt, schlägt die Augen nieder und hört zu.

Nach langer Pause, er hat mir inzwischen eine dicke Kladde mit Gedichten in die Hand gedrückt, fragt er mich, wie ich die Verse finde. Ich könne noch nichts sagen. Die Musik übrigens, fährt er fort, sei nicht von ihm, nur die Melodien, die hätte er immer wieder dem Komponisten vorgesungen. Im Ganzen habe er ein Dutzend Platten machen lassen über seine Michigan-Liebe. Das sei leider sehr, sehr teuer geworden, sein kleines Vermögen dabei draufgegangen. Onkel Jakob weint ein bißchen. Ich komme mir vor wie in einem schlechten Kabarett.

Es ist gut, daß der Junge mit dem Bourbon kommt, denn ich weiß immer noch keine Antwort. Ich muß an Kortner denken. Er verbrachte einmal den Sylvesterabend bei uns in Wannsee. Wir schalten kurz das Fernsehen ein: die »Stachelschweine« quälen sich, termingemäß lustig zu sein. Das Programm ist nicht gut. Kortner schaltet aus. Er sieht betroffen vor sich hin. »Es hätte viel schlimmer kommen können, Schröder, man hätte auch so was werden können.«

Alle zwölf Platten, Onkel Jakobs ganzes Vermögen, habe ich angehört bei meinem Besuch in Cleveland. Nach der achten Platte hat Jakob noch einmal in seine Trillerpfeife geblasen.

Irgendwo schlummert unter meinen Papieren ein Brief, den ich nicht finden kann. Onkel Jakob hat ihn vor dem Ersten Weltkrieg an seine Brüder geschrieben, die verrückten Noëls. Eigentlich ein zarter Brief. Voller Selbstvorwürfe, aber auch Dankbarkeit dafür, daß sie ihm geholfen hatten, aufs Schiff zu kommen. Jakob schlug während der Rekrutenausbildung einen Unteroffizier nieder, der ihn beleidigt hatte. Er bekam ein Jahr Festungshaft auf dem Ehrenbreitstein. Er hielt es nicht aus, sägte Eisenstangen entzwei und schwamm bei zehn Grad Kälte über den Rhein. Am anderen Ufer erwarteten ihn seine Brüder. Jakob fuhr als Tellerwäscher nach Amerika.

In New York wohnte ich bei seinem Neffen, bei meinem Vetter

Georg Eisenberg. Unsere Mütter waren Geschwister. Georg hieß eigentlich Josef und war das, was man einen schönen Mann nennt, bis auf das eingeschlagene Nasenbein: er hatte in seiner Jugend geboxt und war einmal Deutscher Meister im Mittelgewicht. Von Beruf war er Koch. Diesen Beruf hatte er als Kölner in einem Hotel erlernt, das berühmt war für seine Küche. Der schöne Josef war erst einige Jahre im Beruf, als auch schon seine große Stunde schlug. Die Besitzerin des Hotels, eine distinguierte junge Witwe, war in großer Verlegenheit: Küchenchef und erster Saucier fehlten wegen Krankheit, als ausgerechnet das prominenteste Essen des Jahres stattfinden sollte. Die Tochter eines rheinischen Politikers heiratete. Hundert Gäste waren geladen. Josef bat die Besitzerin, einspringen zu dürfen, er habe das Menü schon zusammengestellt. Der Chefin blieb keine andere Wahl, als einzuwilligen. Josefs kulinarisches, aber auch sein Organisationstalent feierte Triumphe. Die Gäste prosteten dem jungen Mann in später Stunde zu, und prophezeiten ihm eine große Karriere. Noch ein wenig später schritt das Wunderkind die Mansardentreppe hinunter: der schöne Josef hatte sich umgezogen. Blütenweißes Hemd, tadelloser grauer Zweireiher, Nelke im Knopfloch, Zigarette im Mundwinkel. Er rieb sich die Hände, klatschte wie zur Ermunterung hinein, und dann hörte ausgerechnet die Besitzerin ihn sagen: ». . . und jetzt mit der Chefin ins Bett!« Josef in Hochzeitslaune auf dem Wege zur Macht. Er hätte nicht laut denken sollen, denn natürlich wurde er gefeuert. Einige Gäste hatten den energischen Spruch mitangehört, sonst – wer weiß! Es war in den goldenen zwanziger Jahren.

Aber Josef fiel die Treppe hinauf. Er bekam den Posten als Chef in einem großen Hotel in Düsseldorf angeboten. Als er ihn antreten sollte, kehrte er auf der Stelle um, weil man keinen Pagen schicken wollte, seine eleganten Koffer hinaufzutragen. In Wahrheit war die Sache anders. Er hatte gerade an dem Tag erfahren, daß eine Freundin ein Kind bekam und ihn als Vater ausersehen hatte. Seine Freunde aus dem Sportclub aber ließen ihm keinen Zweifel darüber, daß sie alle ebensogut der Vater des Kindes sein könnten . . . »Kein Mädchen zum Heiraten« befand Josef und fuhr, wie Onkel Jakob eine Generation zuvor, als Tellerwäscher nach Amerika.

Als ich ihn dort fünfundzwanzig Jahre später wiedersah, war George J. Eisenberg Executiv-Chef eines weltbekannten Hotels in New York, und die Herren der Wallstreet ließen sich von ihm sein Rezept für Hummersalat mit Sellerie und Ananas auf die Frackmanschette schreiben.

Auf dem Armeeboot, mit dem wir nach Europa zurückfuhren, hatte ich bei heftigen Atlantik-Stürmen Gelegenheit, darüber nachzudenken, was ich alles über das Theater gelernt hatte, aber auch darüber, aus welchem Familienholz er geschnitzt war, der so großzügig eingeladene deutsche Schauspieler.

Schauspieler und Politik

Kortner erinnerte mich oft an meine Mutter. Wenn ihr Jahresbesuch bei uns in Berlin – sie blieb gewöhnlich vier Wochen – sich dem Ende näherte, suchte sie in jedem Fall Anlaß zu einem richtigen Krach. Der bevorstehende Abschied fiel ihr dann leichter, und sie reiste mit der dramatischen Pointe ab, ich würde sie nie wiedersehen. Kortner blieb natürlich keine vier Wochen, aber doch ganze Tage. Und das über Wochen hinweg, zum Beispiel als er in unserer Wohnung am Breitenbachplatz in Dahlem für seine »Carlos«-Inszenierung die Proben abhielt. Jeweils am Abend konnten wir auf eine Kortner-Pointe warten. Er stand noch eine Weile unschlüssig an der Etagentür herum, bis plötzlich der berühmte Zeigefinger seiner linken Hand vorschoß und Kortner nach einem leichten Aufstoßgeräusch seines empfindlichen Magens zur Sache kommt: »Nun Sedlaczek, du kleiner brauner Nazi!« Damit verabschiedet er sich nicht nur von unserem Rothaardackel, der natürlich ganz anders heißt, sondern auch von uns. Und das im Jahre einundfünfzig.
Beim nächsten Mal deutet er in den Raum, wegen dessen Größe er gebeten hatte, die Proben anstatt im ungeheizten Theater in unserer Wohnung abhalten zu dürfen: »Wenn ich einmal Karriere mache, schaffe ich mir auch so eine Wohnung an.«
Es war seine Art Danke zu sagen, denn er sah Gesa und mich dabei wirklich mit zärtlichen Augen an. Er zeigte seine Verbundenheit ganz deutlich, er mochte es nur nicht in Worten sagen. Es war genau wie bei meiner Mutter. Nur wenn man jemanden für wert

erachtet, ihn zu verletzen, tut man es, und so spürt man auf genußvolle Weise, daß man ihn mag. Er war ein komplizierter Partner, niemals ohne Spannungen. Beziehungen solcher Art sind mir vertraut seit den Tagen meiner Kindheit.

Immer war eine Art Zärtlichkeit zwischen uns. Sie wurde oft verdeckt durch Mißtrauen und Enttäuschung in beruflicher Hinsicht, aber bei der nächsten Begegnung war weiter Zärtlichkeit im Spiel. Es kam ja auch nie, worauf übrigens von vielen Seiten gewartet wurde, es kam nie zu einem offenen Krach zwischen uns beiden.

Kortner war doch wirklich das Gegenteil eines Schwätzers, und doch konnten wir tagelang in der Halle des Hotels »Vier Jahreszeiten« sitzen und uns Geschichten erzählen. Auf diese Weise erfuhr ich nicht nur den Verlauf seiner amerikanischen Romanze mit Dorothy Thompson, sondern mehr noch von seiner Emigrantennot in Amerika. Daß statt seiner, der er schon Vertrag hatte, Charles Laugthon die Titelrolle des Filmes »Der Glöckner von Notre Dame« spielte, verdankte er zum Beispiel einem deutschen Mitemigranten, der für den erkrankten amerikanischen Regisseur einsprang und dessen erste Tat darin bestand, die Titelrolle umzubesetzen.

Am Ende eines solchen Tages sagte er dann: »Jetzt haben wir wieder den ganzen Tag geschmust.«

In seiner »Carlos«-Inszenierung spielte er selbst den König Philipp. Zu dieser Premiere ging Kortner zu Fuß ins Theater. Wir hatten noch am Premierentag, wie das bei ihm immer war, Einzelheiten in unserer Wohnung am Breitenbachplatz probiert, und obwohl er eine aufzehrende Arbeitszeit von Monaten hinter sich hatte, machte er sich anschließend zu Fuß auf den Weg ins Hebbeltheater. Ein Fußmarsch von eineinhalb Stunden quer durch Berlin. Diese Premiere sollte der Anlaß werden zu einem der wenigen Theaterskandale, die das Nachkriegs-Berlin erlebt hat.

Stilistisch konnte man die Aufführung als eine Fortsetzung der Theaterarbeit von Jessner und Piscator ansehen. Von Jessner die Treppen, von Piscator die aufwendige, aber dramaturgisch genutzte Technik. Der Palast in Madrid bestand aus einem Gewirr

schwarzer Eisentreppen und Galerien, die auf einer Scheibe standen und hin und her gefahren wurden. Die meiste Zeit waren sie von trippelnden Grüppchen weiß gekleideter Mönche bevölkert, die die machtvolle Gegenwärtigkeit der Kirche verkörperten. Philipp II. wurde von Kortner als kranker Mann im Rollstuhl dargestellt. Er trug ein ungewöhnlich einfaches Wams, eine Art Drillich, und eine Brille, wie man sie von den Bildern des Spaniers El Greco kennt. Sein Beichtvater Domingo, den ich zu spielen hatte, war ständig in seiner Nähe. Horst Caspar, damals schon vom Tode gezeichnet, spielte einen leisen überwältigenden Marquis Posa, neben dem der Darsteller des Carlos verblaßte.
Die Unruhe im Parkett zeigte sich bald. Hier und da ein Zwischenruf. Dann plötzlich: »Wir wollen Schiller sehen, nicht Kortner.« Auch das Wort »Jude!« wurde heraufgerufen. Ich sah, wie Kortner hinter seiner dunkel getönten Brille die Augen schloß, und wie seine Lippen zitterten. Ich begann meine Verse ins Publikum zu sprechen – etwas, das gerade bei dem Regisseur Kortner am meisten verpönt war. Er merkte es und nickte vor sich hin: Einverständnis für diesmal. Meine Tonart wurde immer mahnender. Rigoros mißbrauchte ich meine Rolle und benutzte die Verse gegen ihren Sinn zur Beruhigung des Publikums, ich flehte es an. Jeder Schauspieler kann so etwas, wenn es nötig ist. Eine ernste Stimme in mir sagte: »Dies hier muß um jeden Preis vermieden werden.«
Vorübergehend trat auch wirklich Ruhe ein. Aber die schauspielerische Interpretation einzelner Szenen war von Kortner zu kühn angelegt, das deutsche Publikum war entwöhnt, und es fühlte sich provoziert. Als Ruth Hausmeister, die Darstellerin der Prinzessin Eboli, in ihrem Monolog, laut Kortner, sich mit einem Backenstreich selbst zu züchtigen hatte, brach Gelächter aus. Gleich darauf drehte sich die Bühnenscheibe, während gleichzeitig die Wache der Inquisition aufmarschierte. Das war immer so probiert worden, daß in dem Augenblick, wo die Scheibe stand, die Wache eine Salve abfeuerte, parallel zur Rampe in die linke Kulisse hinein. Aber den lebendigen Feuerstoß sollte man schon sehen. Es hatte den ehrgeizigen Regisseur Zeit und Geschick gekostet, das durch-

zusetzen, denn die Besatzungsmächte mußten damals noch ihre Einwilligung dazu geben. Der Maschinenmeister aber irrte sich in dem Zeichen, wo die Scheibe zu arretieren war, und zwar um neunzig Grad. Die Komparsen kamen also zum Stehen und feuerten aus zwanzig Rohren ihre Übungspatronen frontal ins Publikum. Der Tumult war unvorstellbar. Eine Besucherin erlitt eine Frühgeburt. Man schrie voller Haß: »Der schießt auf uns! Jude!« Die Vorstellung war nicht mehr zu retten. Es war verhängnisvoll.

Vielleicht war die Atmosphäre in Berlin damals neurotischer als in der Zeit nach dem Bau der Mauer. Ich weiß es nicht, ich war ja mitten drin und wurde nicht gerade dickhäutiger in jenen Tagen. Was ich täglich von Kortner zu hören bekam, war beunruhigend. Er erhielt schreckliche Briefe und anonyme Anrufe. Nachts klingelte es an seiner Wohnungstür Sturm, ging jemand, um zu öffnen, schob sich ein Fuß in den Türspalt.

Blockadewinter, Kalter Krieg und Wiedergutmachung, wie sollte das alles zusammen gehen. Zuviel Schreckliches war verdrängt worden, Heilung war nicht möglich, weil schon neue Eisen im Feuer waren, zum Brennen und zum Morden. Die Menschen waren überfordert. Dies war beängstigend. Berlin Neunzehnhundertundfünfzig.

Nur wenige Tage später gingen Gesa und ich mit ein paar befreundeten Kollegen über den Kurfürstendamm, Wolfgang Staudte, Renate Praetorius und Gisela Trowe. An der Ecke Fasanenstraße wurden wir von einem Polizisten aufgefordert, den Bürgersteig zu verlassen und nicht stehen zu bleiben. Belustigt fragten wir zurück, ob vielleicht Kaiser Wilhelm vorführe. Das war abends gegen sieben Uhr.

Damals lebte Ernst Reuter noch. Er war ein Regierender Bürgermeister, den wir alle verehrten. Wenn man zu ihm kam, so hörte er zunächst einmal zu, nahm sich die Zeit, zuzuhören. Das war etwas Neues. Seine moralische Instanz wurde durch nichts und von niemandem in Frage gestellt. Diesen Ernst Reuter hatten Friedrich

Luft und ich gemeinsam aufgesucht, um, wie wir meinten, Schaden von der Stadt Berlin abzuwenden. Es ging um ein Gastspiel des Wiener Burgtheaters, in dem zum ersten Mal nach seinem Auftrittsverbot durch die Alliierten Werner Krauss wieder in Berlin spielen sollte. Die Unruhe darüber war überall zu spüren, in den Zeitungen, in den damals noch sehr aktiven antifaschistischen Verbänden, in der Jüdischen Gemeinde, vor allem aber an den Universitäten. Krauss hatte aus seinem Antisemitismus nie ein Hehl gemacht, nun aber war man, gerade weil er ein so bedeutender Schauspieler war, nur bereit zu verzeihen, wenn er sich von seiner früheren Einstellung zum Judentum öffentlich distanzieren würde. Es war Reuters Idee, Krauss möge vor seinem Auftreten in den Berliner Zeitungen eine diesbezügliche Erklärung abgeben. Die Öffentlichkeit war davon unterrichtet worden. Als man vergeblich auf diese Erklärung gewartet hatte, war die Enttäuschung groß. Berlins berühmter Kritiker Friedrich Luft beschloß, der Aufführung fernzubleiben. Er sagte an, sein Platz sei heute draußen vor dem Theater, wo er sich mit Stühlchen und Thermosflasche einrichtete. Die Studenten der damals erst zwei Jahre alten Freien Universität beschlossen, gegen das Auftreten von Krauss zu demonstrieren. Die polizeiliche Genehmigung dazu war erteilt worden.

Zurück zum Kurfürstendamm, der jetzt voller Menschen war. Noch bevor die Demonstranten eintrafen, wurde das Theater polizeilich abgesperrt. Ein bißchen viel Polizei auf den Bürgersteigen. Eine schiefe Situation von Anfang an. Theaterbesucher im Pelz und Smoking mit Polizeigeleit auf der einen Seite der Absperrung. Auf der anderen Seite unter den Studenten jüdische Lagerinsassen aus dem »Unrra«-Lager, das damals in Berlin noch existierte. Als Lastwagen vor dem Theater hielten, auf denen Sprechchöre der Studenten standen, die schwarze Fahnen bei sich trugen, wurden sie über Lautsprecher aufgefordert, weiterzufahren. Ein Student, der mit einer Ansprache begonnen hatte, wurde heruntergezerrt und in ein Polizeiauto gebracht. Meine eigene Hörerschaft aus dem Bereich der Theaterwissenschaft und der Germanistik war vollzählig erschienen. Ich hatte damals einen Lehrauftrag bei der

Philosophischen Fakultät und freute mich, so viele bekannte Gesichter zu sehen. Drinnen hatte man längst zu spielen begonnen, und darum sollten die Sprechchöre »Werner Krauss, raus!« nicht geduldet werden. Natürlich fuhren die Studenten nicht weiter, sie blieben und schrieen um so lauter. Neue Polizeieinheiten fuhren vor. Im Foyer des Theaters war eine Scheibe eingedrückt worden. Als ein Wasserwerfer der Polizei auffuhr, steigerte sich die Szene tumultuarisch. Ein unglücklicher Zufall wollte es, daß Gesa und unsere Freunde in diesem Augenblick durch ein Polizeikordon von mir getrennt wurden. Ich versuchte auszubrechen, kam aber gegen die Polizeikette nicht an. Ich sprang, ohne zu überlegen, auf einen offenen Dreiradwagen und hielt eine Ansprache an die Studenten. Ich redete sie als Kommilitonen an, ein Wort, das ich weder vorher noch nachher jemals gebraucht habe. Man soll meine Stimme bis an die Gedächtniskirche gehört haben. Ich schrie, man möge so hell wie heute bleiben und sein Hirn nie wieder verdunkeln lassen durch das verhängnisvolle Gift des Antisemitismus. Drinnen versuchte Werner Krauss, in einer Ibsen-Rolle gegen den Lärm anzuspielen. Er spielte John Gabriel Borkman, den genialisch betrügerischen Bankdirektor, der die Beziehung zur Realität verloren hat. Draußen wurden jetzt die Wasserwerfer eingesetzt. Ihr Druck war so enorm, daß einige Nahestehende durch die Luft geworfen wurden und mit den Köpfen auf das Pflaster aufschlugen. Das Geschrei über die Verletzten hörte sich schlimm an. Dann meldete sich über Lautsprecher die Stimme des Offiziers, der den Einsatz leitete. Er sagte betont langsam und deutlich: Die Vorstellung im Theater sei abgebrochen und somit das Ziel der Demonstration erreicht worden. Man möge sich zerstreuen. In der allgemeinen Beruhigung konnte man sich um die Verletzten kümmern. Wenn ich mich nicht sehr irre, war es der Schriftsteller Wolfdietrich Schnurre, der uns die Nachricht brachte, die Polizei habe gelogen, drinnen gehe die Vorstellung weiter. Nun versuchten einige, ins Foyer zu gelangen, um sich selbst vom Abbruch der Vorstellung zu überzeugen. Sofort traten wieder Wasserwerfer in Tätigkeit. Das war zuviel. Die Wut der Betrogenen ließ sie völlig außer Kontrolle geraten. Pflastersteine wurden geworfen. Ich

dachte, ich könnte das Schlimmste verhindern, wenn ich versuchte, den Intendanten des Hauses zu sprechen, Dr. Nestriepke, ich kannte doch den Mann sehr gut. Ich bückte mich unter den Polizeikordon und lief mit den Worten »ich muß den Chef sprechen« ins Theaterfoyer. Dort auf dem schönen roten Plüschteppich wurde ich von der Polizei zusammengeschlagen. Die Schlagstöcke sausten auf meinen Schädel nieder. Eine knappe halbe Stunde später vernähte der Chef der Charité, Prof. Gohrbandt, meine Wunden am Kopf. Meine Rolle im »Don Carlos« mußte umbesetzt werden. Meine Einmischung in die Angelegenheit der Demonstranten hatte Folgen. Dem Verlangen einiger, mich aus der Genossenschaft Deutscher Bühnenangehöriger auszuschließen, konnte nicht nachgekommen werden, weil ich ihr nach Beendigung des Krieges nicht wieder beigetreten war. Dem Begehren des Direktors des Theaterwissenschaftlichen Instituts, Prof. Hans Knudsen, ich möge meinen Lehrauftrag zurückgeben, wenn ich Disziplinarmaßnahmen vermeiden wolle, kam ich sofort nach. Er hatte geschrieben, ein akademischer Lehrer habe andere Möglichkeiten als die der Straße.
Vierzehn Jahre später blieb es einem Schweizer Wissenschaftler vorbehalten, diese Angelegenheit, die ich als ein Unrecht empfand, ins reine zu bringen. Dr. Peter Szondi erbat sich anläßlich seiner Berufung zum Ordinarius an der Freien Universität, daß die Fakultät mir ihr Bedauern über das damalige Vorgehen ausspreche, und mir einen neuerlichen Lehrauftrag anbiete. So geschah es. Ich nahm für ein Semester an, um die Sache vor mir selbst in Ordnung zu haben.
Damals unmittelbar nach dem Tumult konnten sich die Beteiligten bestätigt fühlen, wenn sie in der Presse von New York bis Tel Aviv das Echo des Ereignisses vom Kurfürstendamm betrachteten.
Einige Wochen später, meine Platzwunden waren inzwischen geheilt, sollte die Erregung noch einmal aufwallen, ohne daß sie zum Kochen kam. Karl Heinz Stroux hatte im Hebbeltheater »Intermezzo« von Giraudoux inszeniert. Ich spielte den Inspektor mit Ruth Leuwerik als Partnerin, die ihre große Filmkarriere noch vor sich hatte. Als ich zur Premiere ins Theater kam, traf ich beim

Bühnenpförtner auf eine Gruppe von Polizisten, was mich bei unseren Zeitläuften nicht weiter verwunderte. Als ich aber zu meinem zweiten Auftritt ging, er hatte von unten aus der Untermaschinerie der Bühne zu erfolgen, kam ich aus dem Staunen nicht heraus. Hier wartete eine ganze Polizeieinheit auf ihren Auftritt. Ja, man erwartete diesmal Protestaktionen gegen *mich*. Ich war wie vom Schlag getroffen. Der gallische Furor meiner Mutter überkam mich, es ging schließlich um ein französisches Stück, und ich spielte eine rasante Premiere, die so dicht war, daß jeder Versuch einer Einmischung unterblieb. Die Polizei kam nicht zu ihrem Auftritt, und es wurde ein ungewöhnlicher Erfolg. Georg Zivier schrieb im »Tagesspiegel«: »Hier hat ein Talent alle Schlakken seines Werdens abgeworfen. ... Es ist eine Sensation, ihn zu sehen.«
Zwanzig Jahre danach im November 1971. Das Auswärtige Amt und die Deutsche Botschaft in Israel waren sicher nicht gut beraten, ein Bündel von Veranstaltungen unter dem offiziellen Namen: »Deutsche Kulturwoche in Israel« anzukündigen. Diesen taktlosen Titel erfuhren wir erst im Lande selber, in Deutschland hatte uns niemand davon erzählt. Er erinnerte fatal an Hitlers Deutsche Kulturwochen in den besetzten Ostgebieten. Auf Israelis muß die Zusammenstellung von Deutsch und Kultur noch lange Zeit schmerzlich wirken, das kann niemand verwundern. Also wir gingen mit Lessings »Emilia Galotti«, die ich am Schloßparktheater inszeniert hatte, auf die Reise. Ich spielte selbst die kleine Rolle des Mörders Angelo, darum war ich dabei.
In Tel Aviv, im Haus der berühmten Habima, ging unsere Vorstellung ungestört über die Bühne. Die Truppe war nervös, denn vor dem Theater fand eine gespenstische Demonstration statt. Eine Blaskapelle aus Jugendlichen in gestreiften KZ-Anzügen spielte: »Das ist die Berliner Luft, Luft, Luft.« Schreckensbilder der Judentragödie wurden umhergetragen. Im Saal selbst war auffallend viel Polizei unter den Zuschauern. Hinter die Bühne kamen in der Pause dann ehemalige Berliner, die uns auf den Gängen die Hände schüttelten oder uns in den Garderoben besuchten. Feuchte Augen bei den Schauspielern und den Besuchern.

Ein paar Tage später in Jerusalem hat sich das Bild schon verdüstert. Hunderte von Demonstranten, die die Eingänge verstopfen und die Besucher hindern, in das Theater zu gelangen, oder deren Autos demolieren. Als der Saal bei Beginn der Aufführung eingedunkelt ist, beginnt sofort die Störung. Aus dem vorderen Parkett ein Sprechchor fanatischer Stimmen: »Don't forget! Don't forget!« Es wird Licht gemacht. Die Gesetzeshüter sind nicht gerade zimperlich in Israel, wie sich jetzt herausstellt. Es wird wieder dunkel gemacht. Nun sind mehrere Chöre zu hören. Gegenüber solcher Lautstärke sind die Schauspieler machtlos. »Don't forget! Don't forget!« rhythmisch ausgestoßen. So etwas wirkt anstekkend. Rohe Eier fliegen auf die Bühne. Eines trifft mitten in das Gesicht der Schauspielerin, die die Mutter spielt. Es ist eine befreundete Kollegin, die Staatsschauspielerin Gudrun Genest. In der Kulisse steht Boleslaw Barlog hinter mir, unser Generalintendant. Er beschwört mich, den Vorhang fallen zu lassen. Er möchte seine Schauspieler so nicht ausgesetzt sehen. Ich sage nein. Wir dürfen jetzt nicht die Bühne schließen. Wir sind nach Jerusalem gekommen, um die Hand hinzuhalten zur Aussöhnung. Ich rufe es meinen Kollegen zu. »Ruhig stehen bleiben! Im vollen Rampenlicht die Schande ertragen.« So geht das fast fünf Minuten. Das Stück des Aufklärers Lessing wird nicht unterbrochen, die Schauspieler machen nur eine Pause. Sie stehen regungslos. »Don't forget! Don't forget!« Warum dauert das so lange? Die Protestierenden im Parkett, so zeigt sich, tragen Handschellen, die durch Ketten untereinander verbunden sind. Diese Ketten haben sie vorsorglich um die Eisenstützen des Gestühls geschlungen und erst dann ihre Hände in die Schellen einschließen lassen. Ihre Helfer haben die Schlüssel aus dem Saal geschafft. Jetzt hört man Eisensägen die Ketten entzweisägen. Der Geheimdienst arbeitet mit. »Don't forget! Don't forget!« Nachdem die Ketten gelöst sind, lassen sich die Männer aus dem Saal tragen. Es wird wieder dunkel. Der Autor hat das Wort. Der große Freund von Moses Mendelssohn, der für »Nathan den Weisen« Modell stand.

Nach der Aufführung kommen wieder viele Menschen hinter die Bühne. Auch solche, die kein Deutsch sprechen. Sie schütteln

unsere Hände oder besuchen uns in den Garderoben. Feuchte Augen.
Ich stehe noch im Kostüm im Foyer mitten in einer dichten Menschenmenge. Ich sehe, daß man die Hauptausgänge gesperrt hat. Die Demonstranten draußen haben sich noch nicht beruhigt. Da tritt Ted Kollek auf mich zu, der Bürgermeister von Jerusalem. Er verwickelt mich in ein Gespräch über Lessing, gestern abend habe er das Stück noch einmal gelesen. Seine Stimme mit dem weichen Wiener Tonfall klingt ganz ruhig. Ich bewundere seinen Charme, seine Eleganz. Er verabschiedet sich, und ich sehe, wie ihm die Türen geöffnet werden und wie er als einziger durch den Hauptausgang auf die Straße geht. Die aufgebrachte Menge teilt sich und macht dem Bürgermeister eine Gasse.

Zwei Tage schon liegt Montalto im Nebel. Es ist Februar, unser trauriger Monat. Niemand kommt. Kein Freund, der gerade in Florenz ist, schaut herein. Kein Bekannter hat sich angemeldet. Aus dem Dorf findet niemand herauf. Wir sind hier oben mit den Penaten allein. Die altrömischen Hausgötter waren ursprünglich die Götter der Vorratskammer. Sie sind in diesen Tagen unsere einzigen Gesprächspartner. Ist der Vorrat an Wein und Öl versorgt, ist genug Holz geschlagen? Als es mittags ein wenig heller wird, laufen wir den Hang hinunter, um zu sehen, wieviel Holz Duilio geschlagen hat. Ja, es reicht für eine gute Fuhre mit dem Traktor. Der hat eine lange Anfahrt, und es muß sich lohnen, wenn man ihn bestellt. Man sieht jetzt hier unten, wo soviel Unterholz geschlagen worden ist, wie die Olivenbäume sich erholt haben. Sie sind geschnitten worden, und seit zwei Jahren wird unter ihnen der Boden gehackt. Das Ergebnis steht in unserem Vorratskeller. Wir haben es in einen Tonkrug gefüllt, der ganz dunkel geworden ist, so hat er sich vollgesogen vom schweren Inhalt: unser erstes eigenes Öl auf Montalto. Wir sind nur wenige Male im Jahr hier unten, und ich sehe vieles mit neuen Augen. Gesa sammelt die letzten Mandeln von einem Baum, den wir erst vor kurzem entdeckt haben, Don kommt naß von einem Bad zurück, das er im Fosso genommen hat, der angeschwollen ist wie ein Bergwasser. Es war ein ungewöhnlich feuchtes Jahr. An diesem Südhang riecht es schon nach Frühling. Die Rosen beginnen auszutreiben, dabei hatten wir vor einer Woche noch einen Strauß des längst vergangenen Herbstes in der Vase stehen. Als im Januar sogar Schnee fiel, sah das unwirklich aus: weiße Rosen im Schnee.

Nachmittags wird Wein auf Flaschen gefüllt. Unser alter Landarbeiter, der einmal in der Woche kommt, hilft uns dabei. Pale ist der Senior unter den Landarbeitern in Castellina und hört sozusagen die Flöhe husten. Er ist in allen Kellern zu Hause und kennt deren Geheimnisse. Pale weiß alles. Wenn er einen Wein für gut befindet, kann man sicher sein, daß Chemie nicht damit in Berührung gekommen ist. Pale heißt eigentlich Pianigiani, Santi, aber überall nennt man ihn Pale, genau gesagt Pale di Colombaio. Trotz seiner sieben Jahrzehnte arbeitet er mit ausdauernder Kraft und er ist dabei voller Würde. Er weiß alles über den Anbau von Öl und Wein, und er ist stolz auf seinen Wortschatz. Auch seine Sprache pflegt er wie einen Garten.

Pale ist für vieles bei uns zuständig. Er weiß das und wacht eifersüchtig über alles, was wir tun und lassen. Neuerungen bedürfen seiner Zustimmung.

Von Pale allein wissen wir auch das wenige über das Leben auf Montalto vor unserer Zeit. Wenn die Hitze zu groß war, holte man die Gespanne der weißen Ochsen während der Nacht aus den Ställen und pflügte beim Mondlicht. Die Arbeit war hart, aber der Ertrag entsprechend. Und Pale rechnet genau in Quintalen vor, wieviel Korn, wieviel Wein, wieviel Öl hier geerntet wurde. Er nickt beinahe vorwurfsvoll, als wollte er sagen, das könnt ihr nicht, ihr Stadtleute. Dabei ist auch das seine Weisheit, wenn es in der Gemeinde heißt, Fruchtanbau mit Maschinen wäre auf Montalto zu aufwendig und an den steinigen Felsenhängen unmöglich. Und alles andere, was nicht Hanglage hat, ist Wald hier oben.

Der Bauer damals vor dreißig Jahren hatte drei Söhne, und die Großfamilie konnte gerade satt werden von ihrer Arbeit. Heute wären allein die Löhne dreimal so hoch wie der Erlös der Ernte.

Pale hat ein politisches Bewußtsein, er ist Mitglied der Kommunistischen Partei und schimpft auf das »Italien der Unwissenden«. Er empfindet unsere Liebe zum Landleben als etwas Natürliches, ja Notwendiges. Als er uns die ersten hier geernteten Kartoffeln bringt, ist er genauso glücklich wie wir selber.
Beim Zukorken der Flaschen erzählt er uns, wie gern er als junger Mann nach Montalto tanzen ging. Hier war sonntags immer was los. Einer der Bauernsöhne spielte Harmonika, und von Doglia, dem Nachbarhof, kamen die vier Töchter. Eine schöner als die andere, sagt Pale, und man weiß nicht, was mehr strahlt, seine Augen oder seine weinroten Bäckchen. Nachdem Pale sich auf toskanische Weise verabschiedet hat, Kuß auf die rechte Wange, Kuß auf die linke Wange, und mit seinem Motorrad im Nebel verschwunden ist, gehen Gesa und ich in den Soggiorno und zünden im Kamin ein Feuer an. Wir sind mit den Penaten wieder allein.
Wie gut, daß wir nichts an diesem Kamin verändert haben bei all unseren Umbauten. Er ist wie Pale, er hat Würde. Er ist das Zentrum des Hauses immer gewesen, und er ist es geblieben. Wir denken nach: im Laufe der Jahrhunderte haben zwanzig, ja vielleicht sogar dreißig Generationen vor diesem Kamin gesessen. Nein, nicht gesessen, sie haben um diesen Kamin herum gelebt. Wenn die Hausbewohner nicht auf den Feldern oder in den Ställen arbeiteten, dann waren sie am Kamin, bereiteten ihr Essen und aßen es hier. Vom Kamin aus führt die Steintreppe hinauf in die Schlafkammer des Bauern. Dem Kamin gegenüber führte eine Holzstiege hinauf in die Schlafstuben der Kinder.
Die Feuerstelle des Gehöftes. Es gab immer nur eine, immer diese. Was für Gesichter waren hier versammelt, straffe und zerfurchte, düstere und lustige. Wie viele Augenpaare haben hier ins Feuer geschaut, Sehnsucht und Befriedigung, Glück und Unglück in ihrem Blick. Im Zuge dieser vielen verarbeiteten Gestalten sind auch wir nur für eine Zeit der Rast auf Montalto, wie alle anderen vor uns. Gleitende Schatten in der Flucht der Zeiten. Gäste, die verweilen an der Feuerstelle des Hauses. Wanderer, die hier Heimat finden, solange das Feuer brennt. Wir fühlen Dankbarkeit, Gesa und ich.

Eigentlich seltsam: das Theater ist immer politischer und die Politik immer theatralischer geworden. Eine Entwicklung, die beiden Erscheinungen kein Glück gebracht hat. Unsere ganze Öffentlichkeit empfinde ich als theatralisiert, sehr zum Nachteil des Theaters. Überall werden dessen Mittel verbraucht und sind dann auf der Bühne nicht mehr zu überbieten. Nicht nur im Fernsehen ist das so, wo die Politiker als Stars auftreten und sich gegenseitig die Schau stehlen. Auch in der Bildenden Kunst spielt die entscheidende Rolle nicht das Werk, sondern die Inszenierung, die Manifestation, das Happening. Die Gebärde von Josef Beuys, seine Sprüche und selbst sein Hut werden wichtiger genommen als seine Kunst. Die Feuilletons unserer Zeitungen lesen sich wie ideologisch eingefärbte Regieanweisungen unserer »Kulturpolitik«, aber das Kunstwerk selbst wird nicht eigentlich erörtert. Kein Wunder, daß auf den Bühnen nur die Kommentare zu den Stükken, nicht mehr die Stücke selber inszeniert werden. Auch die Mode mischt kräftig mit, sie drängte sich zu keiner Zeit so sehr als ›Verkleidung‹ in den Vordergrund, trotz oder gerade wegen ihres Generalnenners »Blue jeans«. Jahrelang trugen sich kleine Mädchen, zur Verwirrung ihrer Lehrer, aufgedonnert wie Fritzi Massary in einer Vamprolle der zwanziger Jahre, wenn sie zum Unterricht in der Schule erschienen. Auf der Bühne aber wurde es immer grauer, man nannte das realistisch. Im Alltag und in der Politik hingegen gab es jeden Tag »Karneval«.
Alles ist theatralisch, nur das Theater darf es um keinen Preis sein. Kein Wunder, wenn die Schauspieler welk werden oder erkranken.
Die Kategorien, in denen auf vielen deutschen Bühnen zur Zeit gedacht wird, entsprechen den Regeln für den vorgeschriebenen Dienst an der Revolution, wie sie die russischen Theaterleute Meyerhold, Forregger, Wachtangow und Tairow kurz nach dem Ersten Weltkrieg aufgeschrieben haben: »Denunziert die Klassiker, indem ihr ihre Stücke in der Manege spielen laßt, der Bürger ist euer Clown.« Wie sollen die so Angeleiteten nicht erkranken, denn sie arbeiten in einem Theater, das von einer Regierung subventioniert wird, die sich nicht danach sehnt, in einer Revolu-

tion umgebracht zu werden. Die Situation ist pervers: der Bürger sieht untätig zu, wie mit Hilfe von Steuergeldern der Strick gedreht wird, mit dem er aufgeknüpft werden soll – künstlerisch natürlich. Ein großer Teil der Presse klatscht Beifall. Die Presseleute, wie die Regierenden selbst, glauben aus einem schlechten Gewissen heraus, die Benachteiligten und die Zukurzgekommenen unter ihre Fittiche nehmen zu müssen; vielleicht können sie nur so ihr mißverstandenes Monopol der Freiheit behaupten. Langsam mehren sich die Stimmen, die diese Entwicklung aufhalten möchten. Aber die Situation ist mindestens so kompliziert, wie sie pervers ist: es gilt nämlich, die Stimmen aus dem falschen Lager zu überhören.

Theater als eine Sache der Phantasie und des nicht politisch verkleideten, des nackten Menschen hat es 1945 in Berlin gegeben. Es war wie ein mächtiges Atemholen, aber es war zu kurz: schon im Mai 49 ließ Wolfgang Langhoff, aus der Schweizer Emigration heimgekehrt, im Deutschen Theater Simonows »Russische Frage« spielen, ein ebenso böses wie schlecht gebautes, antiamerikanisches Tendenzstück. Bald danach teilten sich die Berliner Schauspieler in zwei Lager. »Der ›Kalte Krieg‹ begann auf den Brettern.« (Friedrich Luft)

Ein gutes Jahr später wurde wieder einmal Schauspielern gedroht – aus offizieller Feder. Anläßlich der deutschen Erstaufführung von Sartres »Schmutzige Hände« im Renaissancetheater, fanden alle Mitwirkenden ihren Namen in einem schlimmen Angriff in der »Täglichen Rundschau«. O. E. Hasse hatte inszeniert. Gundel Thormann, Walter Franck, Tilly Lauenstein und ich waren in dem antistalinistischen Stück die Spieler. Wirklich interessant ist diese Drohung heute nur im Hinblick auf den ›Mitwirkenden‹ Sartre, da wir im Nachhinein von seiner weiteren Entwicklung Kenntnis haben, die ganz anders verlaufen ist. Die unpolitische Pause für das deutsche Theater jedenfalls war zu kurz.

Die großen Charakterrollen

Doch gerade in den darauffolgenden Jahren gab es Aufführungen, die eine theatralische Problematik auf die Bretter brachten, ohne sie von der Ideologie oder gar von der Tagespolitik geborgt zu haben. Willi Schmidt inszenierte 1952 in der kleinen Tribüne einen »Urfaust« von Goethe, der sich als Sprache im Raum begriff und auf historisches Kolorit verzichten konnte. Wir trugen zeitlose, in grau abgestufte Kleider mit gelegentlichem Beiwerk von manchmal anzüglicher Wirkung. Mein Mephisto, in einen riesigen schwarzen gestrickten Pullover gekleidet – er war ein kleines Kunstwerk, und ich konnte mich wohnlich darin einrichten, aber andererseits auffällig die Gelenkigkeit der Figur demonstrieren – wurde für mich zu einem unerschöpflichen Vergnügen. Ein Vergnügen, erinnere ich mich, das sich mühelos auf die Zuschauer übertrug, wenn ich als geckenhafte Zutat zu meinem Strickpullover anläßlich des Besuchs bei Frau Marthe Schwerdtlein z. B. gelbe Glasanten trug. Das Theater war wieder einmal gerade erfunden worden, so frisch waren die Wirkungen. Nicht die Gage, die abendliche Wirkung entlohnt ja doch den Schauspieler. Heute muß diese Wirkung intellektueller Art sein, und der Schauspieler darf gar nicht um sie wissen, geschweige denn im Publikum spüren. Damals noch sah man sich gezwungen, sie dem Schauspieler gutzuschreiben, denn Gage gab es kaum. Schlecht bezahlte Schauspieler spielen mit kräftigem Einsatz, sie glauben noch an die Möglichkeit, die Gage zu steigern.

Willi Schmidt ist ein einsichtiger Mann, der es nicht für nötig

ansieht, seine Regie-Probleme dem Schauspieler gegenüber zu kaschieren, indem er sich mit jener Arroganz tarnt, die sich bei manchen Regisseuren vor allem durch zu leises Sprechen kundtut, wenn sie sich Schauspielern gegenüber äußern. Unsicherheit des Regisseurs, wenn sie zugegeben wird, kann alle Beteiligten zum Nachdenken anregen; getarnte Unsicherheit aber hat etwas Lähmendes, und ich habe unendlich viel lähmende Probenstunden verbracht. Demonstrieren von Regiemacht ist der große Schrecken der Schauspieler, und auch die besten Regisseure sind nicht frei davon. Ich habe einmal einen ganzen Vormittag als Gast auf einer Probe bei meinem verehrten Kortner zugebracht, wo nichts anderes geschah, als daß Stühle auf die Bühne gebracht und wieder weggeräumt wurden, fünf Stunden lang. Es war entsetzlich quälend für die Schauspieler und genauso für den Regisseur. Unser Probensystem sollte überdacht werden.
Warum denn muß einem alten Mann immer etwas einfallen? Warum gesteht ein Regisseur nicht ein, wenn seine augenblickliche Kondition nicht produktiv ist an diesem Tag, und warum geht er nicht nach Hause? Oder warum bereitet er das Terrain nicht vor für seine »Einfälle«, wie ich das von Strehler kenne. Der bereitet sich grundsätzlich nicht nur zu Hause vor, sondern auch auf der Bühne, allein mit seinem Assistenten arbeitet er die Szene aus, bevor die Schauspieler überhaupt kommen. Es war doch einmal ein Beruf für Damen und Herren, warum könnten heute Puppen den geforderten Dienst oft besser erledigen? Weil die Presse immer bereit ist, die grotesken Auswüchse des Regietheaters zu honorieren. Arbeit zu erkennen, die für die Findung der Wahrheit des Ausdrucks geleistet wurde, ist allerdings auch schwerer.
Karl Heinz Stroux machte 1952 im Schillertheater eine Aufführung von Shakespeares »Cäsar« mit Caspar Neher als Bühnenbildner. Auf diesen Wundermann und Probenanimator muß ich noch zurückkommen. Stroux hatte seine große Zeit. Er kalkulierte mit der Wirkung des Schauspielers, nicht gegen sie. Man bekam Gelegenheit, sich auszuarbeiten während der Probenwochen. Man war von des Tages Mühe rein körperlich so erschöpft, daß man die Nächte traumlos schlief. Heute bekommt man vor lauter Diskus-

sionen gar keine Gelegenheit mehr, sich in die Rolle einzuarbeiten, und wankt vertrocknet und schlafgestört einer frustrierten Premiere entgegen, die mehr erdiskutiert als erarbeitet wurde. Heute fürchten sich die Schauspieler vor der Premiere, damals konnten sie sie vor Freude kaum erwarten.

Könnte das Publikum heute ein einziges Mal den Schauspielern bei ihren Garderobengesprächen zuhören! Ich meine nicht irgendwen, ich meine die besten, Wolfgang Reichmann voran, Martin Benrath, Held, Schellow, Hinz. Nicht die Sucht, die Vergangenheit zu vergolden, treibt mich, das zu sagen, sondern die Not derer, die der Bühne ihre verlorengegangene Wirkung zurückgeben möchten. Stroux war auch, was Besetzungen angeht, kein Schematiker. Der Aktualität eines Klassikers z. B. tat er am meisten genüge durch eine neugefundene Besetzung. Im »Cäsar« ließ er mich den Marc Anton spielen: kein schöner Held, eher ein verfetteter Demagoge. Seine Rechnung ging auf, ich hatte als ehemaliger jugendlicher Held sprachlich so viel auf dem Kasten, daß ich trotz meines Gegentyps der rhetorischen Bravour nichts schuldig blieb: Szenenapplaus nach der Rede an Cäsars Leiche.

Stroux wußte aus Erfahrung, wovor jüngere Regisseure oft kapitulieren: was die Art des Probierens angeht, so teilen sich die Schauspieler in zwei Gruppen. In solche, die ihre Rolle aus lauter Einzelstücken zusammensetzen und sie auf diese Weise langsam aufbauen, und in die, die sich die Rolle mit einem Schlag über den Leib werfen und dann nachträglich das Zuviel abbauen. Bei dem einen dienen die Proben dazu, langsam immer mehr, bei dem anderen, langsam immer weniger zu machen; so einfach zu werden, bis die Identifikation erreicht ist.

Es heißt von Werner Krauss, daß er in einigen Rollen nie wieder so gut war wie auf der allerersten Probe.

Man muß etwas vom Wesen des Schauspielers, vom Typ seiner Spielart wissen, um ihn im richtigen Moment laufen zu lassen; zu wissen, wann man ihn unterbrechen kann, wann nicht; dem Talent den Raum zu geben, den es zu seiner Entfaltung braucht. Sehr viele Schauspieler kommen gar nicht mehr zur Erkenntnis ihres Talentes, sie werden programmiert und das oft genug gegen den

Rhythmus ihres eigenen Atmens. Persönlichkeiten sind nicht gefragt. Die Bühne ist vollgestellt mit austauschbaren Typen.
Mich überkommt ein Gefühl von Heimweh, wenn ich an die große Familie der Berliner Chargen- und Episodenspieler denke, die in jenen Jahren, mehr noch als die Stars, das Theater prägten: hier bist du zu Hause, riefen sie dir zu. Jeder eine unverwechselbare Persönlichkeit, und doch bereit, die allerkleinste Rolle mit dem ganzen Wahnsinn seiner Existenz zu füllen. Der immer grollende Walter Werner z. B., der es sich einmal verbat, auf dem Weg von der Garderobe zur Bühne angesprochen zu werden, mit dem Bemerken, er gehe zu seiner großen Wahnsinnsszene. Er hatte sich zwei Stunden darauf vorbereitet: die Szene bestand aus zwei Wörtern! Aber sie wurde dann auch so gespielt, als wenn der Vater der neuen Schauspielkunst selber, als wenn Albert Steinrück, von dem alle diese Schauspieler noch mit höchster Verehrung sprachen, auf der Bühne stünde.
Steinrück, den einmal ein Regisseur dabei antraf, wie er auf der Hinterbühne minutenlang mit beiden Fäusten an einer Eisenleiter rüttelte, und der, nach dem »Warum« befragt, die Antwort erteilte: »Ich rauhe mich an, Herr!« Der andere Gott dieser Familie hieß Jürgen Fehling, dessen Genie sie bewundern konnten, weil der gleiche Funke in ihnen selber brannte.
Franz Weber, immer heiser vor Verzückung, war in seinen letzten Jahren gehbehindert, aber zu allem bereit, was Fehling betraf. »Jetzt macht endlich wieder Jürgen ein Stück, ganz sicher wieder auf der Schräge. (Fehling liebte es, den Bühnenboden manchmal steil nach hinten ansteigen zu lassen.) Aber für ihn bin ick bereit, de Schuhe ooch widder vakehrt anzuziehen, vastehste, mit de Absätze nach vorn.« Der Wahnsinn ihrer Existenz gipfelte in der Fähigkeit zu bewundern, und gerade diese Fähigkeit teilte ihr »Gott« mit ihnen. Fehling bewunderte seinerseits mit Zärtlichkeit, wenn einem seiner Schützlinge etwas Vollkommenes gelang. Er war ihnen so treu, wie sie ihm waren: eine grollende, verzückte, zärtliche Familie, die durch keine Kritik von außen zu verunsichern war. Ernstgenommen wurde nur Kritik, die aus der Familie selbst kam.

Einer aus dieser Familie, der ebenso sensible wie tumbe Franz Nicklisch hat mir einmal das Leben gerettet. 1953 in der Premiere von Schillers »Die Räuber«.
Willi Schmidt hatte inszeniert in seinen eigenen kargen Bühnenbildern, die die Aufführung durchsichtig machten auf das geschichtliche Denken hin, das Schiller uns hier vorführt. Wenn ich mich heute an sie erinnere, spüre ich, daß sie zu früh kam, der Entwicklung des Theaters um zehn Jahre voraus war: damals begegnete man ihr nur mit achtungsvoller Teilnahme. Ein Schicksal, das sie mit jenen Inszenierungen teilt, die kräftig genug sind, dem fatalen modischen Trend auszuweichen, der am Theater immer und überall wirksam ist.
Ich spielte den Franz Moor, eine Rolle, um die es sich lohnt, zum Theater zu gehen. Ich war achtunddreißig Jahre alt und auf der Höhe meiner körperlichen Mittel. Paul Wegener, der inzwischen gestorben war, hatte mir in dieser Rolle meinen künstlerischen Durchbruch vorausgesagt, der sich auch tatsächlich vollzog. Aber ich wollte an diesem Abend mehr, ich wollte unbedingt der exzellenten Aufführung, wie ich meinte, den verdienten Erfolg bringen, ein Trieb übrigens, dem ich bei allen größeren Aufgaben, bei allen Uraufführungen z. B. ausgeliefert bin, und der mich oft ›zu viel‹ machen läßt, was vielleicht dem Ganzen zugute kommt, aber mir selber schadet. Außerdem bin ich geradezu geschlagen mit der Gabe, den Grad der Teilnahme des Publikums zu kontrollieren, und fieberhaft davon besessen, ihn jeden Augenblick steigern zu wollen. Wenn ich in diesen Wahnsinn gerate, ich weiß selbst, wann er beginnt, bin ich nicht mehr zu retten. Es geht dann sprunghaft über in ein Wüten gegen mich selbst und will eigentlich erst mit der totalen Selbstbestrafung enden.
Das Werk hatte mich beim Studium so gepackt, daß mir der Eindruck, den es augenscheinlich auf das Publikum machte, nicht genügte, jedenfalls nicht an diesem Abend. Nach der Schilderung des Jüngsten Gerichts war ich außer Kontrolle. Schillers Worte in diesem Augenblick: »Unentrinnbar! Ha! So erbarme Du Dich meiner!« trafen den Nagel auf den Kopf. Wollüstig stürzte ich mich in die präparierte Schlinge einer Portierenschnur, mit ihr um

den Hals, rannte ich einige Schritte, damit sie sich spannte, drehte mich zweimal um mich selbst, warf mich über die Sessellehne und ließ meinen Körper so sehr an der Schlinge zerren, bis er von allein zusammensackte. Nun blieb mir nur noch übrig, Todesröcheln zu spielen, eine Hand durfte ich nicht mehr rühren. Ich merkte, wie mir der Atem wegblieb, wie mir schwarz vor den Augen wurde und wie ich dennoch glasklar dachte, jetzt läufst du blau an. Die Erdrosselung war perfekt.
Der Kollege Franz Nicklisch, entgegen der ausdrücklichen Anweisung von Willi Schmidt, hier eine Generalpause entstehen zu lassen, stürzte in seiner Rolle als Schweizer früh genug auf die Szene, um meinem Blauwerden ein Ende zu machen. Er hatte, in der Seitengasse auf seinen Auftritt wartend, dem Todestanz zugeschaut, voll Verständnis für meinen Wahnsinn, ja womöglich mit ihm rechnend. Er stellte sich mit dem Rücken zum Publikum, tat, als kontrolliere er meinen Zustand, und lockerte mit panisch nervöser Anstrengung die Schlinge.

Im Herbst des Jahrs 1953 nahm Oscar Fritz Schuh seine Arbeit als Direktor der Freien Volksbühne auf, und es gelang ihm fünf Jahre ein Programm zu verwirklichen, das als erfrischende Alternative zu den Staatlichen Bühnen wirkte und Berlin etwas von seiner früheren Lebendigkeit zurückgab.
Schuh hatte nicht nur ein Programm, er konnte auch eindrucksvoll darüber reden, was Schauspieler fast genauso gern hören wie Presseleute. Man fühlt sich in einen Rahmen gespannt, der die eigene Wirkung steigert. Eine glückhafte Zeit, weil der Chef eine glückliche Hand hatte, auch was die Besetzungen anging, denn das Ensemble wurde für die einzelnen Stücke, die en suite liefen, jeweilig neu zusammengestellt, bis auf Kurt Meisel und mich, die wir als seine Protagonisten galten. Schuhs engster Mitarbeiter war sein Freund Caspar Neher, den ich einen Wundermann nenne. Bei ihm kam wirklich viel zusammen: Erfindungskraft, historisches Wissen, dramaturgische Sicherheit, immer wieder neu aufbrechende Phantasie und obendrein ein pfiffiger Sinn für Pointen. Eine

Bühne, deren optisches Angebot von seiner Hand stammte, bot großes Theater, kräftig, genau, und immer unterhaltsam. Leute, die sich ihr Leben lang mit Sprache und ihrer Wirkung befassen, sind der Bildenden Kunst gegenüber oft unsicher; nicht so bei Schuh, er wußte, was er Neher zu überlassen aber auch zu verdanken hatte.

Mich ließ Schuh als erstes den »Tartuffe« von Molière spielen. Ich konnte endlich zeigen, daß ich fähig war, allabendlich einem Publikum Lachstürme zu entlocken, und für welchen Schauspieler ist das nicht ein Ziel »aufs innigste zu wünschen«? Wenn ich bedenke, wie gern die Zuschauer über mich lachen und wie wohl ich mich selbst dabei fühle, die Leute lachen zu machen, dann zweifele ich wieder an unserem Besetzungssystem. Nur fünf Prozent von all den Rollen, die ich in vierzig Jahren spielte, gaben mir Gelegenheit, die Leute lachen zu machen, eine traurige Bilanz. Vor dem Tartuffe hatte ich ein einziges Mal unter der Regie von Kurt Raeck einen Ausflug in den Schwank unternommen: ich spielte im Renaissancetheater den Klaproth in »Pension Schöller«. Das Publikum hatte mich jubelnd akzeptiert.

Übrigens, wie kommt es eigentlich, daß eine der ursprünglichsten Wirkungen des Theaters, die erotische, so viel leichter in einem Lustspiel sich einstellt als im Schauspiel? Vielleicht bleibt die Phantasie des Zuschauers vor einem Lustspiel lockerer, aber darüber hinaus ist das wohl auch eine Frage des Volkscharakters. Wir Deutschen gehen nicht unbedingt ins Theater, um locker zu bleiben. Und in Deutschland wird ein Schauspieler eher verdächtigt als gepriesen, wenn er heute »Richard den Dritten« und morgen »Die Wanze« spielt. Bei der letzteren haben die Leute vor Vergnügen getobt, Szenenapplaus wechselte ab mit rhythmischem Klatschen, und ein sehr prominenter Kritiker schrieb, Chaplin habe mir dabei über die Schulter geschaut. Schon gut, aber wie kriegt man den Chaplin dazu, daß er's tut? Heute weiß ich, daß ich viel mehr Komisches hätte spielen müssen, schon um des seelischen Gleichgewichts willen.

Ein Schauspieler, der das ist, was Albrecht Dürer vom Maler fordert: »innen voller Figur sein«, muß heute einen Guten, morgen einen Schlechten und übermorgen einen Komischen spielen dürfen. Sonst kommt er schwer mit seiner Umgebung aus, und sie nicht mit ihm. Gibt es immer weniger Schauspieler, die wie Lucie Höflich, George, Klöpfer tragischer und komischer Rollen fähig sind? Oder erlaubt unser Besetzungssystem solche Entwicklungen gar nicht mehr? Die englischen Schauspieler dürfen beneidenswerterweise immer noch beides zeigen, Komisches und Tragisches. Schuh fühlte mit dem Schauspieler, vielleicht bin ich in der Zeit seiner Volksbühnendirektion am ausgewogensten beschäftigt gewesen, und ich verspürte wahrscheinlich darum keine Lust, selber Regie zu führen. Ein Wunsch, der, wenn er zu früh oder zu oft erfüllt wird, der schauspielerischen Entwicklung hinderlich sein kann.

Allein die Tatsache, daß ich zweimal innerhalb kurzer Frist in das Gesundungsbad ›Molière‹ steigen durfte, zeigt, wie genau dieser Regisseur wußte, was mir Not tat. Eine große Molière-Rolle vereinigt beides, das Komische und das Tragische. Komödiantenfutter, geschrieben vom Schauspieler für Schauspieler. Dieses Komödiantenfutter enthält auch die eben von mir angesprochene dritte Komponente unseres Wirkenwollens, die erotische, auf selbstverständliche Weise. Jeden Abend bringt der Schauspieler sogar ein Stück erotischer Lebensfreude mit nach Hause als Geschenk der Zuschauerinnen, welches sie ihm durch ihr Lachen an den richtigen Stellen erwiesen haben. Ein lebendigmachender Austausch, der da stattfindet, ein lebensnotwendiger für den Schauspieler, die einzige Möglichkeit, den vitalen Akkumulator wieder aufzufüllen. Und ein Schauspieler, der um diese Wirkung gebracht wird, ist kastriert! Viele sind es heute, manche wissen darum, jüngere vor allem, sie schreiben manchmal verzweifelte Briefe an mich. Viele aber auch wissen es selber nicht und leiden darunter, ohne verhindern zu können, daß sogar ihre Familie mitleidet.

Wenn ich früher glaubte, daß die Substanz an Talenten in jeder Generation konstant sei, so glaube ich langsam an ein Eintrocknen der Humore. Die vitale Feuchtigkeit verschwindet mehr und mehr: die Jüngeren auf dem Theater sind unterernährt, sowohl was den Stoffwechsel mit der Rolle wie den mit dem Publikum

angeht. Eine zweite Tatsache kommt hinzu: Schauspieler, die immer nur vor halbleeren Häusern spielen, verkümmern. Entmutigt, wissen sie bald gar nicht mehr, was das heißt, von einem ausverkauften Haus gefordert und auch getragen zu werden.
Was die Frauen betrifft, so hatte Schuh eine glückliche Hand, er richtete sein Angebot nicht, wie so viele Theaterleiter, nach seinem eigenen Lieblingstyp aus, sondern entfaltete den ganzen Fächer, von Ursula Lingen über Aglaja Schmid und von Käthe Gold bis zur Hoppe, Wimmer, Wessely, von der Düringer bis zur Thimig und von Hanne Hiob bis zur Durieux und Therese Giehse. Erstaunlich, wer da alles spielte. Seit den Tagen Heinz Hilperts in den Kammerspielen hatte es kaum noch Wiener Schauspieler in Berlin gegeben: jetzt spielten sie alle am Kurfürstendamm. Eine längst überfällige Auflockerung der Berliner Szene.
Die drei Frauen, mit denen ich als Tartuffe zu tun hatte, waren für ihre Rollen ideal und sie waren es für mich persönlich. Alle drei sehr verschieden, altersmäßig sorgfältig, aber nicht zu sehr gestuft, und alle drei im theatralischen Sinne höchst appetitlich: die wunderschön gewachsene Maria Sebaldt, die resche, sprühend junge Ursula Lingen und die wissend genießende, frauliche Klaramaria Skala. Wer möchte da nicht Hahn im Korbe sein? Erst wenn die Besetzung drumherum stimmt, stellt sich heraus, wie genial eine Rolle wie der Tartuffe von seinem Autor organisiert ist. Komik und Erotik entstehen mühelos aus den Situationen, notfalls auch ohne Regisseur. Der Mann Molière hatte zu viel gelitten auf erotischem Gebiet, um nicht zu wissen, wie er sich schadlos halten konnte: allabendlich vor dem Publikum holte er sich das herein, was ihm privat versagt blieb. Und die aus privatem Leid gekelterte Freude, sie überläßt er nun seit dreihundert Jahren seinen Rollennachfolgern: Daseinsfreude als Geschenk von einem toten Kollegen. Merci Monsieur Poquelin, dit Molière! Noch in den kommenden Jahrhunderten werden die Lacher des Publikums ihre Tränen trocknen.
Auch meine nächste Rolle bei Schuh entsprach einer Bereitschaft, die ich allzu selten ins Spiel bringen durfte, bei Barlach etwa und ausgeprägter beim »Jedermann«, meine Bereitschaft zum Myste-

rienspieler: der kleine Junge war wieder an der Reihe, der auf Marktplätzen die Madonna gespielt hatte.
Schuh inszenierte die deutsche Erstaufführung von Dino Buzzatis »Das Haus der sieben Stockwerke«, wiederum mit Caspar Neher als Bühnenbildner. Die Hauptrolle ist ein Unternehmer, der eines Tages unvermutet anfängt »Stimmen« zu hören, mitten im Geschäft, sozusagen aus dem Telefonhörer. Ein klinischer Prozeß des Verfalls setzt ein, der sich in der Realität so abspielt, daß er immer wieder von einem Stockwerk in ein darunterliegendes verlegt wird, von Stufe zu Stufe sinkend. Ein Jedermann in einem Mailand aus Chromstahl und Kunstglas. Schuh und Neher bereiteten mir ein gläsernes Etui vor, das eine vergeistigte Darstellung dieser Figur nicht nur ermöglichte, sondern herausforderte: ich denke gern an diesen Glücksfall zurück, eine Rolle, die mich bereichert und die zur Selbstklärung beigetragen hat. Wie es immer bei entscheidenden Dingen in meiner Entwicklung der Fall war, die Presse hat sie bemerkt und war einverstanden.
In diesem Stück war, wie im »Tartuffe«, wo er den Orgon spielte, Alfred Balthoff mein Partner. Er ist ein ungewöhnlich sensibler Mensch, ein Akteur, der weiß, daß es die Übergänge sind, die die Musik machen, und, der jeden Abend bereit ist, neu einzutauchen in die Herausforderung der Partnerschaft. Unsere Freundschaft hat Zwistigkeiten überstanden und dauert an.
Im Jahre 1954 stand »Der zerbrochene Krug« von Kleist auf Schuhs Programm, mein Lieblingsstück, zumindest was deutsche Bühnenliteratur betrifft. Ein Prozeß der Verdrängung vollzieht sich bei einem, der dazu verdammt ist, die eigene Schwäche aufzudecken. Einer, der sich manisch gezwungen sieht, sich selbst zu richten: Ödipus buffone, mit einem Wort: die Angelegenheit eines geborenen Schauspielers. Was für eine Rolle! Schwindelerregend abgründig und das Ganze als musikalische Perlenkette aufgezogen, Note für Note, in einer tänzerischen Sprache, ein fast exotischer Fall in unserer Literatur. »Wer jetzt nicht satt wird, wird es nie«, sagte ich zu mir selber und stürzte mich auf diesen genialen Sprachleib, ihm sein Blut auszusaugen, um mein eigenes hineinzupumpen in einer stürmischen Transfusion: ringend wie

Jakob mit dem Engel, schwitzend, tanzend ... Rhythmische Sprache wie ein Zeugungsprozeß, stoßendes zuckendes Leben ist in diesem Kerl, eine fieberhafte Erhöhung der Lebensfreude geht von ihm aus. Wenn ein Schauspieler mit dieser Rolle nicht das Publikum ansteckt, in der allerbesten Laune Selbsterforschung zu betreiben, ist er keiner.
Vielleicht steht es einfacher um das Theater, wenn wir einmal alles vergessen, was wir inzwischen darüber wissen und uns blindlings dem Schauspieler anvertrauen, um zuzusehen, wie er sein Talent reitet. Wenn der Dichter exzellent ist und ebenso der Schauspieler, dann möchte ich den sehen, dessen Sinne stumpf bleiben bei einem solchen Turnier. Das Ereignis des Theaters: der gekonnte Zusammenstoß eines potenten Autors mit einem potenten Darsteller. Danach entsteht das große Schweigen, und dann kommt lange gar nichts, dann erst kommt der Regisseur. Schlechte Stücke allerdings brauchen bedeutende Regisseure. »Der zerbrochene Krug« aber braucht vor allem einen Adam und wann oder wo immer diese Rolle aufgeboten wird, rufe ich »Hier!« in alle Ewigkeit. Als junger Mensch, mit George als Adam, war ich Ruprecht, dann selber Adam, dann Gerichtsrat Walter, und – wenn ich noch einige hundert Male den Adam gespielt habe, werde ich als Greis die Frau Brigitte spielen, um mich selbst zu belohnen. Theater ist eine Angelegenheit der Begeisterung, Kunst überhaupt eine der Erregung, und wenn beide ansteckend wirken, dann mag der Vorhang getrost aufgehen.
Es wurde ein ansteckender und erregender Abend. Neher hatte die Gerichtsstube entstaubt, das weiße nackte Holz tribünenartig in den Zuschauerraum gezogen, und Schuh hatte mir die appetitliche Klaramaria Skala als Partnerin gegeben. Nicht mehr das blutjunge Ding, schon zu viel wissend, um ganz und gar unversucht zu sein, und gerade dies brachte eine neue Unbekannte in die zu bereinigende Rechnung. Sie ging auf, allabendlich im Gelächter der Zuschauer, monatelang vor ausverkauftem Haus. Im Jahr darauf wurden wir damit nach London eingeladen.
Zu diesem Anlaß stellte Schuh ein Programm zusammen, in dem auch seine erfolgreiche Inszenierung von Strindbergs ›Traumspiel‹ und Büchners »Woyzeck« ihren Platz hatten. In unserer Kleist-

Aufführung bekam ich zwei neue Partner. Den Gerichtsrat Walter spielte nicht mehr Walther Suessenguth, sondern Paul Hartmann, und anstelle von Franziska Kinz hatte ich jetzt das Glück, Therese Giehse als Frau Marthe Rull vor mir zu haben.

In London auf einem Empfang in der Deutschen Botschaft stieß ich auf T. S. Eliot, der mich in ein seinerseits monologisch geführtes Gespräch einsperrte, das lange in mir nachgewirkt hat: Adams Fall als der Fall des Heinrich von Kleist. Eliot war so erregt, als ginge es darum, ein Tabu zu zerstören.

Im nächsten Stück unter Schuhs Regie durfte ich sogar noch einmal einen Liebhaber spielen, den Kapitän Brant in O'Neills »Trauer muß Elektra tragen«. Die anderen Männerrollen waren mit Paul Hartmann und Hans Putz besetzt. Zu spielen hatte ich mit ihnen nicht, aber zwei Frauen waren meine Partnerinnen, in deren Augen Liebe und Haß sich so erschreckend widerspiegelten, daß ich ihren Ausdruck bis heute nicht vergessen habe: Maria Wimmer und Annemarie Düringer. Zwei Darstellerinnen, die sich ganz ihrer Leidenschaft hingeben können, ohne daß ihnen das Lämpchen der Selbstkontrolle auch nur einen Augenblick erlischt: kontrollierte Trance. Bei der Düringer glomm ein Rest von mädchenhaftem Neid, bei der Wimmer leuchtete der Triumph der Weiblichkeit in allen Farben von Rache und Haß. Die Augen dieser beiden Frauen gaben dem Stück über seine vordergründige Analyse hinaus archaischen Glanz.

Vielleicht kann Schuh – und das mag ihn mit Fehling verbinden – Frauenrollen noch richtiger besetzen als die von Männern. Ich sage das, weil es bei den meisten Regisseuren umgekehrt ist, sehr zum Schaden ihrer Inszenierungen. Der große Schauder, der von der Bühne wehen kann, wie kommt es, daß er sich direkter mitteilt durch die Tragödin als durch den Tragöden? Der Mann auf der Bühne kann ein künstlerisches Ereignis sein, das Weib, wenn es eine große Spielerin ist, wird zum Naturereignis.

Es war nun nicht so, daß ich die Jahre, in denen ich mit Oscar Fritz Schuh arbeitete, ausschließlich in Berlin verbrachte. Nach dem »Tartuffe« z. B. ging ich nach München, an die damals von Hans Schweikart geleiteten Kammerspiele, um unter Kortners

Regie einen der beiden Landstreicher-Clowns in Becketts »Warten auf Godot« zu spielen. Heinz Rühmann war mein Partner. Die Situation, die ich dort vorfand, war ein bißchen verfahren, aber ich bin froh, durchgehalten zu haben. Es hat sich gelohnt.

Die Proben zu diesem schwierigen und einzigartigen Stück liefen schon viele Wochen, als ich hinzukam. Zunächst hatte Kortner die Absicht gehabt, den Wladimir selber zu spielen. Es stellte sich aber auf den Proben heraus, daß dies für alle Beteiligten unmöglich war. Dann hatte mein Freund Steckel probiert, und, wie er mir sagte, ein ganzes Buch vollgeschrieben in klitzekleiner Schrift, so daß er selber es kaum lesen konnte – mit Kortners Regieanweisungen. Eines Mittags war er es satt, wie er sagte, klappte das Buch zu und betonte, er wisse nun alles und möchte nach Hause fahren. Die Proben wurden unterbrochen. Ich erhielt in Berlin Kortners Anruf mit dem Angebot, den Wladimir zu spielen, von bereits stattgehabten Proben war natürlich keine Rede. Ich wäre wohl auch kaum seiner Einladung gefolgt und nach München gefahren.

Es begannen in jeder Beziehung unvergeßliche Proben, und es wurde die vielleicht schönste und am meisten musikalische Aufführung, die Kortner gelungen ist. Bis zur Premiere, die natürlich auch mit Unterbrechungen und Buhrufen ablief, war allerdings noch ein weiter Weg.

Gelegentlich wurde Gesa in Berlin von meinem Regisseur angerufen, (sie verstanden sich sehr gut: er meinte, sie habe genauso viel unter mir zu leiden wie er) sie möge um Gotteswillen kommen, es gehe wieder gar nicht, ich schöbe ihn einfach beiseite, wenn er die Bühne betrete, um etwas vorzumachen. Einige Male kam Gesa angeflogen, um mich zu beschwichtigen. Einige Male aber kam auch Kortner zum Flughafen nach Riem, um mich zurückzuholen, der ich dabei war, nach Berlin abzufliegen. Wir gaben uns mit feuchten Augen die Hand und betonten, Geduld miteinander haben zu wollen. Er setzte vertraulich hinzu: »Die anderen warten nur darauf, daß wir uns entzweien.«

Unsere Frauen spielten eine große Rolle, ziemlich rühmlich. Gesa durfte an Proben teilnehmen, auch wenn Hanna, Kortners Frau, dabei war. Nun kann man sich nicht vorstellen, wie empfindlich der empfindliche Kortner von dem Tag an wurde, wenn Hanna Hofer auf den Proben erschien. Es war anrührend zu sehen, wie wichtig für ihn der erste Eindruck war, den gerade sie von seiner Arbeit empfing. Er war dann aufgeregt wie ein kleiner Junge. Man mußte unwillkürlich an seinen Kalauer denken, den er gern in Gegenwart seiner Hanna wiederholte: »Die Leute sagen immer, ich sei ein Tyrann. Schwachsinn, ich bin ein lärmender Pantoffelheld!«

Beide Frauen machten entspannte Gesichter, so mit halbgeöffnetem Mund und immer ein wenig mit Madonnenlächeln: Beschwichtigung ohne Worte. Wobei ich Hanna Hofers stumme Meisterschaft solcher Hilfeleistung in den vielen Jahren und vielen schwierigen Situationen, in denen ich sie erleben durfte, immer mehr zu bewundern gelernt habe. Sie hat dabei nie das kleinste Fünkchen an Charakter eingebüßt und in künstlerischer Beziehung nicht um Haaresbreite nachgegeben oder gar Kortner dazu verleiten wollen. Ein singuläres Paar: Fritz und Hanna.

Es stimmt schon, ich habe es nicht gern, wenn man mir mimisch etwas vormacht. Ich werde sofort unlustig, man kann es ja in Worten vorschlagen. Trotz seines Feingefühls hat Kortner die Wurzel meiner Kampfbereitschaft, die ich so oft für ihn auszustrahlen schien, nicht richtig erkannt. Gesa saß neben ihm, als er einmal am Regietisch vor sich hinmurmelte: »Ich sehe schon, es ist leichter, aus dem Schützengraben zu kriechen, als da hinauf zu müssen! (er meinte auf die Bühne). Aber ich tu's und koste es mein Leben!« Etwas hatte mich wieder einmal geärgert, und ich schämte mich für andere – ein zwiespältiges Gefühl, was sich bei mir oft in Aggression äußert: Ich konnte es nicht mitansehen, wie schnell Kortner bereit war, dem Kollegen Rudolf Vogel, der den Lucky spielte, nachzugeben, nur weil er so leicht über ihn lachen konnte; hingegen den etwas schwerfälligen Schlesier, den noblen Friedrich Domin stundenlang auf allen Vieren kriechen zu lassen, weil er die vielen Dinge, die Kortner gleichzeitig von ihm zu bedenken verlangte, nicht sofort unter einen Hut kriegte. Sah er das nicht?

Ich weiß, es wird einem nicht gut ausgelegt, so genau darauf zu achten, was der Regisseur mit den andern treibt. Aber wonach soll

ich als Schauspieler einen Regisseur beurteilen ohne Befangenheit? Über sein Angebot an mich kann ich nicht befinden, da bin ich voreingenommen, also bilde ich mir mein Urteil nach seinem Verhalten meinen Partnern gegenüber, und da gab es etwas zu sehen, was mich verstimmte. Und im Zustand der Verstimmung angesprochen, kann es schon vorgekommen sein, daß ich Kortner beiseite geschoben habe – aus Gerechtigkeit für Domin. Mir lag Domin näher als Vogel.
Habe ich nicht als blutjunger Schauspieler einen Stuhl ins Parkett geschleudert in Richtung des Regiepults, hinter dem mein Generalintendant George saß? Für mein Gefühl hatte er seine Frau, Berta Drews, in meiner Gegenwart etwas zu ausgiebig auf der Probe zurechtgewiesen.
Die Rampe ist eine Trennlinie, die vom Schauspieler ernstgenommen wird, immer noch, seit Jahrhunderten ist das so. Diesseits der Rampe entsteht ein Gefühl für Gemeinschaft, für die Gemeinschaft der Vogelfreien, wenn man so will. Jenseits der Rampe gibt es eine unbekannte Instanz, eine Kompetenz der Ordnung, das Gesetz: Es soll sich nur nicht allzu dreist gebärden!
Als ich an jenem Vormittag, der übrigens mit einem unvermutet leisen Ausbruch Georges endete, nach Hause ging, war ich sehr bedrückt, ich fürchtete mit Recht für die Zukunft meiner Familie. Am späten Abend erreichte mich ein Anruf Georges, ich möchte sofort in sein Haus kommen.
Dieser Mann war in erster Linie Schauspieler, und er blieb es, auch wenn er am Regiepult saß: er bot mir das Du an in jener Nacht, holte zwei schöne alte Gläser aus seinem Schrank, stieg mit mir durch den Garten zum Wannseeufer hinunter und beschloß, nach vollzogenem Ritus, unsere Gläser in den See zu werfen. Niemand sollte mehr daraus trinken. Was mich als blutjungen Schauspieler überraschte, scheint mir heute folgerichtig.
Zurück zu Kortner und Vogel: Kortners Liebe zum Komiker hatte etwas Tragisches. Sein eigentlichster Wunsch wäre in Erfüllung gegangen, wenn auch er ein Publikum hätte zum Lachen bringen können. Er sagte selbst, es reiche nur zum Schmunzeln, sein Gesicht stünde ihm im Wege.

Alle seine intellektuellen Vorbehalte waren weggewischt, wenn ein Schauspieler wirklich komisch war. Der Wirkung seines Freundes Curt Bois z. B. war er auf den Proben hemmungslos ausgeliefert, er wurde nicht satt, ihm bei den unsinnigsten Eskapaden zuzusehen, die oft gar nichts mit der Rolle zu tun hatten und die Bois, seiner Wirkung bewußt, ins Halsbrecherische zu steigern verstand.
Kortners Erkenntlichkeit auch gegenüber Rühmann war groß: er war dankbar für diese entspannte und distanzierte Komik. Seine eigenen Spannungen konnten sich lösen.
Und bei Vogel war es ähnlich, Kortner konnte über ihn lachen, bei Domin hingegen gab es nichts zu lachen, da bemühte sich einer mit unendlicher Geduld um die schwere Rolle des Pozzo. Der Regisseur ließ ihn nicht eine Sekunde aus den Fingern, die kleinste Geste wurde festgelegt, die Arbeit mit einer Unmenge von Requisiten, Trillerpfeife, Uhr, Strick, Koffern wurde mit religiöser Inbrunst zur Zeremonie erhoben, und siehe da, am Ende einer ziemlich qualvollen Probenzeit besaß der immer souveräne Herrenspieler Domin eine demütige, zarte Komik, von der man nicht annehmen konnte, daß sie das Resultat so unerbittlicher Arbeit mit einem Regisseur war, der selber ein tragisches Verhältnis zum Komischen hatte. Vogel hingegen wirkte in der Premiere eher verbissen. Ich selbst weiß nicht mehr, wie ich mich fühlte: kontrollierte Trance. Rühmann war brillant.
Kortner war mit der Aufführung glücklich, wenn er es auch am Abend selbst noch nicht zugab. Er nannte sie das Resultat seiner produktiven Umwege. Man sagt von ihr, sie habe Theatergeschichte gemacht.

Während ich im Februar und März 1956 allabendlich im Theater am Kurfürstendamm den Dorfrichter Adam spielte, probierte ich morgens den George Crofts in Shaws »Frau Warrens Gewerbe« im Renaissancetheater. Heute kann ich mir gar nicht mehr vorstellen, daß inzwischen erst zwanzig Jahre vergangen sind. Es muß mit Käthe Dorsch zusammenhängen, mit deren Tod eine ganze Theaterepoche zu Ende ging. Es ist, als erinnerte ich mich an ein

früheres Leben: Probenatmosphäre von Ruhe und Glanz. Keine Unsicherheit, keine Diskussion über das Stück, eher eine konzertante Veranstaltung, so eine Morgenprobe. Man besitzt seine Partitur, die hat man zu Hause gelernt: das Schwarze sind die Noten, das Weiße ist das Papier. Ich weiß, ich bin an einem Privattheater engagiert, der Chef wird sich etwas dabei gedacht haben, als er mich mit der Rolle besetzte, denn er möchte ja sein Theater abends voll haben, das heißt, er vertraut meinem Talent, also tue ich es auch. Und da kommt, von ihrer »Gesellschafterin« im schwarzen Mercedes herangefahren, meine Partnerin Frau Dorsch auf die Probe. Sie ist mit ausgesuchter Eleganz gekleidet, gestärkter weißer Piquet-Kragen und weiße Manschetten. Ausgeschlafen rosig, glänzender Laune. Ihren Text kann sie wie Wasser, sozusagen vorwärts und rückwärts. Man könnte sie im Schlaf aufwecken, sie würde aufs Stichwort antworten, obwohl sie die Rolle noch nie gespielt hat. Wenn sie von der Rolle der Kitty Warren spricht, geschieht das ohne Nervosität, mit einem Leuchten in den Augen, das Neugier und Vorfreude vermischt und die Gewißheit ausstrahlt, daß sie sich selbst überraschen wird.
Als ich mein Erstaunen ausdrücke, wie gut sie auf der ersten Probe den Text kann, sagt sie, ja, sie müsse ihn wie Konfetti über sich werfen können, über den Kopf nach vorn, unter die Achseln nach hinten, sonst müsse sie ja an den Text denken, und dann könne sie keine Situation spielen.
Was sagte der alte Wegener mir einmal? Der Grad der Schauspielkunst hänge in erster Linie vom Grad der Textbeherrschung ab. (Seit der Zeit bin ich ein fanatischer Textbeherrscher.) Also spreche ich meinen Text ganz einfach in die spiegelnden, wasserblauen Augen der Frau Dorsch hinein und empfinde es wie einen warmen Quell in meiner Brust: diese Frau könnte meine Mutter sein, meine Tochter oder meine Schwester. Verwandtschaft ist im Spiel, wie ich sie so nah, echten Verwandten gegenüber, nie empfunden habe.
Etwas ganz und gar Unwirkliches geschieht: zwei spielende Menschen begegnen sich, zwei, die sich vorher nie gesehen haben; es gibt nichts, was schöner, reiner und versöhnlicher sein könnte. Die

Zeit scheint still zu stehen. Vielleicht ist es das, was man Glück nennt: Partnerschaft. Sie ist da auf Anhieb, auf der ersten Probe morgens um zehn. Ein kleines Wunder ist geschehen, der Hausherr Dr. Raeck merkt es, er kann das Wunder für sich verbuchen, er hat richtig besetzt.
Am Nachmittag klingelt es an unserer Haustür in Wannsee. Ich gehe in den Vorgarten, um zu sehen, wer es ist. Der schwarze Mercedes von heute vormittag steht vor der Tür. Frau Scherler, die Sekretärin und Chauffeuse, steigt aus. Sie sagt mir, Frau Dorsch mache gerade einen Besuch auf dem kleinen Friedhof bei uns an der Ecke, sie pflege dort ein Grab und würde anschließend gern eine Tasse Kaffee bei uns trinken. Ich fühle plötzlich etwas wie Dankbarkeit. Ich rufe Gesa, und zu Dritt gehen wir die paar Schritte zum Friedhof hinüber. Am Grab von Erich Carow, dem Berliner Volkskomiker, steht die Dorsch. Sie hat eine Gartenschürze vorgebunden, und sie gräbt mit einem kleinen Spaten in der Erde, um eine weiße Azalee einzupflanzen. »Es kümmert sich sonst niemand um das Grab von diesem alten Kerl«, sagt sie. »Ich habe auf einigen Friedhöfen in Berlin Gräber von Kollegen in Pflege, um die sich sonst niemand kümmert.«
Als wir zu Viert den Friedhof verlassen, ich habe die Schürze über dem Arm und trage das Gerät, bleiben wir vor einem Stein stehen mit der Inschrift »Agnes Sorma, Gräfin Minotto gest. 10. Februar 1927«. Die Sorma, die wahre Vorgängerin von Käthe Dorsch in der Berliner Theatergeschichte! Wie um die Betroffenheit zu lösen, die plötzlich auf uns lastet, erzähle ich etwas, das ich von O. E. Hasse weiß. Er besitzt eine Handschrift von der Sorma, die mit den Worten beginnt: »Durch ein unverzeihliches Versehen meiner Dienerschaft kam Ihr Brief erst heute in meine Hände.« Frau Dorsch lächelt ein wenig beim Zuhören, und zögernd kommen ihre Worte: »Wie sagten Sie heute morgen auf der Probe, Schröderlein«, (sie sagte immer Schröderlein) »es war ja doch einmal ein Beruf für Damen und Herren!«
Die Proben mit ihr waren wunderbar, wunderbarer die Abende: wir spielten en suite. Sie war damals schon krank und mußte viele Tabletten schlucken. Aber sie war jeden Abend gleich guter

Laune, die gehöre nun einmal zum Theater, sagte sie. Sie war mitteilsam mir gegenüber, wie es vielleicht nur ein kranker Mensch ist. Sie erzählte mir alles, noch kurz vor ihrem Auftritt in der Kulisse stehend, flüsterte sie mir das Ende einer Geschichte zu. Sie sprach von ihrer großen Liebe zu Harry Liedtke, dem Stummfilmstar, dem sie den Mut verdanke, nicht nur auf der Bühne zu weinen, sondern die Tränen auch im Scheinwerferlicht zu zeigen. Und sie sprach von ihrer Beziehung zu Emmy Sonnemann, der Frau von Hermann Göring, die es ihr erlaubt hatte, so viele Bedrohte zu retten während der Nazizeit.

Als unsere Serie abgespielt war, gab sie mir ihr Foto. Sie hatte darauf geschrieben: »Lieber Crofts, – nachdem Sie schon so viel von mir wissen – da – nehmen Sie mich hin: herzlichst Ihre Kitty.«

Als sie ein Jahr später gestorben war, mußte die sowjetische Besatzungsmacht um Genehmigung gefragt werden, ihren Sarg nach Sarow-Pieskow zu überführen. Es war ihr letzter Wunsch, dort neben Harry Liedtke beigesetzt zu werden. Er war bei Kriegsende von russischen Soldaten in seinem Garten erschossen worden, als er seine junge Frau beschützen wollte, die er nach der Trennung von Käthe Dorsch geheiratet hatte.

Filmarbeit

Es waren keine langweiligen Jahre, in denen Bühnentätigkeit und Filmarbeit einander ablösten. Seitdem ich 1951 den brutalen Tiermörder in »Gift im Zoo« gespielt hatte, kamen immer wieder Filmaufgaben auf mich zu, die mich phantasielich reizten. Claus Hubalek hatte ein Theaterstück geschrieben »Der Hauptmann und sein Held«, und Arthur Brauner machte sich an die Verfilmung. Max Nosseck führte Regie, ein Berliner jüdischen Glaubens, der aus Kalifornien, wohin er emigrierte, zurückgekommen war, ein Mensch, über den ich Tränen lachen konnte. Er ist so komisch wie Buster Keaton, und er ist ein sehr musikalischer Regisseur. Sein Film ist grotesk, hat einen deutlichen Rhythmus und hat Joe Herbst und mir in den beiden Titelrollen Gelegenheit gegeben, zwei beängstigend komische Typen der jüngeren deutschen Vergangenheit auf die Beine zu stellen. Immer wieder hört man, daß dieser Film in Amerika in irgendeinem »Kunstkino« aufgeführt wird, und sein Produzent »Atze« Brauner kann stolz darauf sein, denn er hat so gut wie gar kein Geld gekostet. Wir haben ihn in Berlin in knapp zehn Tagen heruntergekurbelt.

Während Oscar Fritz Schuh in Salzburg inszenierte, bereitete Heinrich Koch an Schuhs Theater in Berlin eine Molière-Premiere vor: »George Dandin«. Obwohl wieder Caspar Neher mit von der Partie war, wollte die echte Molièrefreude, wie wir sie beim Tartuffe erlebt hatten, sich nicht einstellen: das Stück ist auch nicht so handfest. Balletteinlagen, ohne geschulte Pantomimen zur Verfügung zu haben, waren schwer mit der Sprachlichkeit des Stücks in Einklang zu bringen, obwohl Schuh Boris Blacher als Komponisten verpflichtet hatte.

Es war meine erste gemeinsame Arbeit mit Blacher, von dem ich viel lernen sollte und dem ich später ein wirklicher Freund sein durfte. Er schrieb die Musik für einige Hörspiele, die ich mit Ludwig Berger machte, auch eines über Stresemann, das zum Ausgangspunkt für den späteren Film wurde, zu dem dann auch Blacher die Musik schrieb. Er machte die Bühnenmusik für mehrere meiner Inszenierungen am Schillertheater, vor allem zu »Yvonne« von Witold Gombrowicz. Eine Arbeit, die Blacher so inspirierte, daß er eine Oper gleichen Namens komponierte, der meine Einrichtung des Textes als Libretto diente.

Wir haben wenig miteinander geredet, aber ziemlich viel miteinander gearbeitet. Als er 1975 starb, war ich sehr viel ärmer geworden.

Die Freundschaft steigerte sich kurz vor Blachers Tod zu einer Dichtheit, die ich bei diesem so auf Distanz bedachten Mann, der als Musiker vom Studium der Mathematik herkam und der privat von seinem Geburtsland China her immer etwas von der Verschwiegenheit fernöstlicher Weisheit behielt, nicht vermuten konnte. Blacher war ein engagierter Mann, aber er blieb dabei immer auf dem Teppich seiner persönlichen Erfahrung. Was die Forderung des Tages betrifft, war er der zuverlässigste Ratgeber, den man sich denken konnte.

Während der »Dandin«-Proben sah ich mich als Hauptdarsteller vor Schwierigkeiten gestellt, die ohne Zwist auszulösen, nicht beseitigt werden konnten. Eine Umbesetzung mußte vorgenommen werden, was zum Problem wurde, da der Hausherr in Salzburg festgehalten war. Mein durch nichts zu beschwichtigender Wunsch, diesen melancholischen Anführer aller Gehörnten richtig und genau, nämlich exemplarisch, zu spielen, war so heftig, daß er sich gegen alle Widerstände durchsetzte. So etwas geht nie ohne Wunden ab, aber die Rolle war es mir wert. Es galt etwas von der Trauer des Dichters, die sich gerade hinter dieser Molièrerolle verbirgt, transparent zu machen, und vielleicht sind es nicht zuletzt die widrigen Probenumstände gewesen, die mir dazu verholfen haben. Und schließlich half Blachers Musik. Und das weiße Bajazzokleid und der mondförmige Strohhut nach dem bewegenden Gemälde von Watteau. Und auch das Publikum hat mir durch seine Sensibilität am Premierenabend einiges zugetragen: George Dandin lebte.

Eines Abends erschien in der Pause der Europabeauftragte der damals noch mächtigen Metro-Goldwyn-Mayer-Filmgesellschaft in meiner Garderobe auf dem Kurfürstendamm und bot mir einen jener mehr berüchtigten als berühmten Siebenjahresverträge für Hollywood an. Ich fühlte mich geschmeichelt, obwohl die Gage für amerikanische Verhältnisse nicht horrend war und der Vertrag keine Rollengarantie enthielt: ich sagte nein. Ich war in meiner Sprache auf dem Höhepunkt und konnte selber auswählen, was ich mir an Aufgaben wünschte. Ich hatte ein Ziel erreicht, das nur wenigen in einer Generation vergönnt ist, und in der fremden Sprache hätte ich von vorne beginnen müssen und wäre dennoch immer der Fremde geblieben. Die amerikanische Filmzeitung »Variety« hatte mich zum besten ausländischen Schauspieler des Jahres gemacht, nach meiner Rolle in dem Film »Der 20. Juli« unter der Regie von Falk Harnack, aber was mir mehr Eindruck machte, nun wählte mich die Berliner Akademie der Künste zum ordentlichen Mitglied, und, um mein Glück vollkommen zu machen, erhielt ich im selben Jahr den Kunstpreis der Stadt Berlin. Die anderen Preisträger waren Helmut Käutner (Film) Heinz Trökes (Malerei) und Hans Scholz (Literatur).

Ich hatte mir immer geschworen, was du bis zum vierzigsten Jahr nicht erreicht hast, das vergiß: ich war jetzt einundvierzig. Es hatte also gerade noch geklappt.

Die Rolle des Gustav Stresemann hat mir wie die meisten meiner großen Rollen Sorgen gemacht, die ich nach außen nicht zeigte. Es begann mit negativen Kritiken für mich, bevor der Film gedreht war. Es ist nun einmal so, und damit werden sich noch Generationen von Schauspielern abfinden müssen, ein großer Teil der Kritiker will es nicht wahrhaben, daß der gebürtige Schauspieler heute einen Schurken spielen kann und morgen einen Heiligen, vielleicht sogar spielen muß.

Besetzungen hat sich der Film in Deutschland ja immer bequemer gemacht als der in anderen Ländern. Ungefähr so: wer nicht schön ist, ist auch kein guter Charakter und umgekehrt. Als ich noch, wie man mir erzählt, ein sogenannter schöner Jüngling war, hätte ich gerne mal einen Bösen gespielt, nein, das gab's nicht für mich. Als ich schon ein fetter Mann und noch keine Vierzig war, hätte ich gern den Hamlet gespielt und es gekonnt wie kaum einer in meinen Jahrgängen. Nein. Auch im Film durfte ich nur Schurken spielen, allenfalls bornierte Offiziere, dummdreiste Unternehmer oder zwielichtige Politiker. Das Letztere war nun Stresemann gar nicht, er war ein reiner Politiker, einer, der an seiner Aufgabe litt und sich darin aufrieb. Der Reichskanzler des Schicksalsjahres 1923, der Außenminister der Verständigung, der Friedenspreisträger. Ein Purist, einer der ganz seltenen Fälle in der deutschen Politik. Und den spielt nun der Schröder!, der so überzeugend Spießer und Schurken verkörpert. So las man es spaltenlang, noch bevor die erste Klappe gefallen war. Eine törichte und schlimme Belastung nicht nur für mich, sondern auch für den Produzenten, die Geldgeber, für alle, die beteiligt waren. Ich hatte mich ein ganzes Jahr freigemacht für diese Aufgabe, mußte immer neue Probeaufnahmen absolvieren, erfuhr nichts Bestimmtes und wurde auf diese Weise sozusagen gar gekocht für die mich bewegende Aufgabe: einen friedvollen und überzeugend redlichen, einen begabten Politiker aus Deutschland zeigen zu dürfen. Gagenmäßig hat mir dieses Jahr viel weniger eingebracht als die Jahre davor und danach. Die Gage der Darstellerin meiner Sekretärin z. B., die Anouk Aimee spielte, ihre internationale Karriere noch vor sich, war fast doppelt so hoch wie meine. Nun, ich hätte diesen ergreifenden Mann auch umsonst gespielt, und es gehört wohl zum Talent der Produzenten, so etwas zu spüren.

Ohne den Vertrag in der Tasche zu haben, bereitete ich mich vor. Ich studierte die Geschichte der Weimarer Republik, las alles, was Stresemann geschrieben hatte, kannte seine Reden, konnte seine Unterschrift schreiben wie er selbst, und eines Tages sagte mir sein

Sohn Wolfgang, der uns bei den Vorbereitungen und später auch bei den Aufnahmen beratend zur Seite stand, nun ginge ich auch schon wie sein Vater.
Schlimm waren die quälenden Streitigkeiten um das Buch. Von welcher Seite Einfluß genommen wurde und auf welche Weise! Ich kämpfte um jeden Satz, der mir für die Wandlung dieses Menschen vom eher kleinbürgerlichen Patrioten zum Friedensstifter wichtig erschien. In den beiden Autoren des Films, Ludwig Berger und Axel Eggebrecht, hatte ich verschworene Freunde. Wir konnten alle drei die etwas kitschige Liebesgeschichte am Rande nicht verhindern, aber es ist uns doch gelungen, die politische Botschaft rein zu erhalten. Übrigens gehörte auch der Regisseur Alfred Braun, der Stresemann noch gut gekannt hatte, mit zu den Verschworenen, das erleichterte die Arbeit.
»Der höchste Mut eines Politikers«, sagt Stresemann, »ist der Mut zur Unpopularität.« Und Thomas Mann sagt von Stresemann, »er sei die ergreifendste Figur der neueren deutschen Geschichte«.
Wochenlang trug ich schon den Kopf rasiert, als endlich der erste Drehtag begann. Um sechs Uhr in der Früh saß ich auf dem Stuhl des Maskenbildners Carl Eduard Schulz, des alten Ufa-Spezialisten für historische Figuren. Anfangs brauchte er drei Stunden für meinen Kopf, nach drei Wochen »nur« die Hälfte dieser Zeit. Mein Privatleben hatte ich längst aufgegeben. Ich glaubte an diese Aufgabe weit über das schauspielerische Engagement hinaus. Oft mußte ich an meinen enttäuschten Vater denken und an sein politisches Gespräch auf dem Schulhof. Es ging mir um nichts Geringeres, als darum, zu zeigen, daß auch deutsche Demokratie Würde besessen hatte, bevor das Schauerdrama der Nazis die Welt erschütterte.
Der erste Drehtag war schwer. Ich hatte in die geliebte Figur einzusteigen im Augenblick ihres tragischen Höhepunktes: der sonst so wortgewaltige Mann liegt sprachgelähmt in seinem Bett, während sich in den Räumen unter seinem Schlafzimmer die Gratulanten zu seinem fünfzigsten Geburtstag versammeln. Kein langsames Eindringen in die Rolle war möglich wie auf der Bühne, wo man nicht nur in wochenlangen Proben Gelegenheit hat, die Figur zu entwickeln, sondern auch allabendlich wieder. Hier: von

der Straße kommen, morgens um sechs, und etwas später sprachgelähmt als Stresemann im Bett liegen, sich mühsam seinen Angehörigen versuchen verständlich zu machen. Wie tut man das? Helfen kann niemand. Käthe Stresemann, die in New York lebende Witwe des ehemaligen Reichskanzlers, war nach Berlin ins Atelier gekommen, wo sie zusah, wie sie von Susanne von Almassy dargestellt wurde. Die immer noch graziöse Dame, wegen ihrer gesellschaftlichen Faszination im Berlin der zwanziger Jahre berühmt, selbst Nuntius Pacelli, der spätere Pius XII., soll sich von ihrem Charme bestrickt gezeigt haben, wollte mir etwas Gutes sagen. Sie sagte: »Ihr Organ«, sie meinte meine Stimme, »erinnert mich auf ganz ungewöhnliche Weise an das meines Mannes.« Sie sah mich geradezu vielverheißend an, ich mußte wegschauen und war nun vollends verwirrt.

Die erste Klappe fiel, und ich fühlte alles Schröderhafte von mir abfallen, ich atmete als Stresemann, und ich wußte es selbst. Die fremde Haut war in langer und vielleicht verzweifelter Vorbereitungszeit gewachsen. Schrecklich dann, nach ein paar Tagen, in Stunden der Müdigkeit besonders, wenn etwa der Kameramann zu lange braucht, um einzuleuchten, zu sehen, wie die Figur verwelkt und man sie durch keine Anspannung erreicht, bis sie plötzlich wieder Atem fängt und zur »Verfügung« ist. Ein Ausgeliefertsein, eine seltsame Passivität. Wochen, in denen auch der Schlaf so dünn wird wie die neue Haut, die man sich übergezogen hat.

Der Chor der Unkenrufe war zu früh erschollen; mein charakterliches Gegenstück zum Dritten Richard gelang. Die Süddeutsche Zeitung v. 26. 1. 57 schrieb: »Denkmal ohne Pose: Stresemann«.

»Umfragen unter der jüngeren Generation hatten das traurige Ergebnis, daß sich unter ›Stresemann‹ viele gar nichts, manche einen feierlichen Anzug und einige zwar immerhin den Erfinder desselben vorstellten, unter diesem aber teils einen Herrenschneider und teils einen Schauspieler. Gerade von letzterem jedoch hatte er so wenig, der Dr. Stresemann, daß der Schauspieler, der ihn nun spielt, Ernst Schröder, geradezu gezwungen war, das auf so unkomödiantische Weise zu tun, wie ein Politiker im Film kaum je gespielt worden ist. Auch das ist Mut.

Es ist der erste Film der Gegenwart über die Weimarer Republik. Er sieht sie weder als das kühne Land der frühen, schönen Freiheit (wie man's heute vielfach tut), noch (wie man's ebenfalls gern ansieht) nur als den schwachen, wenn nicht faulen Staat der Illusionen, der plötzlich barst, als die SA marschierte. Er sieht den guten Willen einer jungen Demokratie und ihre Hilflosigkeit, ihre kaum überwindbaren Schwierigkeiten und ihre schweren Fehler, er sieht ihre latente Hysterie, ihre heillose Zerrissenheit und ihren halb heroischen, halb rührenden Versuch, ihre ständig geschmähte, ständig bezweifelte, ständig verletzte Würde zu wahren. Daß der Stresemann-Film, soweit ein Film das vermag, ihr jene verlorene Würde zurückzugeben versucht, ganz ohne billige Bitterkeit und ganz ohne billiges Romantisieren – das scheint mir an diesem mutigen Film das Mutigste zu sein.«

Mein stärkstes Erlebnis in diesem Film war wieder einmal mein Partner. In diesem Fall Leonard Steckel als Briand: er war faszinierend, genialisch. Nun habe ich viele faszinierende Filmpartner gehabt, Heinz Rühmann etwa oder James Mason, atmosphärisch intensiv, brillant, aber sie waren verschlossene Partner. Ich weiß nicht, ob ich mich genau ausdrücke, sie waren in ihren Rollen ideal, als Partner handlich, aber sie ließen einen nicht dahinter gucken, als Menschen waren sie verschlossen. Steckel hingegen, wie auch der im Entwerfen ihm ähnliche Anthony Quinn, luden geradezu ein, dahinter zu gucken. Indem sie einem ihre Rolle vorzeigten, öffneten sie sich gleichzeitig als private Person. Sie waren großzügiger und vielleicht – intelligenter. Schwer zu sagen, was ich meine, sie waren im Einverständnis mit dem Spiel des Ganzen, durchsichtiger. Sie wußten es selbst, sie konnten sich leisten, sich zu entblößen, vielleicht meine ich das mit ›intelligenter‹, ich weiß es nicht. Als Artist sprechend, würde ich sagen, sie kannten nur das Arbeiten »ohne Netz«. Schauspieler jedenfalls ohne die Rückversicherung, die gewöhnlich zu Lasten des Autors geht.

Welche Persönlichkeiten alle beide, Steckel und Quinn! In ihrem Talent wie Zwillinge, waren sie in ihrer Lebenshaltung grundverschieden, geprägt durch gegensätzliche Erfahrungen, obwohl sie auch sozial eine gemeinsame Wurzel hatten, die Minorität. Steckel als deutscher Jude, Quinn als indianisches Halbblut in Amerika. Steckels genialische Großzügigkeit hörte beim Essen auf. Er hatte das typische Schauspielersyndrom, eine Standeseigenschaft, in langen Jahrhunderten gezüchtet: er glaubte, verhungern zu müssen. Nun aß er besonders gern, darin war er verschwenderisch wie in seiner Kunst. Ich glaube, er ist in meinem Leben der Mensch, dem beim Essen zuzuschauen erschreckend sein konnte. Man muß wissen, daß er außerdem auch noch sparsam war, um nicht ein schlimmeres Wort zu gebrauchen. Diese Eigenschaft zu verstehen, bereitete mir nicht die geringste Mühe. Die jüdischen deutschen Schauspieler, die der Direktor Rieser während des Dritten Reiches in Zürich zusammen engagiert hatte, bekamen eine Gage, die man vielleicht gerade als Existenzminimum bezeichnen konnte. Sie war lächerlich im Vergleich zu ihren Leistungen, denn alle acht oder zehn Tage war Premiere, da das Abonnement des Schauspielhauses so klein war. Steckel hat mir selbst gesagt, daß er in jenen Jahren aus Not, nicht aus innerem Drang zum Regisseur geworden ist. Er konnte die allwöchentlichen Textmassen einfach nicht mehr bewältigen, sein Gehirn streikte. Das Konzept zu einer Regie aber schaffte er in einer Nacht. Er war auch geistig ein gefräßiger Mensch. So wurde er einer der phantasievollen, zupackenden Regisseure des deutschsprachigen Theaters. Auch beim Regieführen knautschte er Bonbons, überfütterte sich mit Schokolade, die er von den Schauspielern geschenkt bekam, was ihn aber nicht daran hinderte, sie im selben Atemzug zu beschimpfen, wenn es ihm nötig schien: »Wie kann aus einem so dicken Arsch eine so dünne Scheiße kommen!« Hinterher waren zärtliche Versöhnungen an der Tagesordnung. Er hatte einen humorvollen Abstand zu sich selbst, der nie verloren ging, auch wenn es sich ums Essen handelte. Nach einer Reihe von Abenden, an denen wir in fröhlicher Runde eine Art Wettkampf veranstaltet hatten, jeder einen Gervais-Käse auf eigene Weise zuzubereiten, wuchs seine Enttäuschung ins Bedenkliche, als er immer noch nicht Sieger laut Abstimmung geworden war: »Und da nannte man mich in Zürich Nathan den Gervaisen!«

In Rom bei den Aufnahmen zum »Besuch der alten Dame« wohnten wir wochenlang im Residence Palace Hotel, das etwas außerhalb der City liegt. Die Abende wurden gemeinsam verbracht und verliefen wie ein Ritual. Er: »Du fährst doch heute abend mit dem Jaguar in die Stadt?« Ich: »Nein, Stecki, das ist mir zu unsicher bei dem Verkehr. Laß uns lieber ein Taxi nehmen, jeder zahlt die Hälfte.« Er: »Dann bleibe ich zu Hause. Wann fährst du denn?« Ich: »Um acht.«

Um acht stehe ich vor dem Hoteleingang und warte auf das Taxi. Feingemacht kommt auch mein Stecki aus dem Hotel und sagt: »Du brauchst gar nicht zu warten, um diese Zeit kriegt man kein Taxi in Rom.« Ich: »Ich habe aber eins bestellt.« Wir warten.

Ich bin indessen froh, daß er gekommen ist, denn nichts ist langweiliger als alleine zu essen. Abgesehen davon, daß Stecki die besten Restaurants mit der Nase findet, jeden Abend in einer anderen Gegend, eines vorzüglicher als das andere. Ich habe dergleichen spezielle Instinktsicherheit bei keinem anderen Menschen wieder erlebt.

Stecki schlägt vor, doch den Wagen zu holen, da das Taxi immer noch ausbleibt. Als wir mit dem Jaguar losfahren, kommt das Taxi. Zu spät. So geht das wochenlang.

Jeden Abend im Restaurant dasselbe Manöver: »Bestell du dir doch Wein, ich darf ja keinen trinken, ist für meine Leber gar nicht gut. Halbe Flaschen gibt es nicht? Also eine ganze.« Der Korken ist noch nicht heraus, hat Stecki schon sein Wasserglas in der Hand, gießt sich ein, nur um zu kosten, wie er sagt. Ich staune, wochenlang geht das so. Eines Abends ist es mir zu dumm, ich bestelle mir ein Bier. Aber was habe ich da angerichtet! Die Enttäuschung auf diesem großflächigen glutäugigen Gesicht ist wie ein Weltuntergang, drohend und naiv gleichzeitig. Er schlägt die Augen nieder, zieht sich hörbar in sich selbst zurück und fängt nach einer unerträglichen Pause zu maulen und zu mosern an wie ein Kind, mir abgewendet in das Lokal hinein, laut: »Tz! Tzzz! Das nennt man Freundschaft.« Ich trinke hastig mein Bier und bestelle Wein zur Versöhnung.

Jetzt kommt das Fleischgericht. Das Wasser läuft ihm im Mund zusammen, wenn er sieht, was ich bestellt habe. Er starrt auf meinen Teller, und mit der Geschwindigkeit eines Taschenspielers hat er das beste Stückchen davon auf seine Gabel gespießt und sagt dabei in einem glasigen dumpfen Ton, der im Film bei sexuellen Verführungen angewendet wird: »Entschuldige, du, es sieht zu lecker aus.«

Ich gebe zu, ich habe diese Geschichte oft erzählt, sie ist dadurch nicht weniger wahr geworden. Aber nach Steckis Tod erzähle ich sie heute zum ersten Mal.

Steckel ist bei einem Eisenbahnunglück auf schreckliche Weise ums Leben gekommen, und ich habe in ihm vielleicht meinen besten Partner verloren. Er war mir als Schauspieler das, was Käthe Dorsch mir einmal gewesen war, die absolute Freiheit, gesehen im Auge des anderen. Ein Partnerauge. Erfüllung auf der Bühne, reiner als die der Wirklichkeit.

Der Zug entgleiste auf der Fahrt von München nach Zürich, und Steckel wurde weit aufs freie Feld geschleudert und war tot. Der Speisewagen des Zuges konnte sich in den Gleisen halten mit noch ein paar anderen Waggons. Der Kollege Ulrich Haupt saß in diesem Speisewagen und überlebte. Er hatte Steckel vorher gefragt, ob er nicht gemeinsam mit ihm etwas essen wolle. Das Unglaubwürdige war geschehen, Steckel hatte abgelehnt.

Ich habe da insgeheim eine andere Idee: Stecki sah in Zürich einer Abendeinladung entgegen und mochte sich nicht vorher den Appetit verderben, oder war er seiner mächtigsten Leidenschaft untreu geworden? War seine Lebensgier aufgebraucht?

Anthony Quinn, verschwenderisch talentiert wie Steckel, ist genau wie dieser durch eine sparsame Jugend geprägt. Man kann das in seinem Buch nachlesen. In keinem anderen Beruf als in dem des Schauspielers, besteht die Chance, die in der Kindheit und Jugend erlebte Not so durchschlagend, so existenziell zu äußern. Gustav Knuths Drang, sich immer wieder mit einem neuen Witz oder auch mit der Wiederholung eines alten dankbar zu erzeigen, stammt jedenfalls aus seiner Kindheit. Er verkaufte sozusagen Witze für einen Apfel und ein Ei. Er hat mir erzählt, wie ihn als kleiner Schüler im Ersten Weltkrieg der Hunger zum Witze-Erzählen erzog. Er hatte es bald heraus, daß der Lohn in einem Wurstbrot bestand, wenn er in der Pause begüterte Mitschüler zum Lachen brachte. Vielleicht ist ins Grundmuster aller Schauspielkunst etwas Bettelhaftes eingewoben.

Quinns Jugend schaut aus allen seinen Gestalten heraus: mit den hungrigen Augen des Mestizensohnes. Die politische Gefräßigkeit seines von ihm über alles geliebten, aufrührerischen Vaters ist in ihnen. Und daß seine Mutter diesen Vater verlassen hat, wird für immer sein Verhältnis zu den Frauen bestimmen. Auch diese Bestimmtheit kennzeichnet alle seine Figuren. Gewiß, er ist ein Frauenheld, weil sie es ihm leicht machen, aber in seinem Wesen ist er ein Mann für Männer. Ihn interessiert das Allgemeine mehr als das Private. Er befriedigt seine Gefräßigkeit nicht in der Küche. Er ist draußen, ist immer unterwegs. Er spricht acht Sprachen. Er hat ständig eine Sekretärin um sich, die nichts anderes zu tun hat, als ihn mit der neuesten Literatur zu versorgen. Geschichte, Philosophie, Soziologie, Ökonomie. Als wir tagelang auf einer einsamen Eisenbahnstation in der römischen Campagna auf gutes Wetter warten müssen, spielte er stehenden Fußes mit sich selber Schach und beklagte es, daß die deutschen Kollegen so wenig mit sich anzufangen wüßten.

Dieser Mann ist nicht nur ein Darsteller harter Burschen, er geht auch hart mit sich selbst um. Seine Konzentriertheit erzwingt sich Achtung. Für einen zerstreuten Menschen ist er gar nicht ansprechbar. Er fordert ständig heraus, vor allem natürlich seinen Regisseur. Er ist ein harter Brocken für alle Regisseure, er war es nicht nur für Bernhard Wicki, unter dessen Regie er den Ill spielte im »Besuch der alten Dame«. In der Rolle des Bürgermeisters war ich in den dramatischen Szenen sein Partner. Seit diesen Wochen weiß ich, daß die deutsche Bühne zur Zeit keinen Darsteller wie Quinn hat, der es vermag, so viel Instinkt mit so viel Intelligenz unter einen Hut zu bringen.

Das kalte Startum seiner Partnerin Ingrid Bergman, für die Rolle der alten Dame nicht gerade eine glückliche Besetzung, störte ihn sichtlich, aber seine Intelligenz umschlich deren Figur so lange, bis sie erwachte aus ihrer Verkrustung und ihm schauspielerisch den

Zutritt ließ. Aber auch Valentina Cortese, die Ills Frau spielte, irritierte ihn. Unberechenbarkeit nahm er für sich selbst in Anspruch, bei anderen störte sie ihn. Aber seine Unberechenbarkeit blieb immer eingebunden in die Rolle, die er spielte, er duldete keinen privaten Ausrutscher. Bei der Cortese verwischten sich die Sphären ständig. Der Mann als Schauspieler übt seinen Beruf aus, die Frau ihr Wesen, und emanzipierte Frauen sind nicht notwendig die besseren Schauspielerinnen. Die Cortese, Giorgio Strehlers langjährige Gefährtin, war herrlich verrückt und gar nicht emanzipiert. Quinn stand manchmal wie ein bockiger Junge vor ihr, man sah ihm an, wie er sich zusammennehmen mußte, denn hier trafen zwei Unberechenbare aufeinander.
So ein großer internationaler Film bringt einen Haufen von Gefährdeten und Verrückten aus vielen Ländern zusammen. Und der Regisseur nimmt die nicht beneidenswerte Pufferstellung ein zwischen den Verrückten und den gar nicht verrückten Produzenten und Geldgebern. Nun hat Bernhard Wicki aber selber sehr viel Chaos in sich, und es stellte sich heraus, daß der kühlste Kopf des ganzen Haufens auf den Schultern des Komödianten Quinn saß. Das blieb diesem Kopf selber natürlich nicht verborgen, er übersah das Ganze, auch dramaturgisch, und er wußte sich im rechten Moment zu verweigern, er mußte es geradezu. Er schloß sich in Cinecittá in seinen Wohnwagen ein, manchmal bis mittags, kam dann heraus und hatte den optimalen Vorschlag für die Szene fertig. Auch unsere gemeinsamen Szenen wurden im verschlossenen Wohnwagen ausgeheckt, und ich kann beurteilen, daß es ihm dabei nicht um Eigennutz ging.
Wicki, wie jeder echte Filmregisseur verliebt in das Bildermachen, ging meistens von der Kamera aus. Wenn er seinem Hauptdarsteller begeistert die Kamerafahrt erklärte, konnte es vorkommen, daß er zur Antwort erhielt: »I am not interested in your fucking Camera. I want to develop my part.«
Sprachschwierigkeiten sind in einem Film mit Hauptdarstellern, die in vier verschiedenen Zungen reden, nicht zu unterschätzen, obwohl in unserem Fall nur englisch aufgenommen wurde. Unversehens redete ich Frau Bergman einmal auf Deutsch an und

erhielt die prompte Quittung: »Don't talk German.« Ich war ein bißchen beschämt – für sie, denn ich dachte daran, daß sie unter Carl Froelich bei der Ufa im Berlin der frühen dreißiger Jahre ihren ersten Erfolg in deutscher Sprache hatte. Es war Quinn, der die Wolke bemerkte und vertrieb, er sprach sofort ein paar Sätze deutsch mit mir, d. h. er radebrechte fröhlich los, denn Deutsch ist die Sprache, die er am wenigsten kann. Die Minorität in ihm fühlte sich angesprochen.

Der Weg nach draußen

Je länger ich mich im Ausland aufhalte, um so deutlicher wird mir bewußt, wie deutsch ich selber bin. Geschlagen und begabt mit all dem Gewirr von schlechten und guten Eigenschaften, die man draußen im einzelnen klarer sehen lernt. Aus diesem Bewußtsein heraus habe ich eine große Liebe zu Sternheim und seinem »bürgerlichen Heldenleben« auf der Bühne. Seine Charaktere sind wie Röntgenbilder deutschen Wesens, und sie sind so wirksam, weil sie im Paradeschritt einer verknappten Sprache auf die Bühne marschieren und dort auf teuflisch amüsante Weise Deutschsein exerzieren. Der Spießer Theobald Maske und sein Nachkomme Christian Maske Freiherr von Buchow, zwei Rollen von mir, die wie explodierende Bomben wirkten.

Ich trug die Rollen nicht wie fremde Kleider: ich fühlte mich in ihnen nackt und unverschämt.

Die Musikalität der Sternheimschen Sprache erweckt wie von selbst die Phantasie, die diesen Figuren das pralle Leben gibt. Für einen etwas übermütigen Schauspieler ein Vergnügen, das sich zur Kühnheit steigern kann. Dieses unverschämte Vergnügen gönnte ich mir nach den Gefühlsstrapazen des Stresemann-Films.

Am Kurfürstendamm in der »Komödie« spielte ich Sternheim. Direktor Hans Wölffer hatte »Die Hose« für mich ausgewählt und Wolfgang Neuss als Regisseur verpflichtet. Dieser genialische Politclown der fünfziger Jahre, berühmt als »Mann mit der Pauke«, hatte durchaus den richtigen Riecher für das Stück, das wir schnell als unsere gemeinsame Sache begriffen. Im übrigen war

ich einfach nicht zu bremsen und hätte jeden Versuch dazu mit Verve zurückgewiesen. Die Premiere war knallhart. Die Leute vor der Rampe haben nicht nur schallend gelacht, sie hielten auch den Atem an. So war das auf dem Kurfürstendamm, so war es ein paar Monate später in den großen Städten Südamerikas und ein Jahr später noch einmal in einer Serie von ausverkauften Vorstellungen am Schauspielhaus in Zürich, wo der Erfolg womöglich noch größer war dank der Regie meines Freundes Hirschfeld und dem schwarzweißroten Bühnenbild von Teo Otto. Sternheim wie mit dem Schlagzeug gespielt. Einige Rollen waren vielleicht in Zürich noch besser besetzt. Dort spielte Annemarie Blanc die Luise, Richard Münch und Joachim Teege waren Scarron und Mandelstam.
Bei der Berliner Aufführung hatte ich zunächst die schöne Hanna Rucker als Partnerin, und Helen Vita spielte mit gekonnter Laszivität das liebeshungrige Fräulein Deuter. Für die Südamerika-Tournee mußte die Rolle umbesetzt werden, weil noch zwei andere Stücke mit auf die Reise gingen und das Ensemble im Hinblick auf die Kosten so klein wie möglich gehalten werden sollte. So kam es, daß der weibliche Star der Truppe, Inge Meysel, durchaus zum Vorteil der Aufführung das Fräulein Deuter spielte. Luise wurde mit Ingeborg Körner besetzt, einer Schauspielerin mit einem Gesicht schön wie eine Gemme. Sie wäre ohnehin mitgefahren, da sie mit Direktor Hans Wölffer verheiratet war, der es sich nicht nehmen ließ, uns auf dieser abenteuerlichen Reise zu begleiten, die, mit einem Zuschuß des Auswärtigen Amtes ausgestattet, von dem südamerikanischen Tourneeunternehmen Elkins-Breslauer organisiert worden war.
Leider konnte ich die Schiffsreise nach Buenos Aires nicht mitmachen, weil ich nicht rechtzeitig genug von London zurückkommen konnte, wo unser Gastspiel mit dem »Zerbrochenen Krug« noch nicht zu Ende war. Ich flog vierzehn Tage später allein hinterher und hatte in der Zwischenzeit Gelegenheit, mein Amt als Mitglied der Internationalen Filmjury bei den Filmfestspielen in Berlin wahrzunehmen. Es war ein warmer Sommer, und jeden Tag mindestens vier Filme anschauen zu müssen, war eine Strapaze.

Am 25. Juli 1957 flog ich über Mailand nach Lissabon, das Mündungsdelta des Tejo hinab seewärts in Richtung Kap Verde – dann endlos weit über den dunkelblauen Estrich des Atlantik – kein Schiff weit und breit. Gegen zehn Uhr abends nach deutscher Zeit: Sonnenuntergang über Teneriffa, wie in einem Farbfilm. Der Horizont durchsichtig grün, über Orange und Zinnoberrot. Darunter und darüber Tropenblau und tiefes Violett. Die Sterne wie in Afrika, zum Greifen nah. In den letzten Tagen in Berlin hatte ich an Keuchhusten gelitten, er ist verschwunden. Um Mitternacht Zwischenlandung auf der Ilha do Sal, einer von den Kapverdischen Inseln auf der Höhe von Dakar. Die Flugplatzsiedlung seltsam leer wie im Kolonialzeitalter. Wellblechbauten und ein Kino für die Angestellten. Hunderte von Hunden und Katzen liegen in der warmen Tropennacht auf den Betonwegen. Die Eingeborenen, Angestellte der Alitalia-Gesellschaft, mit der ich fliege, beschäftigen sich ungeheuer flink mit unserem großen Vogel. Sie haben alle weiße Strümpfe und Schuhe an, rassige schmale Burschen. Sie klettern an den Propellern herum, schrauben fest, öffnen, füllen, stellen an: im Scheinwerferlicht anzusehen wie ein exotisches Ballett ... Unsere Besatzung wird hier abgelöst, und ungern sehe ich den Capitano scheiden. Er sieht aus wie Furtwängler und hat, nach meiner Erfahrung als Flugpassagier geurteilt, die allerbesten Landungsmanöver fertiggebracht, die ich je mitmachte.
Wir müssen bald den Río de la Plata erreichen. Was die Verpflegung anbelangt, ist die Touristenklasse ausgezeichnet, aber die Enge, wenn des Nachts die richtige Müdigkeit da ist! Erstaunlich, diese Propeller laufen jetzt zwölf Stunden ununterbrochen, und immer noch sind wir über dem Meer ... wenn man heute in einer Düsenmaschine sitzt, kommt ein solches Kribbeln im Blut nicht auf. Dann ein herrliches Erwachen: Sonnenaufgang über dem Ozean. Das gleiche Schwefelgrün wie am Abend zuvor, aber welche Steigerung! Wie das graue, tote Wasser Leben kriegt!
Das erste, was ich in Buenos Aires unternehme, ist, wollene Unterwäsche kaufen. In Berlin war es warmer Sommer, hier läßt der Frühling auf sich warten. Die Mitglieder der deutschen Kolo-

nie verwöhnen uns. Immer wieder werden wir in Autos verfrachtet und zu einem anderen ›Asado‹ geschleppt: Steaks im Freien. Das Fleisch ist einzigartig zart. Ich frage nach dem Preis: das Kilo 50 Pfennige.

Ich lerne Christian Carlos Mauthe kennen, dessen Estancia etwa so groß ist wie das Land Württemberg und der ein liebenswerter, bescheidener Mensch ist. Alle nennen ihn Cito.

Cito lädt mich ein, mit ihm über Land zu fliegen, er wolle einer deutschen Bekannten eine Rinderfarm zeigen, die zum Verkauf stehe. Mit dieser deutschen Bekannten und ihrem Mann befreundeten Gesa und ich uns später in Zürich. Es wurde eine kurzweilige und leider kurze Freundschaft: zwei ins Abenteuer verliebte Menschen, wie es sie in unserer Zeit selten gibt, Graf und Gräfin Limburg-Stirum. Die Gräfin ist diplomierte Landwirtin und wollte unbedingt ihren Beruf auf eigenem Grund und Boden ausüben. Es war nur ein kleines Vermögen vorhanden, und so fuhren sie ein Jahr lang in einem alten Jeep durch ganz Europa, um in den entferntesten Winkeln nach dem preiswertesten Land ihrer Träume zu suchen. Sie hatte das Richtige noch nicht gefunden. Jetzt stand sie mit einem gestrickten Wollmützchen auf dem Kopf, das der mädchenhaft jungen Frau das Aussehen ihrer eigenen Großmutter gab, auf dem kleinen Privatflugplatz, als ich mit Cito dort eintraf. Argentinien war an der Reihe, sie war hier, um Ländereien zu prüfen, derweil ihr Mann in Zürich sein Studium beendete. Cito mußte oftmals starten und landen und wieder starten. Die Manöver dazu waren schwierig, die Maschine war klein und der Boden nicht sonderlich geeignet. Cito war ein sicherer Flieger, aber natürlich kein »Furtwängler«. Ich habe seine gleichmütige Geduld, aber mehr noch den realistischen Sinn der Gräfin bewundert.

Die Maschine hatte kaum aufgesetzt, so kroch sie schon heraus, und hatte gleich drauf eine Prise Ackererde auf der Zunge. Nachdem sie ein bißchen darauf gekaut hatte, sah sie aus wie ein Kind, das auf dem Spielplatz Sand gegessen hat, und gleich nach dem Ausspucken sagte sie: »Zu sauer!« oder »Zu schwefelig!« und kroch schon wieder in die Maschine hinein. Cito konnte starten.

Später erfuhr ich, daß sie in Corrientes den richtigen Boden gefunden hatte, mit einem richtigen Schloß darauf. Wir saßen in Zürich gemeinsam über dem Grundriß dieses Schlosses, das dem von Versailles nachgebaut worden war von einem Größenwahnsinnigen um die Jahrhundertwende. Wir versuchten, es auf dem Papier mit dem Mobiliar einer Dreizimmerwohnung einzurichten und hatten viel Spaß miteinander.

Eines Tages erfuhren wir, daß man die Gräfin auf offenem Platz in Porto Alegre niedergeschlagen und ihr die Geldtasche entrissen hatte, als sie dort war, um den Vertrag zu machen. Aber auch davon haben sich die beiden erholt. Das allerletzte, was wir zusammen erlebten, war der Einkauf von vielen hundert Tütchen Blumensamen für den neuen Schloßgarten in Corrientes, getätigt bei der Epa in Zürich, weil sie dort am billigsten waren. Ich gäbe etwas darum, könnte ich erfahren, wie es diesen liebenswerten Abenteuerern ergangen ist.

1824 wurden die ersten deutschen Flüchtlinge in San Leopoldo einfach abgesetzt. Die Rede geht noch heute, daß diese Landung der ersten Generation den sicheren Tod, der zweiten bittere Not und der dritten erst das Brot brachte. Noch heute trifft den Einwanderer ein ähnliches Los, wenn er nicht die Möglichkeit hat, auf seine Brieftasche zurückzugreifen.

Von Buenos Aires fliegt man in dreiviertel Stunden nach Montevideo, der Hauptstadt von Uruguay. Hier ist alles anders als in Argentinien, sauberer und teuerer. Die aufgelockerte Bauweise, phantasievoll und materialgerecht, machte Eindruck auf mich. Und ich erinnere mich gern an unseren Botschafter dort, Dr. Georg Rosen, der anders war als die meisten, die ich bei solchen Gastspielen kennenlernte, interessierter und politisch aufgeschlossener. Nach der Art, wie er den Fall Globke–Adenauer schilderte, konnte ich mir gut vorstellen, daß er, wie ich später erfuhr, im Auswärtigen Amt nicht sonderlich beliebt war.

In zwei Flugstunden erreichte man von Montevideo aus Porto Alegre in Brasilien. Hier hatte es viel geregnet, und innerhalb unserer Truppe brach eine Serie von Erkältungen aus. Der Arzt, der uns behandelte, war aus Gevelsberg in Westfalen gebürtig.

Das Leben in dieser Provinzstadt spielt sich in geschlossenen Gesellschaften ab. Einen Abend verbringen wir im Odillon-Club mit einigen deutschstämmigen Familien. Wie seltsam, Leute akzentfrei deutsch reden zu hören, die niemals in Deutschland waren. Seit vier oder fünf Generationen sind sie hier und längst Brasilianer. Eine der Töchter tanzt wunderbar Samba und Cha-cha-cha, sie sieht auch ganz brasilianisch aus. Aber plötzlich wird gesungen »Ein Prosit, ein Prosit der Gemütlichkeit!« Das musikalische Erbstück aus der Heimat der Großeltern wird vorgeführt.
Nachts um zwei gehen wir über den Gemüsemarkt, wo die kleinen Landleute in ihren Karren liegen und auf die frühe Stunde warten, um ihr Zeug zu verkaufen. Alles sieht genauso aus, wie ich es auf dem Gemüsemarkt in Tilsit vor fünfzig Jahren gesehen habe. Am wenigsten hat sich das Leben der Kleinbauern verändert, sie sind geblieben was sie waren, überall auf der Welt ...
Großzügige Gastereien werden veranstaltet, um uns zu erfreuen. Köstlich schmecken die portugiesischen Desserts. Das brasilianische Sprichwort, er ist so geizig, daß er keine Eier ißt, weil er die Schalen nicht wegwerfen kann, trifft auf unsere Gastgeber nicht zu. Man reißt sich um unsere Gesellschaft.
Sechs Tage später fliegen wir nach São Paulo. Im traumhaft einsamen Florianopolis gibt es eine kurze Zwischenlandung. Am anderen Morgen fahre ich mit dem Bus 50 Kilometer vom hochgelegenen Plateau der Stadt hinunter zum Hafen nach Santos. Phantastische Straßen und Brücken über Bergseen und Bananenplantagen. Santos vorgelagert liegt die Insel Guarujà, mit der Schildkrötenbucht, in deren prominentestem »Badehaus« wir einen Tag verbringen. Nachdem wir uns im Atlantik getummelt haben, werden die herrlichsten Schalentiere aufgetragen, die mir in meiner bescheidenen Laufbahn als Gourmet begegnet sind. Die Gastgeberin ist eine Tochter aus der Bremer Familie der Gildemeister.
Unsere Truppe hielt sich gut, allen voran die Damen. Außer der Körner und der Meysel war Brigitte Grothum noch dabei, hübsch, intelligent und sehr neugierig, und nicht zuletzt die charmante Hertha Worell, perfekte Salondame im klassischen Sinn. Dominierend aber, nicht nur auf der Bühne, Inge Meysel. Immer bereit, mit

unversnobtem Sinn die Situation aufzulockern und die Leute, Diplomaten wie Hausfrauen, mit unvermuteter Ehrlichkeit zu überrumpeln oder gelegentlich auch anzugreifen. In ihrer Umgebung konnte Langeweile nicht aufkommen.
Aber wie wenig bedeutet auf einer solchen Reise das von der Heimat her Vertraute gegenüber dem Unbekannten, dem Fremden. Der Schauspieler ist von Berufs wegen ein neugieriger Mensch. Sein Beruf erzieht ihn dazu, alles zu beobachten, alles zu durchschauen, es möglichst in der Großaufnahme kennenlernen zu wollen. Die Männer der Truppe, der ergraute Zesch-Ballot, Horst Keitel, Jan Hendricks und ich, wie hätten wir nicht neugierig sein sollen auf die unbekannte Fremde, auf die brasilianische Frau. Wir begegneten ihr bei unseren Empfängen, beim Bummel durch die Stadt, beim Sonnen an den weißen Stränden und abends nach unseren Vorstellungen in den Clubs. Es konnte einem Hören und Sehen vergehen. Das subtropische Klima, so heißt es, macht die Männer müde, die Frauen hingegen macht es berauschend schön, sie erblühen wie Träume. Besonders natürlich die vielen Arten von Mischlingen und die Schwarzen, die sich ihrer kraftvollen Natürlichkeit so sicher sind.
Man hatte uns von den Macumbas erzählt, jenen geheimnisvollen rituellen Festen der brasilianischen Schwarzen, bei denen früher Menschen geopfert wurden und an denen teilzunehmen, den Weißen heute noch verboten ist. Ursprünglich waren es Einweihungszeremonien für die an der Schwelle der Pubertät stehenden jungen Leute. Trancehafte Tänze, die bis zu drei Tagen währen konnten und mit seltsamen Orgien plötzlich endeten. Sie fanden im Freien statt, an vor der Zivilisation versteckten Orten. Bekannte von uns hatten das frisch verschüttete Blut eines Hahns und seinen in bezeichnender Weise ausgelegten, gebündelten Federschmuck auf einem einsamen Waldweg gefunden. Ein sicherer Hinweis, daß etwa dreihundert Fuß weiter in der nächsten Morgendämmerung eine Macumba abgehalten würde. Ihre Erzählung lockte unsere Neugier. Wir gingen zum ausgemachten Platz, fanden aber in der Dämmerung nur eine stumme Gruppe von kleinen Negerbuben vor, die furchtsam um das Zeichen standen. Einige

bekreuzten sich, und als wir uns näherten, stoben alle lautlos in panischer Angst davon.

Die Geschichte erzählten wir dem Deutschen Konsul, einem unternehmungslustigen Herrn von vielleicht fünfunddreißig Jahren. Er lächelte, zugleich auf eine wissende und ungläubige Art, indem er bedauerte, uns so enttäuscht zu sehen, und er versprach uns abends in einen Negerclub zu führen, wo wir macumbaähnliche Riten und Tänze als Schau inszeniert, ziemlich authentisch erleben könnten.

Der Club hieß ›Catatinha‹. Das Lokal, nicht allzu groß, war mit Tischchen vollgestellt, an denen gegessen und getrunken wurde. Ein nicht klein zu nennendes rundes Bühnenpodium befand sich in der Mitte. Als das Licht ausging und die Schau begann, hörte das Essen und Trinken wie von selber auf. Was es zu sehen und zu hören gab, war erregend, und, wie sich bald herausstellte, auf ein schwarzes Publikum ausgerichtet, das auch in der Überzahl war. Die Schau begann in gedehnt langsamem Zeitmaß, sehr umständlich und monoton und endete nach fünfundsechzig Minuten in einem rasenden Schrei. Es war keiner im Saal, der sich nicht daran beteiligt hätte. Die Tänzer waren in Schweiß gebadet, mehr noch die Schlagzeuger und Trommler. Die Hauptdarstellerin war ein etwa zwanzigjähriges hochbeiniges Mädchen, dessen Namen im Programm mit Solange angegeben war. Sie tanzte in hypnotischer Trance die Geschichte einer Brautnacht, unter Beteiligung eines ganzen Dorfes mit all seinen Typen, ohne den Versuch, mit dem Publikum zu kokettieren, auch nur einen winzigen Augenblick lang zu erliegen. Ich weiß, daß ich darüber erstaunt war.

Nachdem sich die Tänzer und Musiker erholt hatten, das dauerte immerhin fast eine Stunde, erschienen sie erfrischt und mischten sich unter das Publikum. Das Bühnenpodium war heruntergefahren worden und diente als Tanzfläche. Viele schienen sich seit langem zu kennen, und das Clubleben begann.

Ich muß sagen, daß ich überhaupt kein Tänzer bin, was Gesellschaftstanz betrifft, ich habe mir nie die Mühe gemacht, ihn zu lernen. Aber es gibt manchmal Abende, nicht allzu oft, da habe ich große Lust zu tanzen, und dann gelingt es mir auf eine mich selbst verblüffende Weise. An dem Abend hatte ich Lust. Ich forderte vom Nachbartisch eine bronzefarbene Schöne auf und schwamm sozusagen los mit ihr. Tanzen wäre für diese Tätigkeit vielleicht nicht die richtige Bezeichnung: ich schwamm vor Seligkeit, soviel Fremdes zu erleben. Immer hat mich das Fremde gereizt, und die Neugier danach hat mich oft genug geplagt. Die fremde Haut, der fremde Geruch des fremden Körpers. Im Grunde ist es ein Untertauchen wie in eine Rolle. Das Fremde als Rolle.

Als ich an dem Tisch vorbeikam, an dem Solange mit einem Schlagzeuger und einem Saxophonisten saß, winkte sie mir zu. Sie trank und winkte mir zu. Ich blieb stehen und starrte sie an. Sie setzte das Glas ab und winkte mir ein zweites Mal zu, diesmal mit weniger Aufwand, aber mit beiden Händen, zärtlich wie ein Kind. Ich muß ziemlich lange gestanden und gestarrt haben, denn als ich mich endlich nach meiner bronzefarbenen Schönen umsah, entdeckte ich sie mit einem anderen, schon wieder beim Tanzen. Jetzt machte die Band eine Pause.

Ich ging nicht zu meinem Tisch zurück, sondern versuchte den Waschraum ausfindig zu machen, und nachdem ich ihn endlich in meiner Verwirrung gefunden hatte, ließ ich Wasser über mein Gesicht laufen, während über der Innenstadt von São Paulo lautstark ein Gewitter niederging. Hagelkörner schlugen an die Toilettenfenster. Als ich zurückging in den Saal, spielte die Tanzkapelle wieder. Ich ging auf Solange zu, lächelte, ohne mich zu verbeugen, und, als sie aufstand, um mir zu folgen, zeigte Solange auf die beiden Zurückbleibenden und sagte: »Meine beiden Brüder.« Jetzt verbeugte ich mich leicht und schon halb von ihnen abgewendet.

Beim Tanzen überließ sich Solange wie eine Flaumfeder meiner Führung, und sie roch nach Apfel. Es klingt lächerlich, wenn ich sage, sie roch, wie nur ein Apfel im Norden Europas riecht, wie der Apfel in meiner Kindheit, wenn man ihn beim Frühstück aufbrach, in der Pause auf dem Schulhof. Ich weiß, daß ich während der ganzen Dauer des Tanzes nicht aufhören konnte, mich darüber zu wundern. Auf meine Frage nach ihrer Herkunft, sagte sie, ihr Vater sei Senegalneger und ihre Mutter ein brasilianischer Mischling – und sie roch nicht nach einem Parfum, sondern

nach Apfel. Ich erzählte ihr, ich sei auch Tänzer von Beruf, nur tanze ich mit Worten, das sei auf der Bühne zwar nicht leicht, aber wirksam, wenn man Kleist, Sternheim oder Molière spiele. Es war verrückt, diese Namen konnten ihr nichts sagen, aber im Zusammenhang mit dem Wort ›acting‹ schienen sie ihr doch etwas zu bedeuten. Die Berührungen, die wir miteinander hatten, waren unpersönlich und leicht wie bei professionellen Tänzern.
Ich brachte sie zu ihren Brüdern, und, obwohl ich ziemlich mißtrauisch bin, hatte ich nicht einen Moment das Gefühl, es seien vielleicht gar nicht ihre Brüder. Ich erklärte ihr so laut, daß diese Männer es hören mußten, ich würde nach der Schließung des Clubs auf sie warten, wie spät es auch werden sollte.
Nachdem zwei Stunden vergangen waren, stand ich mit Solange auf der Straße vor dem Club und versuchte, ein Taxi anzuhalten. Vergeblich, es goß noch immer in Strömen. Sie trug eine Menge Blumen, und das Papier, in das sie gewickelt waren, weichte auf. Es war keine schwüle Spannung zwischen uns, eher die geduldige Vertrautheit von Kollegen. Sie nahm mich am Arm und zog mich bis zur nächsten Straßenecke, wo ihre beiden Brüder gerade dabei waren, in einen verknautschten Cadillac einzusteigen. Solange bat sie, uns mitzunehmen, und ließ wie ein Schulmädchen meine Hand nicht los, auch nachdem wir beide mit den Blumen im Fond des Wagens Platz genommen hatten.
Jetzt erst merkte ich, daß ich das Englisch der beiden Männer viel schlechter verstand als das ihre, und plötzlich wurde mir einen Augenblick lang die Gefahr bewußt, in der ich mich befand. Wohin ging die Fahrt, und wer waren die beiden Männer wirklich? Ich dachte an eine Situation, wie ich sie im Farbigen-Viertel von Chicago erlebt hatte. Damals hatte mich die Aufmerksamkeit eines Taxifahrers, den ich gar nicht gerufen hatte, gerettet. Scharf vor mir bremsend, hielt er die Wagentür offen, gerade in dem Augenblick, als sich der Ring von Zuhältern, die mich umgaben, schließen wollte.
Die Adresse von Solange steht noch in meinem Notizbuch: 1422 Avenida Luiz Antonis. Hier stiegen wir aus, und die beiden schwarzen Brüder verabschiedeten sich von mir höflich, aber nicht besonders freundlich. Beim Gehen durch den schlecht erleuchte-

ten schmalen Flur, der nicht zu enden schien, hatte ich das letzte Mal in dieser Nacht ein beklommenes Gefühl. Was dann geschah, war wie ein ungestörter Traum.
Solange machte Licht in einem unerwartet großen Raum, der nicht tapeziert war, sondern in einer lavendelblauen Kalkfarbe gestrichen. Ein zweischläfriges Bett aus Bambusrohr war mit zimmetfarbenem Velvet bedeckt und ein niedriger Toilettentisch stand über Eck. Sie sagte, ich sollte es mir bequem machen, bei ihr würde es eine Weile dauern. Sie öffnete eine der beiden braunen Holztüren, die sich dem Bett gegenüber befanden. Ich hörte, wie sie ihre Blumen in der Küche versorgte, und sah zu, wie sie sie in mehrere Vasen auf dem Boden vor dem Toilettentisch gruppierte. Dann verschwand sie hinter der anderen braunen Tür. Ich sah mich um, eine Sitzgelegenheit gab es nicht im ganzen Raum, und so zog ich meine Kleider aus und legte sie auf den kleinen Teppich, der vor dem Bett lag. Auf dem Bauch liegend, hatte ich lange Zeit Gelegenheit, die Unzahl von Gegenständen zu studieren, die auf ihrem Toilettentisch lagen. Zwischen Kleenexschachteln haufenweise Talismanpuppen und auch Talmischmuck in allen nur möglichen Ausführungen und Variationen, Zeitschriften und Bücher. Aber auch Geld lag da in verschiedenen Währungen, Münzen und Papier. Ich wollte mich gerade erheben, um mir die christliche Madonna anzuschauen, die dort wie bei meinen Eltern in Westfalen unter einem Glassturz stand, als Solange die Tür öffnete und meine Bewegung merkend, mich mit einer zärtlichen Geste darin unterbrach. Sie war nicht wiederzuerkennen. Sie trug ein langes, weißes schleierartiges Baumwollgewand, das auf dem Rücken gebunden war. Ihr Körper darunter war schöner anzusehen als auf der Bühne, wo ich ihn in einer Szene nackt gesehen hatte. In ihren Händen hielt sie eine Schale aus billigem blauen Malachit, und erst als sie die Schale vor der Madonna niederstellte, sah ich den Inhalt und gleichzeitig ihr Gesicht: ein feiner weißer Reispuder war darin, der auch ihr schwellend schönes Gesicht ganz und gar bedeckte wie eine gemalte weiße Maske. Ich war erregt, als wenn ich in der Inszenierung eines mir unverständlichen Stückes im Traum agierte. Auf welchem Stern stand diese Bühne? Wieder

unterbrach ihre Geste meine Bewegung. Die weiße Maske kniete vor der Madonna nieder. Ich war angerührt und angewidert zugleich: ich sah im gleichen Augenblick, daß diese Glassturz-Madonna blonde Haare hatte, aus lebendem Haar geformt. Ich sah, wie sich Solange verbeugte und ihre schwarzen Hände über die Brüste kreuzte, dreimal. Ich wollte aufspringen und setzte laut zu lachen an, aber da hatte sie ihr Gewand geöffnet, und sie legte sich behutsam auf meinen Leib, schloß mir mit ihren Lippen den Mund und sagte wie eine trancehafte Beschwörungsformel wiederholt die Worte: »I want to have a white baby.«

Im ersten Morgenlicht sah ich dann ihr Gesicht neben mir wie das eines schlafenden jungen Tieres. Vom Reispuder waren nur ein paar Flecken übrig geblieben, ihre Haut war jetzt tiefschwarz.

Als sich am nächsten Mittag unsere Maschine von der Piste abhob, um uns nach Rio de Janeiro zu bringen, verspürte ich im Hals ein seltsames Würgen, und als ich abends als Theobald Maske die Bühne betrat, fiel in Sekundenschnelle mein gestärkter »Vatermörder«, den ich zum Gehrock trug, in sich zusammen wie ein Kinderkräglein: das Thermometer zeigte 42 Grad Celsius. Eine Temperatur, bei der es einem nicht gelingen will, Sprache zum Tanzen zu bringen.

Die Heimreise von diesem Gastspiel trat ich allein an. Bei der Hinreise flog ich dem Ensemble hinterher, jetzt flog ich voraus, weil meine Proben im Renaissancetheater begannen für die Berliner Festwochen. Es ging um die deutsche Erstaufführung von Terence Rattigans »An Einzeltischen«. Zwei kürzere Stücke, zwei sehr verschiedene Rollen: zuerst ein gescheiterter Politiker und danach ein verklemmter Oberst außer Diensten, der sich im dunklen Kino an ältere Fräuleins heranmacht. In beiden Partien war Marianne Hoppe meine Partnerin.

Es war meine erste Begegnung mit ihr, und es sollte nicht unsere einzige bleiben. Beide Stücke spielen in einer zweitklassigen Pension an der Südküste Englands, deren Inhaberin in unserer Aufführung mit Alice Treff besetzt war. Sie ist eine jener damenhaften

Schauspielerinnen, die es in jeder Generation und in jeder Metropole nur ganz selten gibt, elegant und gescheit. Man weiß nicht, was man bei ihr höher schätzen soll, ihre schauspielerische oder ihre menschliche Zuverlässigkeit.

Dann war da noch Annemarie Steinsiek, eine der großen alten Damen des Theaters, die vor vielen Jahren einmal am Wiener Burgtheater junge Heldinnen spielte, und die einmal als Kortners Partnerin in »Herodes und Mariamne« ihren Herodes auf der Bühne ganz außerhalb der Rolle anflehte: »Was machen wir jetzt?!« Kortner hatte ihr beim Abgang auf die Schleppe getreten und sie stürzten, beide kamen übereinander zu liegen. Das erzogene Wiener Publikum lachte nicht, aber es konnte deutlich Kortners Antwort vernehmen, sie lautete: *»Abkriechen!«*

Als unser Küken war noch Edith Hancke dabei, die Kurt Raeck und ich vor acht Jahren sozusagen als Kind entdeckt hatten, als wir sie ohne Bühnenausbildung die Hedwig in »Die Wildente« von Ibsen hatten spielen lassen. Inzwischen war sie auch als Kabarettistin erfolgreich.

Wieder stellte sich die familiäre Vertrautheit ein, die die Arbeit an einem Privattheater so beglückend machen kann. Es störte gar nicht, daß unser Regisseur Leonard Steckel, mein Briand aus dem Stresemann-Film, uns bei den Proben Papierkügelchen vor Ungeduld an den Kopf warf, wir wußten, die Schokolade, die er jetzt da unten an seinem Regiepult knautscht, wird ihn schon beruhigen.

Wie könnte es anders sein, für mich war meine Partnerin Marianne Hoppe das Erlebnis. Immer habe ich bei den Proben menschlich und künstlerisch am meisten von meinen Partnern profitiert. Wenn es in der Beziehung klappt, d. h. wenn diese Beziehung menschlich unbelastet ist von falschem Ehrgeiz, dann ist Probieren eine Lust. Man ist auch gefeit gegen die Bedrückung durch die Regie, die sich ja manchmal zu ernst nimmt und die sich gelegentlich mißverständlich äußert, die aber ein intaktes Ensemble gleichmäßig auf alle Schultern verteilt, und so zu tragen versteht.

Nun darf man sich nicht vorstellen, daß die Hoppe eine leicht zu nehmende Partnerin ist, im Gegenteil, sie ist besonders schwierig, weil sie es sich selbst so schwer macht. Sie fängt, wie alle richtigen

Schauspieler, in jeder Rolle von vorn an. Sie zerbricht sich selbst in viele Einzelheiten und setzt sich neu zusammen. Sie zergliedert die Sätze und versucht Sprache zunächst einmal als Puzzlespiel zu betreiben. Sie spricht an manchen Vormittagen einen Satz acht bis zehnmal hintereinander, das kann darum enervierend sein, weil man nicht so schnell herausbekommt, wann man denn nun selber einzusetzen hat. Alles geschieht bei ihr ohne Präpotenz, ohne Nebenabsichten, sie dekliniert erst einmal die Gefühle des Satzes durch, sie setzt die Grammatik ihrer Seele in Bewegung, sucht in der Gegenwart, aber auch in der Vergangenheit nach dem richtigen Ausdruck, und wenn sie ihn dann gefunden zu haben glaubt, kann es durchaus sein, daß sie ihn morgen wieder verwirft. Vielleicht machen diese Umwege sie zu der großen Sprechkünstlerin, die sie ist.
Auf den Proben muß man bei ihr liebend auf der Hut sein. Abends beim Spiel strahlt sie die Sicherheit des Schlafwandlers aus, und man ist in seiner Partnerposition durch nichts gestört: man erhält Antworten, die tatsächlich aus dem Augenblick kommen, frisch gefundene. Und das, denke ich, gibt die durch nichts zu verletzende Freiheit des Spiels, die spontane Produktion.
Wenn das Konjugieren mit den Nerven, das Deklinieren mit Gefühlen überhand nimmt, weiß ich ein wirksames Hausmittel: ich bitte Frau Hoppe um ein paar Sätze Mecklenburger Platt. Sofort ist die Nabelschnur wieder gefunden, und das wirkt wie eine Erlösung. Wie kommt es nur, daß dieser Dialekt an ihr so hinreißend wirkt? Das schöne großflächige, strenge Gesicht bekommt einen bäuerlichen Glanz wie vom Widerschein einer untergehenden Sonne. Man sollte auf den Schauspielschulen die Dialekte pflegen als eine Quelle der Regeneration.
Mit Marianne Hoppe habe ich auf der Bühne ein »Lachverhältnis«. Zunächst muß ich versuchen zu erklären, was das ist. Mit einem Wort gesagt, es ist eine Nervensache. Aber für die gibt es natürlich Gründe und Hintergründe. Mein erstes Lachverhältnis hatte ich als Anfänger mit Horst Caspar, es hat bis zu seinem frühen Tod angedauert. Ich suche danach, ob es nicht auch im Alltag unter Menschen, die keine professionellen Spieler sind, etwas ähnliches gibt.
Vielleicht ist in dem Verlangen, eine Fratze zu schneiden, am

Exzellenz Maske in Sternheims »1913«

Mit Friedrich Dürrenmatt bei den Proben zu »Frank V.«

Mit Samuel Beckett und Werner Stock bei den Proben zu »Endspiel«

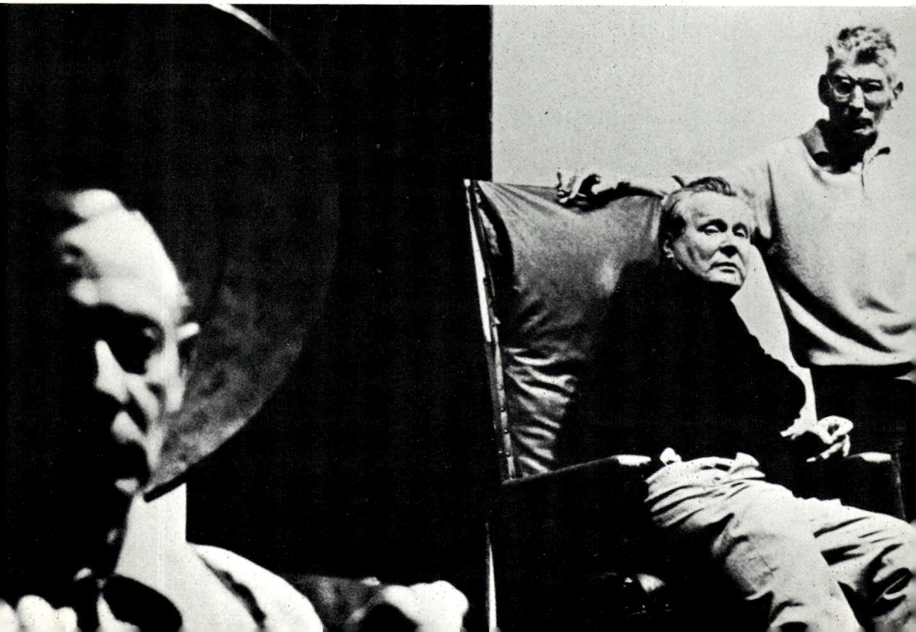

»Im Dickicht der Städte« von Bertolt Brecht. Mit Ernst Ginsberg

Tartuffe

»Beckett oder die Ehre Gottes« von Anouilh.
Als König Ludwig von Frankreich mit Erich Schellow als Beckett

Prisipkin in »Die Wanze« von Majakowski

Der blaue Boll« von Ernst Barlach

»Galileo Galilei« von Bertolt Brecht

ersten noch eine gewisse Ähnlichkeit erkennbar. Wer hätte nicht gelegentlich als Kind, und, mancher auch noch als Erwachsener, in übermütiger Laune den plötzlichen Wunsch verspürt, einem Menschen, der einem vertraut ist, oder den man besonders gern mag, die Zunge herauszustrecken? Und geschieht dies nicht seltsamerweise in Gegenwart von dritten und gewinnt man damit nicht eine Befreiung von einer Spannung, die einem plötzlich unerträglich erschien? Ich könnte mit Bernhard Minetti z. B., mit dem ich oft und gern gespielt habe, kein Lachverhältnis haben, aber ich hatte es ohne Frage mit Paul Wegener, obwohl er in meinen Anfängerjahren eher mein Gott als mein Partner war, und ich hatte es ausgesprochen intensiv mit Walter Franck. Es muß wohl abhängig sein von der gegenseitigen Vertrautheit, und natürlich ist es abhängig vom Grad der nervösen Spannung, die die betreffende Szene darstellerisch erfordert.

Sartres »Schmutzige Hände« haben Walter Franck und ich sicher hundertmal gespielt. Bei En-suite-Aufführungen ist die Gefahr, eine Szene zu »verlachen« aus Gründen der ständig wachsenden Vertrautheit (mit dem Partner nicht nur, sondern auch mit der Partitur) besonders groß. Da gibt es im letzten Drittel des Stückes die Szene mit dem Revolver, der Jüngere droht, den Parteichef zu erschießen. Zweifellos erreicht die Spannung hier ihren Höhepunkt. Wir haben diese Szene zu unserer beiderseitigen Beschämung sicher zehnmal vor dem Publikum verlacht. Wir versuchten, mit allen Mitteln dagegen anzugehen. Mit den harmloseren zunächst: dem Partner auf die Stirn, anstatt in die Augen zu schauen oder sich vorher etwas trauriges Privates vorzustellen. Dann mit einer Art Selbstkasteiung, indem man sich die Fingernägel schmerzhaft in die Haut drückt oder aber sich so krampfhaft an den Partner klammert, bis die Erregung sich verlagert. Wir haben uns vor den Aufführungen getroffen und uns Vorwürfe gemacht. Wir haben die Szene neu probiert. Nichts half. Schließlich haben wir umarrangiert, und die neuen Stellungen endlich befreiten uns von unserer Ohnmacht.

Mit der Aufführung von »An Einzeltischen« zogen wir, anschließend an unsere Serie im Renaissancetheater, durch zwanzig größere deutsche Städte und durch viele kleinere, und ausgerechnet in Walsrode, wo sich ein erwartungsvolles Publikum einfand, haben Frau Hoppe und ich die ganze Aufführung so verlacht, daß wir uns am Ende entschuldigen mußten. Einen Grund wußten wir beide nicht zu nennen. Ich glaube, die Leute dort nehmen es uns noch heute übel, und mit Recht. Gelegentlich sind Opfer fällig für das Göttergeschenk an die Schauspieler, daß Lachen und Weinen bei ihnen so dicht beieinander liegen wie bei Kindern. Die Kraft, das eine vom anderen zu trennen, kann plötzlich versagen, und kein Gebet will helfen.

Vielleicht sind die zwischenmenschlichen Beziehungen unter Schauspielern anders als die unter Nichtschauspielern. Die Aufregung, die man empfindet, wenn ein großer Schauspieler einem zuschaut, äußert sich anders, als wenn ein großer Kritiker im Parkett sitzt. Als wir auf dieser Tournee auch im Hamburger Schauspielhaus Station machten, waren Marianne Hoppe und ich aufgeregter als bei der Premiere in Berlin, denn in seiner Loge saß der Hausherr Gustaf Gründgens. Die Freude über unseren Erfolg beim Publikum, das uns an diesem Abend vor den Eisernen Vorhang rief, war kindlicher als anderswo und brachte uns den Tränen nah. Warum ist das so?

Am Abend darauf, wir hatten einen spielfreien Tag, saßen wir selber im Parkett in der Mitte der ersten Reihe und sahen dem Spiel des Hausherrn zu in seiner Rolle als Mephisto. Herrgott, war der Schauspieler Gründgens aufgeregt! Wie falsch war es, diesen Mann als »eiskalt« zu bezeichnen. Dieser Mephisto war so nervös, daß wir die ersten fünf Minuten kein Wort von ihm verstanden. Dann plötzlich, als hätte es »Klick« gemacht, als hätte sich ein Relais eingeschaltet, hatte der Mann seine Souveränität zurückerobert, und die Rolle wurde in gestochener Klarheit vorgeführt.

Nach der Aufführung gingen wir in seine Garderobe. Der abgeschminkte Mephisto, im weißen Garderobenmantel wie ein Chirurg aussehend, sprach von »seinem Konsonantensteinbruch« und wie es immer schwerer für ihn würde, eine solche Gehemmtheit zu überwinden. Eine Gehemmtheit, die sich auffällig oft bemerkbar mache, wenn Kollegen in der Vorstellung seien.

Zürcher Jahre

> Der Schauspieler ist eine Fehlgeburt, erst durch die Rolle wird er wirklich geboren. *Martin Kessel.*

Das Schauspielhaus in Zürich hat mir den Glauben an das Theater zurückgegeben.

Ich hatte im Jahre 1958 nach fast fünfundzwanzigjähriger Tätigkeit Gelegenheit, noch einmal neu anzufangen, und ich nahm sie wahr. So etwas kann man nur tun in einer gänzlich neuen Umgebung, am besten in einem fremden Land. In Zürich war alles neu für mich, stand in einem anderen sinnlichen Zusammenhang als zu Hause. Hier wurde Theater gemacht für Zürcher. Die hektische Sucht nach internationalem Theater, das in Berlin um jeden Preis, das heißt, losgelöst von den Wünschen und Erwartungen des Berliner Publikums, sozusagen aus der Retorte erzeugt werden sollte, galt hier gar nichts. Heute mag sich auch in Zürich einiges geändert haben, damals kamen viele günstige Faktoren zusammen. Eine übersehbare, nicht überorganisierte Stadt und im Parkett eine im großen und ganzen noch übereinstimmende Gesellschaft, die vor allem eben »Freunde des Schauspielhauses« waren. Ein Theater, das schon aus wirtschaftlichen Gründen ohne den in Deutschland üblichen Wasserkopf der Verwaltung auskommen mußte und in dem der Schauspieler sich mit Recht als Mittelpunkt fühlen konnte. Eine geistige, der Zeit in ihren Strömungen verbundene Dramaturgie: Kurt Hirschfeld. Und der ausschlaggebende Glücksfall, daß die beiden bedeutendsten Stückeschreiber deutscher Sprache damals persönlich auf dieser Bühne mitarbeiteten: Friedrich Dürrenmatt und Max Frisch. Kein Wunder, daß bei solchen Voraussetzungen für die Entstehung einer Aufführung

sich auch die Theaterkritik als zuständiger erwies, als ich das aus Deutschland kannte. Es ging ihr immer um die Sache des Autors und nicht um Sensation oder gar um Personalpolitik. Man akzeptierte zunächst einmal das, was da war, und verstand abzuwägen, was mit den vorgegebenen Mitteln erreicht worden war.
Mit einem Wort, es war das Theater, von dem wir träumten, damals, als ich mit Inge Thiesfeld das Bochumer Theater mit seinem überlebten Formalismus verließ.
Ich fühlte mich wie eine Forelle, die im Trüben gestanden hatte und nun versetzt war in einen Gebirgsbach. Ich fühlte mich verjüngt.
Zunächst einmal tat die Ruhe gut. Alle Menschen hatten Zeit für einander, in den Geschäften, im Theaterbüro, beim Anprobieren des Kostüms auf der Schneiderei. Erst jetzt wurde mir wieder klar, daß die wichtigste Voraussetzung für das Theaterspielen Ruhe ist, ja Stille um den Schauspieler herum. Nicht die sterile, fast panische Stille hochgespannter Erwartung, wie ich sie in amerikanischen Filmateliers kennengelernt hatte, sondern Stille ohne Überintensität. Einfache vertrauensvolle Stille. Nur so kann man plötzlich den Quell in sich selber murmeln hören, der einen dem Lauf der Rolle folgen läßt, ohne äußere oder äußerliche Beeinflussung. Man muß die Passivität aufbringen, sich von sich selbst überraschen zu lassen, darin gipfelt meine Erkenntnis von diesem Beruf, und nur, wenn das gelingt, empfindet man jenes Glücksgefühl, das zu erleben man zur Bühne gegangen ist, um dessentwillen man bereit und auch fähig ist, die immer neue Mühsal des Textlernens sowie die gelegentlichen Demütigungen der Person zu ertragen. Schon nach kurzer Zeit hatte ich in Zürich diese Ruhe in mir.
Nach einer geglückten Probe zum Dritten Richard von Shakespeare war ich so erfüllt von Ruhe, daß ich mit der größten Selbstverständlichkeit mittags bei Stoßverkehr vor dem Schauspielhaus am Pfauen meinen Wagen wendete ... auf der Einbahnstraße. Der Ordnungshüter, der hinzutrat und mir gestisch bedeutete, ich möchte mein Wagenfenster herunterkurbeln, mußte annehmen, ich hätte den Verstand verloren. Aber da war ja diese Ruhe in mir, und die muß so stark gewesen sein, daß sie auf ihn ausstrahlte. Als

er sein Gesicht zu mir in das Fenster steckte, hörte ich ihn sagen: »Was Sie da eben an Automobilistik geleistet haben, war nicht sehr überzeugend.« Ich fand den beruhigend normalen Probenton fortgesetzt, den Leopold Lindtberg eben auf der Bühne hatte herrschen lassen.

Es war eine glückliche Zeit. Lindtberg brachte mir Vertrauen entgegen, ich durfte auf mich selber hören, und alles wurde leicht. Es war eine gedeihliche Luft auf diesen Proben. Spielen war plötzlich ein Beruf, den man ausführte wie eine andere Tätigkeit, ohne Hysterie, ohne alle die Nadelstiche, die jeder dem anderen zufügt, wenn die Voraussetzungen zum Spielen nicht stimmen. Wenn die Besetzung der Rollen nicht stimmig ist, wenn der Regisseur etwas anderes will, als der Autor gemeint hat, wenn einfach nicht alle miteinander harmonisieren. Lindtberg störte die Entwicklung der Figur vor allem nicht durch vorzeitiges Lob. Ein Lob zu früh oder im falschen Moment ausgesprochen, kann alles verderben. Man muß auf den Proben wie ein Handwerker auf das Herstellbare vertrauen. Spannungen, Zärtlichkeit, Haß, alle Art von Gefühlen, ja selbst »Dämonie« muß auf den Proben herstellbar sein. Alles muß eine Sache der gegenseitigen Verabredung werden. Dann erst wird aus der oft genug privaten hysterischen Allüre ein Beruf. Die Stellungen müssen stimmen, wenn der richtige Ton, die richtige Geste gefunden werden soll. Der Kammerdiener muß sich richtig benehmen, wenn der König ein König sein soll. Dem Opfer muß ich Furcht glauben, wenn der Mörder überzeugen soll.

Mein Leben lang habe ich mich nach Theater als Beruf gesehnt, meistens vergeblich. Auf die Gnade, auf das Außersichsein kann man nicht rechnen, auf das so leicht gesagte Übersichhinauswachsen. Das kann abends unter gutwilliger Mitarbeit der Zuschauer zustande kommen, spekulieren soll man nicht darauf.

Während der Proben dachte keiner von uns daran, wie die Premiere wohl ausfallen würde. Es schien niemanden zu interessieren. Es gab nicht dieses schreckliche Losrennen auf ein Ziel. Manchmal hatte man das Gefühl, diese Premiere würde überhaupt nicht stattfinden. Alles war nach allen Seiten offen. Vieles blieb unausgesprochen. Es waren plötzlich Voraussetzungen vorhanden, wie man sie in einem langen Theaterleben vielleicht drei oder viermal erlebt. Die immer als Klippe des Stücks empfundene Szene, Richards schamlose Liebeswerbung um Königin Anna am frischen Grab des von Richard gemordeten Gatten, wurde nicht zerredet, wurde in ihrer Kühnheit durch kein Zitieren von Sekundärliteratur belastet. Auf diese Weise konnte etwas von der grausigen Naivität des Renaissancemenschen freigelegt werden.

Als es an die Ausstattung ging, hatte auch der unvergleichliche Teo Otto diese Lässigkeit, die alles gedeihlich machte. Und man muß hinzufügen, der sparsame Etat dieses Theaters, das seine Mitarbeiter gut bezahlte, aber so gar kein Geld für kostbare Bühnenbilder und Kostüme besaß, war etwas Positives, das unserer Arbeit zum Vorteil gedieh. Auch Teo Otto hielt sich an das Herstellbare. Aus Dreck Gold machen, das war seine Devise. Er hat es oft genug ausgesprochen und es in seinen besten Arbeiten wahrgemacht. Auf diese Weise wurde uns jene Enttäuschung erspart, die bei jeder Inszenierung einen Rückschlag an Phantasie bedeutet, der nur selten wieder eingeholt wird. Ich meine den Moment, wo man zum erstenmal das Kostüm anzieht, mit fremdem Haar auf dem Kopf durch Räume schreitet, die man sich ganz anders vorgestellt hat. Wir Schauspieler zogen nur Gebrauchtes aus dem Fundus an und konnten es selbst mit aussuchen. Das Bühnenbild war einfach und praktisch, man konnte das Hergestellte darin vorzeigen.

Nachdem mir Lindtberg auch nach der Generalprobe noch kein »pauschales Kunsturteil« verkündet hatte, kamen Zweifel in mir auf, die aber kaum in mein Bewußtsein traten und die ich jedenfalls ohne zu grübeln, bei einem ausgedehnten Spaziergang durch das verschneite Zürcher Oberland vergessen konnte.

Am Premierenabend erwies sich die Aufführung als so locker und luftig, daß der Autor zu atmen Raum hatte. Es war Shakespeares Stimme, die sich in uns erhob. Ich hörte deutlich sein Organ, das ich doch gar nicht kennen konnte. Aber ich wußte, daß es seine und keine andere Stimme war, die ich hörte, und ich hörte sie ganz deutlich aus mir heraussprechen. Ich war mir selber fremd, und das war wie ein Rausch.

Als schon nach dem ersten Monolog des Richard Applaus überfallartig auf die Bühne heraufscholl, nahm ich ihn zwar wahr, aber ich fühlte mich in nichts unterbrochen. Ohne Zweifel galt dieser Applaus einer anderen Person. Jedenfalls keineswegs derjenigen, die ich augenblicklich war. Ich war Richard, ich war nicht von heute und nicht aus Zürich, ich war von weit her . . .

»Sein Richard glitzert von Fäulnis, irrlichtert wie ein Sumpf, und hat dabei die Treffsicherheit eines Akrobaten. Atemlos folgt man diesem Spiel, und der Beifall, der ihm schon sehr früh gespendet wurde, hatte etwas von einer befreienden Reaktion: *nicht* zu klatschen, hätte man nicht länger ausgehalten, aber man hätte ebensogut brüllen oder stampfen können. Die Verführungsszene der Anna – ein nie übertroffenes Wagnis: völlig glaubhaft wurde sie, unvermeidlich notwendig. Die Virtuosität des Bösen bildete sich fugenlos ab in der Virtuosität des Könnens.« (Elisabeth Brock-Sulzer.)

»Seine Wandlungsfähigkeit ist erstaunlich, erschreckend fast, denn sie verändert die Persönlichkeit, sie scheint geradezu die Seele des Mannes zu verwandeln. Und dazu welches Handwerk, welche souveräne, nicht mehr spürbare Beherrschung der Mittel.« (Gody Suter.)

Wenn ich heute, nach fast zwanzig Jahren, die Presse über diese meine Rolle lese, muß ich darauf bestehen, daß sie nicht mir gilt, sondern daß da jemand aus mir heraussprach, dem man den ihm zukommenden Platz gelassen hatte, dem ich nur meine Körperlichkeit lieh, der Dichter selbst.

Ich hatte ein handwarmes Geschenk erhalten aus den Händen eines, der länger als dreihundert Jahre tot ist, darin lag die Beglükkung. Ein so reichmachendes Geschenk darum, weil es Stolz in Demut verwandelt.

Noch einer außer mir hat das an jenem Premierenabend gespürt, der Maskenbildner des Schauspielhauses, Ernst Messerli. Daß es der Maskenbildner war, der das spürte, ist gewiß kein Zufall. Er war schließlich der Vermittler der Verwandlung gewesen, hatte als solcher einen direkten Zugang zu der entstandenen Figur als der von mir abgetrennten zweiten Person. Aus dieser Erkenntnis heraus übernahm er noch eine andere Vermittlung: meine Rückführung in die Wirklichkeit.

Nachdem nämlich die festlich gekleideten Gratulanten, deren Lobreden er mit angehört, meine Garderobe verlassen hatten, sah er in mein nun abgeschminktes, leeres Gesicht, hatte einen Stubenbesen in der Hand und lehnte ihn an meinen Schminktisch nach den folgenden Worten: »Wenn Sie dann fertig sind, fegen Sie hier bitte aus.«

Messerli fühlte deutlich, hier mußte etwas witzig Normalisierendes geschehen. Ich hätte ihn umarmen mögen, so dankbar war ich. Jetzt konnte ich mich des Erfolges freuen.

Die Erbsünde der Schauspieler ist die Eitelkeit. Sind sie ihr einmal verfallen, erreichen sie nie wieder die Unschuld für neue Verwandlungen.

Der Aufenthalt in Zürich während der Gastspielmonate hatte immer etwas Heilsames für mich. Nach dem Leben in Berlin, München oder Wien kam Zürich mir klein vor, überschaubar. Es war gleichzeitig mehr oder weniger, größer und kleiner als Berlin. Es war ein Weltdorf. Die Begegnungen mit Thornton Wilder z. B. fielen anders aus als in Berlin. Alles war privater, man kam zu einem echten Gespräch. Die Proben wurden unterbrochen, wenn Wilder im Haus erschien. Man hatte Zeit für Scherze. Man kochte in der Probenpause so um zwölf Uhr herum gemeinsam eine Kleinigkeit. Es gab die schätzenswerte Gelegenheit, in dem kleinen Delikatessenladen, der überm Hof lag, nicht nur einzukaufen, sondern das Gekaufte in der dahinterliegenden Küche auch zuzubereiten. Bei diesen gemeinsamen Vespern sprang künstlerisch manchmal mehr heraus als auf der offiziellen Probe. Ein Gläschen Wein lockerte den Krampf. Man lernte den Partner nicht nur besser kennen, man lernte seine Schwächen verstehen. Es wurde einem warm ums Herz, man war zu Hause in diesem Ensemble. Wichtigtuerei kam gar nicht auf oder wurde verlacht. Ein Theater, nach dem man Sehnsucht verspürt, wenn man darüber spricht.

In dem kleinen Küchlein nahm Dürrenmatt entscheidende Änderungen an seinen Stücken vor, während er vielleicht eine Servelat briet oder eine Suppe warm machte. Während ruchlos aneinander Kritik geübt wurde, hielt einer dem anderen die Gabel zum Kosten

vor den Mund. Das war kein Staatsheater, es war ein familiäres Theater.
Ich denke an die Probenzeit für die Uraufführung der Komödie von Max Frisch »Biedermann und die Brandstifter«, die dem Schauspielhaus so viel Ruhm einbrachte wie dem Autor. Wir gastierten damit in Paris, in Brüssel und Wien und an anderen Orten. Vielleicht hätten wir die großen Eß-Szenen, die darin vorkommen, nicht so humorvoll spielen können, ohne unsere gegenseitige Vertrautheit, die wir in unserem gemeinsamen Küchli erworben hatten.
Auch das Restaurant im »Pfauen« hatte Anteil an unserer Geborgenheit. Ein jeder trank morgens seinen Kaffee am Stammtisch der Bühnenarbeiter, alle von der Direktion bis zur Kasse, ein paar traf man immer dort. Während der Abendvorstellung holte einem der Garderobier ein Bündnerfleisch oder ein Roastbeef für die Pause, zwei Zehntel Johannisberger oder einen Hallauer.
Aber noch etwas anderes trug zum Wohlbefinden bei. Es ist so wesentlich, daß es nicht vergessen werden darf. Alle Spitzenspieler bekamen die gleiche Gage ausgezahlt, das wußte man untereinander, und vor allen Dingen, es stimmte wirklich und wurde strikt so gehandhabt. Als eine prominente Kollegin einmal mehr haben wollte, war man zu seinem Bedauern gezwungen, sie nicht wieder zu engagieren. Und über Mangel an Prominenz konnte man sich nicht beklagen. Ich zähle nur einmal die Namen auf, die mir gerade einfallen: Therese Giehse, Gustav Knuth, Maria Becker, Walter Richter, Marianne Hoppe, Ernst Ginsberg, Willy Birgel, Heidemarie Hatheyer, Will Quadflieg, Sonja Ziemann, Wolfgang Reichmann, Leonard Steckel, Mathias Wieman u. v. a.
Wieviel Unruhe in einem Ensemble wird durch eine solche Gagenmaßnahme von vornherein vermieden. Freilich gehört eine gute Portion Selbstbewußtsein von seiten der Direktion dazu, das durchzuhalten. Und natürlich mußte sie einiges zu bieten haben an künstlerischen Aufgaben. Die vielen Uraufführungen in jenen Jahren übten eine magnetische Kraft auf die Schauspieler aus, was wiederum beweist, daß Schauspieler durchaus nicht nur am Gelderdienen interessiert sind.

Es geht mir mit dem Theater so wie mit der Küche eines Landes. Je sorgfältiger sie die Landesspezialitäten pflegt, je natürlicher und heimatlicher sie ist, um so mehr hat sie Aussicht, international ernst genommen zu werden. Die deutsche Küche z. B. ist wie das deutsche Theater zur Zeit nicht sonderlich deutsch.
Ich habe auf einer Tournee in den kleinen Städten meiner westfälischen Heimat meistens vergeblich nach Grünkohl mit Mettwurst oder nach dicken Bohnen mit Speck gefragt, es gab immer nur Toast Hawai oder Balkanspezialitäten. Internationale Küche ist doch nichts anderes als eine nationale Küche, die besonders speziell und besonders qualitätvoll ist, zwei Faktoren, die allein internationalen Rang verleihen. Seit ich in drei Ländern zu Hause bin, in Deutschland, Italien und in der Schweiz, kann ich die Klagen vieler Ausländer, die deutsche Küche sei nicht mehr gut, einigermaßen verstehen. Man muß weit fahren, um einen zarten Matjeshering zu finden, den es außer in Holland doch sonst nur bei uns gab. Warum ist das so? Haben wir kein Vertrauen mehr zu uns und darum auch keins zu frischem Wirsing mit Rindfleisch, zu einer Lammkeule, die in Buttermilch gelegen hat? Die italienische Küche hat wie der italienische Film Weltruf. Mit Recht. Beide sind in der Tat sehr italienisch und beide sind sehr gut. Nicht von ungefähr sind die kleinen Landgaststätten in der Schweiz so gut wie in Italien: sie wollen nicht mehr bieten als sie können. Sie bieten unverfälscht das an, was an Ort und Stelle wächst. Die berühmte toskanische Küche ist so gut, weil sie Heimatküche ist, ganz und gar nicht »raffiniert«.
Um im Bild und beim Theater zu bleiben, das Geschnetzelte mit Rösti, welches in Zürich serviert wurde, war von internationaler Qualität. Und das Schauspielhaus war mindestens so gut wie die »Kronenhalle«. Wer das Restaurant aus seiner besten Zeit kennt, weiß, was das heißt. Die Kronenhalle hatte wie das Schauspielhaus auch künstlerisch eine Tradition. Hier hängen nicht nur die Bilder von Braque, Chagall und Picasso in Originalen an den Wänden, hier trafen sich diese Künstler auch. Hier hatte James Joyce seinen Stammplatz, hier kehrte auch Thomas Mann ein. Hier surrten die Fernsehkameras nach den Uraufführungen von Brecht und Wil-

der, Frisch und Dürrenmatt. Hier trat einem die Besitzerin Hulda Zumsteg entgegen, wie Varlin sie gemalt hat, halb Regierende Fürstin, halb Irre von Chaillot. Hier wurden aber auch die Schauspieler schon verwöhnt, als ihre Gagen noch so bescheiden waren, daß sie sich die Kronenhalle eigentlich nicht leisten konnten.
Im Café gegenüber, im Odeon, das es leider nicht mehr gibt, trafen sich die Intellektuellen aus der ganzen Welt, schrieben, oder sie lasen Zeitungen. Alle fühlten sich zu Hause in dem Weltdorf Zürich, das unverändert war wie zu den Zeiten, als es Büchner und Lenin beherbergt hatte.
Dem Weltdorf Zürich machte ich bald meine Liebeserklärung auf ebenso hartnäckige wie zeitraubende Weise. Ich begann Ausschau zu halten nach einer festen Bleibe, einem kleinen Atelier, das ich ausbauen könnte, und sei es eine Scheune in der ländlichen Umgebung. Eines Tages hatte ich Glück. Ich konnte einer Schuhmacherswitwe im Zürcher Oberland einen Hausteil abkaufen in einem sogenannten Flarzbau, in dem seit Generationen mehrere Bauernfamilien nebeneinander unter einem Dach gehaust hatten.
Das Teil war nur fünf Meter breit, aber doch dreizehn Meter tief. Die rechte Behausung für einen Handwerkersohn, der auch beim Theater auf das Herstellbare vertraute. Dort wohnte ich mit Gesa zunächst mehr schlecht als recht, was unsere damals vierjährige Tochter Joschi zu der Bemerkung veranlaßte, dieses Hotel gefalle ihr aber gar nicht. Wir ließen von den Handwerkern des Dorfes ein Bad einbauen, und dem Malermeister zeigte ich die farbige Abbildung eines Gemäldes von Matisse, um ihn zu überreden, unsere Wohnstube malvenrosa anzustreichen, so daß es zu dem Grün des alten Kachelofens passend wäre wie auf dem Bild. Als dann die ersten Bratäpfel in der Röhre dufteten, gefiel es auch Joschi in ihrem neuen Elternhaus. Die Stube war so gemütlich, daß man nie ins Bett wollte und noch ein Glas mehr von dem leichten Landwein trank, den es bei der dörflichen Genossenschaft so vorteilhaft zu kaufen gab. Und weil die Anwohner Zeuge wurden, wie wir unsere Küchenmöbel selber anstrichen und den Eingang des Häuschens mit roten Tonplatten auslegten, ja, wie uns unser

Auto, der Jaguar, nicht zu schade war, eines ihrer Schafe darin zu transportieren, nahmen sie uns an, und wir gehörten dazu.
Das hört sich nun alles idyllisch an, nach ländlicher Einfachheit. Es war aber eben nicht Gesundheit und innere Ruhe, die mich dazu trieb. Es war wie immer in solchen Fällen Unruhe und Überreiztheit. Überspanntheit, die ich selber fühlte, es war Flucht aus einer Wirklichkeit, die eben eine Scheinwirklichkeit war, eine vorgespielte. Ich wollte mich selbst nicht wahrhaben in der Als-Ob-Welt des Theaters, ich hatte immer wieder den Drang in die hiesige Gewöhnlichkeit. So wie die freie Natur mein notwendiges Regulativ bedeutete, so floh ich mit meinen persönlichen Spannungen in die Familie und gemeinsam mit ihr in eine Art bäuerlichen Daseins, was ja nun seinerseits auch wieder gespielt war. Ein unentrinnbarer Teufelskreis, ein Labyrinth, dessen Ausweglosigkeit mich zwang, immer wieder zu hasten von Premiere zu Premiere, von einer Rollenfiktion in die andere. Das Aufleuchten eines neuen Zielpunktes, in dem Moment, wo der angestrebte gerade erreicht ist: die durch nichts zu beschwichtigende innere Unruhe. Eigentlich eine ständige Flucht vor mir selbst. Vielleicht war mein körperliches Gefäß zu schwach für den theatralischen Inhalt, vielleicht war der Inhalt zu explosiv, meine Kraft zu schwach, ihn zu bändigen, ich weiß es nicht.
Meine vielen Tätigkeiten außerhalb des Theaters, die praktischen z. B. oder die immer wieder neuen Versuche, zu malen, zu schreiben: Fluchtversuche in eine vorgestellte Normalität. Ich kaufte mir immer wieder allerlei Handwerkszeug, und ich stellte damit auch allerlei her. Freunde fragten, wann um Gotteswillen hast du die Zeit dazu. Manchmal genügte es mir auch, ein Handwerkszeug zur Beruhigung in die Hand zu nehmen, ich liebe ein gutes Handwerkszeug.
Ich darf nicht vergessen, daß ich fünfundzwanzig Jahre von einer Bühnenrolle in die andere glitt: da heißt es, Trennschärfen exakt einhalten und die Kondition dafür durch zusätzliche Übung bewahren. Das bedeutet aber auch täglich mindestens vier Stunden Textarbeit, lernen und wieder lernen.
Ich darf nicht vergessen, daß ich in diesen Jahren in mehr als

vierzig Filmen Hauptrollen spielte, sozusagen nebenbei, bis auf den Stresemann-Film, der nun wieder brauchte mich auf radikale Weise ein ganzes Jahr. Immer wieder waren Reisen nötig, zu den Filmateliers, zu den Rundfunksendern. In solchen Situationen mußte ich an den Komiker Max Pallenberg denken, der einmal gefragt wurde: »Wo sind Sie denn am liebsten, Herr Pallenberg?« und der überreizt antwortete: »überall ein bißchen ungern!« Das traf es genau.
In den früheren Jahren war ich auch noch in der Synchronisation tätig, als Texter, als Regisseur und Sprecher. Ich sprach für Charles Laugthon, Spencer Tracy, Edward G. Robinson. Sehr bald gab ich diese Arbeit ganz auf, weil ich sie als unfruchtbar empfand. Ich, der ich so gerne zu Hause bin, nirgendwo lieber als in der Familie, war eigentlich ständig unterwegs, ich könnte die tausend Hotelübernachtungen und die tausend Flüge gern in meinem Leben missen. Ich darf nicht vergessen, daß es ja keinen Festtag, keinen Sonntag, kein Weihnachtsfest für die Familie gab, an dem ich nicht arbeitete. An Weihnachtstagen waren meistens zwei Vorstellungen zu spielen. Ich habe oft gewünscht, der englische Brauch, die Theater einmal in der Woche geschlossen zu halten, möge sich auch bei uns durchsetzen.
Den Höhepunkt solcher das Gemüt und die Gesundheit gefährdenden Tätigkeit will ich nicht verschweigen. Es waren zwei Monate, in denen ich drei oder viermal in der Woche in München den Wallenstein abwechselnd im Ersten und Zweiten Teil spielte und an der Deutschen Oper in Berlin täglich als Regisseur die »Elektra« von Strauss probierte. Damit nicht genug. Die Salzburger Festspiele waren noch nicht zu Ende, und so hatte ich dort sonntags vor dem Dom den Jedermann zu spielen. Da ich das besonders gern tat, war dieser Jedermann in jener Zeit meine eigentliche Erholung. Die wiederum wurde durch das kaum zu lösende Transportproblem zunichte gemacht. Der tägliche Linienflug Berlin–München mußte durch eine Privatmaschine ergänzt werden, die dafür sorgte, daß ich nach der »Jedermann«-Vorstellung abends von Salzburg noch nach München kam, damit ich am nächsten Morgen die erste Maschine wieder nach Berlin erreichte,

um rechtzeitig auf der Opernbühne zu sein. Kein Wunder, daß man eines schönen Tages einfach nicht mehr will, zumal durch die Progression der Besteuerung nicht auf höheren Gewinn, wohl aber auf Einbuße an Gesundheit zu rechnen ist.
Es gibt aus dieser Zeit eine Tagebucheintragung von mir, die in diesen Zusammenhang hineingehört. »Der Leistungszwang ist eine Pression, der sich der Schauspieler nachdrücklich ausgesetzt fühlt und der er sich zähneknirschend zu beugen hat. Das ist das Zwiespältig-Altmodische, wenn man so will, auch das Archaische an diesem immer noch Domestikenberuf. Und keine Revolution wird ihn befreien; solange er für Geld seine körperliche, ja seine geschlechtliche Gegenwärtigkeit verkauft, ist er wie eine Prostituierte, aber teuflischerweise eine männliche, die sich nicht erlauben kann zu schwindeln, die sich zur Potenz gezwungen fühlt, aus triebhaft blinder Selbstüberzeugtheit, die nichts anderes bedeutet als Selbstvernichtung. Die Luxuspuppe hat sich frisch zu halten! Fürs Eintrittsgeld mag der Schauspieler Druck verspüren bis in sein Schlafzimmer hinein. Ist dies schon Wahnsinn, hat es doch Methode.«
Und zwei Seiten später findet sich der Satz: »Ich wußte es immer, Theaterspielen ist ein extrem weibliches Phänomen.«
Der Mann als Schauspieler, der Schauspieler als Mann, man kann lange darüber nachdenken, es gibt keine Perspektive, die zu einer einleuchtenden Erklärung führt, es sei denn zur Verzweiflung. Die notorische Trunksucht der großen Männerspieler gehört vielleicht hierher.
Der ständige Konflikt mit mir selbst, in dem ich lebte und lebe, erfuhr in den Zürcher Jahren allerdings eine Beschwichtigung. Der Rat meines Freundes Kurt Hirschfeld, Frieden zu machen mit mir selbst, jedenfalls immer wieder den Versuch dazu zu unternehmen, half mir, meine Unruhe wenigstens zeitweise zu betäuben. Hierbei fällt mir ein, seltsam in diesem Zusammenhang, daß Kurt Hirschfeld der einzige Theatermensch ist, den ich meinen Freund nennen möchte. Alle anderen Freunde waren Männer oder Frauen aus anderen Berufen, zu denen ich auch Ludwig Berger zählen darf, der sich schon vom Theater zurückgezogen hatte, als ich mit ihm

befreundet war. Hirschfeld war eben ein Theatermann, mit dem man nicht nur über Theater sprechen konnte. Sehr ergiebig z. B. über Bilder, über Maler und Bildhauer, über fremde Länder, über das Essen, vor allem aber über Philosophie. Da waren seine Kenntnisse beneidens- und bewundernswert. Er hatte alle Neuerscheinungen wirklich gelesen, nicht nur quer. Er war auch ein praktizierender Psychologe, er wußte, wie man Schauspieler zu behandeln hatte. Als Emigrant wußte er aus Erfahrung, wie verletzlich der Mensch nun einmal ist.

Für mich begann der Tag, wenn Hirschfeld angerufen hatte, was er jeden Morgen tat, dann erst war für uns beide das Geschäft des Tages überschaubar geworden. Abends begann ich mich erst zu schminken, wenn er in der Garderobe gewesen war. Dann konnte es wohl vorkommen, daß er sagte: »ich seh dir's an, du hast heute keine Lust, ich werde dir mal ein bißchen in den Arsch treten.« Das tat er spaßeshalber, und ich war guter Laune. Er verstand etwas vom Ausgleich zwischen dem Ideellen und der Wirklichkeit. Jedem Schauspieler einen Direktor gewünscht, wie ich ihn damals in Hirschfeld hatte. Er besaß Verständnis nicht nur für die wahnartige Verfolgungsangst des jüdischen Schauspielers, er begriff auch das Trauma dessen, der während der Kriegsjahre in Deutschland gelebt hatte und nun plötzlich in einem Ensemble von Emigranten stand.

Er sah sich aufmerksam und mit mir gemeinsam Deutschland aus der Ferne an und sprach wohltuend unverkrampft darüber mit seinem scharfen hannoverschen Akzent, der in der Schweiz besonders preußisch tönte. Als ich ihn drei Tage vor seinem Tod in der Klinik in Bad Wiessee besuchte, verabschiedeten wir uns voneinander. Der krebskranke Mann hatte zwei Stunden gebraucht, um sich anzukleiden, aber angezogen wollte er unbedingt sein. Es war ein Abschied. Es war der Abschied von einem Freund als der einzigen moralischen Instanz, die es gibt unter Zeitgenossen.

Was er für mich und auch für meine Familie bedeutet hat, konnte ich, als er tot war, in den Augen meines erwachsenen Sohnes lesen. Sebastian weinte hemmungslos an Hirschfelds Grab und konnte sich gar nicht wieder fassen. Für Sebastian, der jetzt seit zwanzig

Jahren in der Schweiz lebt, war mein Engagement in Zürich von lebensentscheidender Bedeutung geworden. Er hatte gerade in Berlin sein Abitur hinter sich gebracht und studierte nun Architektur an der ETH. Auch meine Tochter Christiane begann mit ihrer Ausbildung zur Schauspielerin in Zürich, nachdem sie Maria Becker vorgesprochen hatte. Sie nahm einen verblüffend steilen Weg in ihrer schauspielerischen Entwicklung, eine Karriere, die sie nach nur zwölf Jahren ebenso verblüffend und entschlossen selber abbrach: die beunruhigte Tochter eines unruhigen Vaters und einer ebenso beunruhigten Mutter.
Joschi, unsere Jüngste, besuchte als Erstkläßler die Gemeindeschule in Egg. Durch das Fernglas konnten unsere Augen sie auf dem Schulhof in der Pause suchen, wenn wir am Fenster unserer rosafarbenen Stube standen und Sehnsucht nach ihr hatten. Da stand sie die ersten Tage sehr verloren. Nach drei Wochen begann sie Züridütsch zu sprechen und fühlte sich zu Hause.

Aus den Zürcher Jahren ist von fünf Uraufführungen zu berichten und von dem Versuch, einen Film zu machen.
Zunächst bekam ich ein freundliches Briefchen von Max Frisch aus Männedorf am Zürichsee, in dem er mich einlud, in seiner Komödie »Biedermann und die Brandstifter« den Ringer Schmitz zu spielen. Bei der ersten Besprechung in seiner Wohnung im Haus zum Langen Baum spürte ich die Nüchternheit, die alle Arbeit mit Frisch in die Nähe Brechts rückt. Hier war es wieder, das Vertrauen auf das Herstellbare. Klare Sicht auf das Ziel und Wissen um die Mittel. Unverschmockt. Wir aßen eine Kleinigkeit zusammen, schnitten exakt Tomaten in Scheiben, und Frisch sprach wie ein Ingenieur – er hatte gerade erst seinen Architektenberuf aufgegeben – über das Gelenk einer Szene im Zusammenhang zum Thema, und wie und warum es zu funktionieren habe.
Vielleicht erleichterte unser beider ähnliches soziales Herkommen den vorurteilslosen Arbeitsansatz, der mir bei allen zukünftigen Arbeiten mit diesem Autor erhalten blieb. Eine Art von Brüderlichkeit. Wohltuend.
Erst viel später sollte ich seine Gefährdungen, seine Selbstanklagen

und -verfolgungen kennen lernen, die mir bekannt vorkamen und die zu überwinden ihm keiner helfen konnte. »Ich werde eines Tages meinen Sarg noch selber tragen müssen.« Dieser Satz wurde von Frisch aus einem eher geringen Anlaß heraus gesagt. Das macht hellhörig. Was hat der melancholische Visconti vor seinem Tod gesagt, er, der aus seiner Veranlagung heraus kein Kläger in eigener Sache sein mochte? »Der Weltuntergang steht bevor, Mann und Frau verstehen sich nicht mehr.«
Frisch machte für die Uraufführung auch das Bühnenbild und war auf allen Proben dabei. Gustav Knuth spielte den Biedermann, und Boy Gobert war mein Brandstifterpartner. Oskar Wälterlin, der Regisseur, hatte den echten Basler Humor für den selbstmörderischen Bürger, der sich Brandstifter ins Haus lädt und aus seinem schlechten Gewissen heraus so vorzüglich bewirtet. Hier wurde zum richtigen Zeitpunkt eine sehr europäische Situation im Gewitterlicht gezeigt. Auf den Proben wurde es uns klar, daß dem Autor eine klassische Komödie vom Ausmaß Molières gelungen war. Endlich hatten »Minna von Barnhelm« und »Der Zerbrochene Krug« noch einen Gefährten in deutscher Sprache. Der Erfolg des Stückes ist bekannt. Der der Uraufführung war ungewöhnlich. Sie wurde u. a. auch nach Paris eingeladen, um beim »Theater der Nationen« gezeigt zu werden.
In Paris spielte ich meinen Brandstifter unter schlimmen Schmerzen, den Rücken voller Brandwunden. Das Übergreifen meiner Rollen in den privaten Alltag habe ich auf viele Art erlebt. Es gab unter Berliner Schauspielern in den sechziger Jahren eine Redensart: wenn S. morgen für eine Rolle grüne Haare braucht, wachsen sie ihm über Nacht. Was war geschehen?
Ich fuhr zu dieser Zeit einen Triumph TR3, für den schweren Motor übrigens einen viel zu leichten Wagen. Mit Paris als Ziel preschte ich über die Autobahn Basel–Frankfurt. Weil es Sommer war, hatte ich nicht nur den Hardtop des Wägelchens, sondern auch die Seitenteile abmontiert. Durchschnittsgeschwindigkeit 160 Stundenkilometer. In der Höhe von Offenbach etwa, rieche, oder besser, schmecke ich Rauch. Faulig, süßlich. Ich denke, die verbrennen hier Kartoffelstroh. Überkonzentriert, merke ich nicht,

daß mich der Rücken schmerzt. Talwärts, auf der Gegenfahrbahn kommt mir ein offenes Cabrio entgegen, das scharf bremst. Ein Mann steht aufrecht neben dem Fahrer und gestikuliert, Hunderte von Metern sichtbar. Er tut immer wieder den Daumen nach unten, ich soll stoppen. Ich nehme das Gas weg und lasse den Wagen in eine Parkbuchtung auslaufen: die hellen Flammen schlagen mir um die Ohren. Der Fahrer des Cabrio ist über den Mittelstreifen gerannt, schwenkt eine Reisedecke und schreit mich an: »Pinkeln Sie, Mann, pinkeln!« Rechts und links fallen mir die Jackenärmel herunter, auch das Rückenteil ist verbrannt, wie der Sitz, auf dem ich saß. Der Mann schlägt mit der Wolldecke auf das Feuer. Nachdem er es erstickt hat, umarmt er mich. »Mensch, ich habe Sie gerettet. Seit zwei Kilometern sehe ich Sie kokelnd wie eine abgeschossene Maschine im Krieg heranrauschen. Ich war nämlich Flieger, ich habe Erfahrungen.« Ich sehe ihn genau an und glaube, das Gesicht zu kennen. Es ist der Bildreporter, der kürzlich bei uns in Wannsee Aufnahmen für eine Illustrierte gemacht hat. Jetzt umarme ich ihn. Wir untersuchen das Autochen. Der Auspufftopf, der unmittelbar unter dem Wagenboden liegt, war durch die stundenlangen Feuerstöße durchgebrannt. Der Bodenteppich hatte sich entzündet, und das Feuer wurde vom Luftzug angefacht, weil ich die Seitenteile ausmontiert hatte. Der »Feurige Elias« hatte übrigens noch vierzig Liter Benzin im Tank.
Dann sah sich mein Retter meinen Rücken an. Handgroße Brandwunden. Am nächsten Abend spielte ich im Théatre Sarah Bernhardt einen Brandstifter, der um die Nuance golemhafter, weil schmerzhafter Unbeweglichkeit angereichert war.
Mein Erlebnis hatte ein Nachspiel, das volle vier Wochen dauerte. Die Sommerferien, die wir uns vorgenommen hatten, anschließend an das Gastspiel, in der Bretagne zu verbringen, waren qualvoll. Immer wieder fingerdicke Brandsalbe auf die Wunden. Verbandsmaterial war in dem kleinen Quiberon nicht ausreichend zu erhalten, und so band mir Gesa täglich fünf neue Damenbinden, in Streifen nebeneinander, auf den Rücken.
An diesem meinem Golem-Abend in Paris lernte ich Ingeborg Bachmann kennen. In dem Lokal auf den Champs Elysées, in dem

wir nach der Aufführung feiern, sitzt sie neben Frisch. Ich bin auf Anhieb fasziniert von ihr, wie es offensichtlich auch ihr Nachbar ist. Er kennt sie ebenfalls erst seit heute. Sie sind beide nicht in der Aufführung gewesen, unser Autor und die Autorin vom »Guten Gott von Manhattan«.
Was war das Faszinierende an Ingeborg Bachmann? Sie konnte sich niemals und nirgendwo anpassen, sie war das Gegenteil eines Chamäleons. Ich habe sie kurz in Paris und dann längere Zeit in Zürich, in Berlin und in Rom erlebt, sie veränderte sich durch keinen örtlichen Rahmen. Sie blieb das beunruhigende undurchdringliche Bild. Die steingewordene Sappho. Eine kuhäugige Göttin, verborgen hinter den Schleiern ihres Gedichts. Wenn sie dasitzt, wundert man sich nicht, daß Eichhörnchen unbemerkt ihr Botschaften zutragen, daß der Große Bär in ihr Ohr flüstert. Eine kraftvoll schöne Frau und doch keine. Ein phytischer Felsen, unbeeindruckbar. Beunruhigend in ihrer weit gespannten Ruhe. Keine Person, die sich bewegt. Ein fester Erdteil, der ihren Namen trägt, und der, nach dem Schlaf, am anderen Morgen auftaucht an unbekannter Stelle im Meer.
Sie schrieb mir aus Rom eine einzige Zeile, und ich reiste an. Ich flog heran. Frisch, der eine fürstliche Wohnung mit ihr teilte, beantwortete mit einem Telegramm meine Anmeldung: »Narr, auch Du!« und holte mich vom Flughafen ab. Wohltuende Brüderlichkeit.
Das konnte mit den beiden nicht gut gehen. Frisch war gewohnt, morgens um acht an der Schreibmaschine zu sitzen. Die Bachmann stand gegen drei Uhr mittags auf. Und sie erwartete, daß man mit ihr zusammen schwieg. Schweigen war ihr die höchste Anspannung des Gefühls. Mann und Frau waren kein Paar mehr, allenfalls Geschwister. Immer stand der Gedanke an das dritte Geschlecht im Raum. Die Homosexuellen, so viele unterschiedliche waren ihr in Freundschaft verbunden, gaben ihr familiäre Geborgenheit. Sie wollten nichts von ihr, sie waren höflich und wollten freundlich sein, das tat ihr wohl.
Wenn ich an Ingeborg Bachmann denke, sehe ich Bilder, die sich bewegen, einmal in fliegender Hast, dann im Zeitlupentempo

quälend langsam. Nach einer Premiere in Zürich: Ingeborg in hautengen Goldbrokat gewandet, die Schauspieler nacheinander vor ihrem Décolleté kniend, zuletzt ich. Frisch dahinter, dem Räuchlein nachschauend, das aus seiner Pfeife steigt. Ingeborg des Nachts auf dem Capitol in Rom, das vergoldete Pferd des Marc Aurel streichelnd. Sie nimmt meine Hand, ich soll es auch tun. Solange noch ein Rest des Metalls am Leib des Tieres ist, sei die Welt zu retten. Ingeborg zwischen dem Schilf am See in Rappers-wil. Sie fällt ins Wasser. Ingeborg als Undine. Ich versuche sie zu retten ...

Ingeborg als Marylin Monroe auf dem Bett liegend, nach dem Tablettentod. Ingeborg mit einem Glas Bourbon, ihrem Lieblingswhisky »Four Roses«. Ingeborg mit dem Gesicht des Schauspielers Klaus Kammer unter dem Auspuffrohr eines Porsche liegend. Ingeborg nach Luft ringend im Tiergarten in Berlin. Sie preßt die Hände um den Hals, aber es sind die Hände von Witold Gombrowicz, der erstickt ist. Gombrowicz, gleichzeitig mit der Bachmann, in Berlin Gast der Fordstiftung.

Ingeborg nackt als Albertinchen tanzend auf dem Sarg in meiner Berliner Inszenierung von Gombrowicz' »Operette«. Aber es ist nur das Gesicht, nicht der Körper der Bachmann, der tanzt. Der Körper gehört der kleinen Oberländer, einer singenden Krankenschwester, die ich für »Operette« entdeckte und die sich in einem Berliner Hotel vergiftete. Ingeborg als Charlotte Corday den nackten Rücken des Marquis de Sade peitschend. Aber es ist nicht der de Sade der Uraufführung, nicht ich bin es, sondern der Autor ist es, Peter Weiss, den sie auspeitscht. Weiss, gleichzeitig mit der Bachmann, in Berlin Gast der Fordstiftung.

Ingeborg Bachmann im Flugzeug. Sie hat die traurigen Augen von Konrad Swinarski, dem polnischen Regisseur, der in Berlin die Uraufführung von Weiss inszeniert hat. Das Flugzeug stürzt ab, wie das, in dem Swinarski saß ...

Ich höre die Stimme des Kommentators. Es ist derselbe Satz, der zu den wechselnden Bildern wiederholt wird. In dem österreichisch skeptischen, ein wenig beleidigt klingenden Tonfall der Bachmann. Es ist ihre Stimme, sie ist sehr, sehr leise, sie sagt immer wieder: »Das Ende ist in jedem Falle schlimm. Das Ende ist schlimm.« Dann ziehen Rauchschwaden über die Bilder. Man sieht eine Zigarette aufflammen. Und verbrannte Hände.

> Umnachtet hältst du wurzellose Locken.
> Die Schelle läutet, und es ist genug.

Als ich von den Verbrennungen der Bachmann hörte, die sie sich in ihrem Domizil in Rom zugezogen hatte, reiste ich nicht wie so viele ihrer Freunde dorthin, um Blut zu spenden. Mir war ihr Schreien im Ohr. Sie hatte an einem Sommertag in unserem Garten in Wannsee hilflos geweint, ihr Kopf war so schwer. Wir riefen den Arzt und brachten sie ins Krankenhaus.
Ingeborg Bachmann hat über Ludwig Wittgenstein eine sehr kritische Doktorarbeit geschrieben. Und der Große Bär hatte seinen Mund an ihrem Ohr. Das wird nicht umsonst gewesen sein.

»Nach einer Abwesenheit von einem Vierteljahrhundert kam mir Europa vor wie der Turm zu Babel. Es kam vor, daß bei Mittagessen, an denen zehn Personen teilnahmen, in sechs Sprachen gesprochen wurde. Aeroplane fegten mit den Menschen umher, ich kannte solche, die je drei Wohnungen hatten, eine jede in einer anderen Hauptstadt – Rom, Berlin, Zürich, z. B. –, eine jede für zehn Tage im Monat. Dieses neue Europa, das moderne, war ebenfalls unerfaßbar, zu sehr in Schwung geraten, zu sehr galoppierend, ich hielt es in Händen wie eine Bombe, wußte nicht, was damit machen.«

Gombrowicz: »Berliner Notizen« 1964

Verwandlungen und Bedrohungen

Endlich begann in Zürich auch die Zusammenarbeit mit Dürrenmatt. Er hatte mich schließlich an das Schauspielhaus gebracht. Wie war es dazu gekommen? 1954 hatten wir im Schloßparktheater in Berlin sein Stück »Die Ehe des Herrn Mississippi« gespielt. Das Premierenpublikum war verärgert. Ein falsches Bühnenbild hatte die Leute verwirrt, und sie reagierten mit Buhrufen. Die nahm der Autor persönlich entgegen. Unfeierlich mit einer Lederjacke gekleidet und einem dunklen offenen Hemd, in jenen Jahren als Premierenanzug eine Novität, stand er bei der Premiere auf der Bühne und hielt sich den Bauch vor Lachen. Er war mindestens ebenso laut wie die Leute da unten. An diesem Dürrenmatt hatte ich von Anfang an einen Narren gefressen.
Bei der Generalprobe am Abend vorher hatte er das Unheil schon kommen sehen. Die Nacht danach verbrachten wir gemeinsam auf der Terrasse meines Hauses in Wannsee. Niemals hatte ich mir erlaubt, vor einer Premiere soviel Rotwein zu trinken wie diesmal. Es war eine exakt gestirnte Nacht, wie man sie im Herbst in Berlin oft erleben kann. Sie macht geneigt zur Freundschaft.
Über die Qualität der Aufführung, die er gesehen hatte, waren wir uns schnell einig geworden. Zur Figur des Revolutionärs, die ich darin verkörperte, sagte er mir eine winzige Artigkeit, und dann begann er mich zu duzen, obwohl er der Jüngere war. »Du mußt nach Zürich ans Schauspielhaus, da macht man jetzt gutes Theater.«
Erst fünf Jahre später war es soweit: wir machten »Frank V. Oper

einer Privatbank«. Wieviel ruchloser waren doch die fünfziger Jahre, als unsere heutige Zeit, die sich auf Ruchlosigkeit soviel zugute tut. In dieser »Oper« spielte ich den Prokuristen Böckmann, der auf dem Krankenlager beichten will und der von dem Bankiersehepaar umgebracht wird, weil er zuviel weiß. Eine der gruseligsten Szenen, die ich je auf dem Theater erlebt habe. Horwitz, der Frank V. spielte, kam als falscher Priester verkleidet und sang mit schmelzendem Bariton dem Sterbenden Trost zu, immer wieder von meinem Ruf »Beichten, Beichten!« angefeuert. Derweil Therese Giehse mit fachmännischer Ruhe, die Augen gen Himmel erhoben, den letzten Rest Luft aus der Spritze drückte. Unnachahmbar dann ihre Geste, ebenso resolut wie nebenbei: das tödliche Zustoßen mit dem feinen Instrumentchen. Was für eine Schauspielerin! Wenn sie dann am offenen Grab die Rede auf den Ermordeten hielt, nobel, geistig und abgrundtief verderbt. Alle ihre Rollen wußte sie von zwei Seiten anzuleuchten, sie stieg hinunter in die Abgründe. Was immer sie spielte, alles hatte die Leuchtkraft einer ungewöhnlichen Phantasie. Kein Wunder, daß Dürrenmatt seine großen Frauenrollen für sie schrieb, im »Besuch der alten Dame« und in »Die Physiker«.

Die spektakulärste Uraufführung am Zürcher Schauspielhaus war die von »Andorra« im Jahre 62. Max Frisch hatte als Dramatiker seinen Höhepunkt erreicht. Das Stück, in viele Sprachen übersetzt, wurde sehr bald überall gespielt, und doch hat wohl keine Aufführung nach der Zürcher deren Prägekraft erreicht. Sie war zweifellos Hirschfelds beste Regieleistung. Radio, Fernsehen und Schallplatte verbreiteten ihren Ruhm. Die Kasse des Schauspielhauses hätte jeden Abend das Dreifache an Karten verkaufen können. Wie kommt so etwas zustande? Nun, es war zeitgenössisches Theater ohne falsche Sensation. Eine menschliche Aufführung, zuständig besetzt. Die Rollen stimmten in sich, und ihre Sprache besaß die Kraft, sie zur öffentlichen Stimme werden zu lassen. Das Ensemble war von dem aufklärenden Geist ergriffen, den das Stück und sein auf allen Proben anwesender Autor ausstrahlten.

Mein Problem in der Rolle des Lehrers war, wie spielt man einen Alkoholiker, noch dazu in einer Tragödie. Der Schauspieler weiß aus Erfahrung, wie ungebührlich wirksam gespielte Trunkenheit ist. Man braucht nur einmal unvermutet im Alltag sein Talent in dieser Richtung spazieren zu führen. Einen solchen Erfolg wollten wir natürlich vermeiden. Der wirklich Trunksüchtige läßt sich niemals gehen, weil er ein schlechtes Gewissen hat, er zeigt Haltung bis auf die Momente, wo der vom Trunk geschwächte Körper ihm einen Streich spielt. Die Aufgabe für den Schauspieler besteht darin, deutlich zu machen, daß ein echter Trinker seinen Zustand verbergen will. Andeutungen, Winzigkeiten müssen genügen zu seiner Charakterisierung. Ausgerechnet in der Szene, wo er dem Sohn die Wahrheit endlich sagen will, spielt ihm der geschwächte Körper den gefürchteten Streich: er kann sich einen winzigen Moment lang nicht mehr aufrecht halten. So wurde der Lehrer eine tragische Figur. Vater eines verfolgten Sohnes, den Peter Brogle spielte. Ich war froh, gerade ihn in dieser heiklen dramaturgischen Situation zum Partner zu haben.
Einen traf dieser nicht vorausschaubare Erfolg des Stückes wie ein Schlag aus heiterem Himmel. Ihm fiel es nicht leicht einzusehen, daß hier ein anderer so kräftig mit der Pranke des Dramatikers zugehauen hatte, wie er selbst ein paar Jahre zuvor mit dem »Besuch der alten Dame«. Er konnte seine tief sitzende Verblüffung nicht verbergen. Friedrich Dürrenmatt war beunruhigt.
Dieses brüderliche Paar, die helvetischen Dioskuren Frisch und Dürrenmatt, hatten jahrelang die deutschsprachige Bühne beherrscht, und sie hatten es bei aller Freundschaft schwer miteinander. Sie konnten es nicht voreinander verbergen. Zwei Freunde – zwei gegenseitige Instanzen. Gern habe ich immer wieder die Aufgabe übernommen, Balsam auf die Wunden zu streuen, die sie sich schlugen. Das ging nicht ohne Alkohol ab und endete oft genug in einer ausgelassenen Zecherei.

Dürrenmatt zuliebe habe ich eines Tages angefangen, melken zu lernen. Mit Ausdauer und Fleiß in unserem Hinteregg, beim Bauern Homberger. Aus dem Hörspiel »Herkules und der Stall des Augias« hatte der Autor ein »Festspiel« gemacht. Die Uraufführung in der Regie von Leonard Steckel fand im Frühjahr 1963 statt. Ich spielte den Präsidenten Augias, d. h. das, was unter Dürrenmatts Händen aus König Augias geworden war: ein Politiker, der sich in seinem dampfenden Kuhstall vom Regieren erholt. Ich war jetzt lange genug in Zürich, um ihn mit jenem innerschweizer Tonfall zu spielen, den man aus der Diktion aller Dürrenmattschen Figuren heraushören kann. Johannes Jacobi schrieb in Die Zeit unter der Überschrift »Vergebliche Versuche mit Mist«:

»Eine der neuen Szenen allerdings ist bester Dürrenmatt geworden. Im Stall des Augias werden die vier Lieblings- und Preiskühe des Königs gemolken. Augias und sein Stallknecht tun das, während sich der Zuschauer die Kühe denken muß, mit ansteckender Ruhe und Bedachtsamkeit: »Krone (die Kuh, die gerade von Augias gemolken wird) war schon vierzehnmal trächtig, eine wackere, geduldige Leistung – eben muht sie sanft – und betrachtet Sie, meine Damen und Herren, mit jenem königlichen Blick, der unserer einheimischen Niederungsrasse, unserem Urvieh, eigen ist.«

In diese Szene stürmt, wieder einmal unverrichteter Dinge von einem der Ämter kommend, der rasende Herkules. Zu ihm sagt Augias: »Binde dir einen Melkstuhl um.« Und Gustav Knuth tut es. Der Koloß Herkules setzt sich auf ein winziges, umgeschnalltes drittes Bein, beruhigt sich zusehends zwischen den sanft muhenden Kühen und hört sich die Melkerweisheiten des Augias an: »Ich bin der Präsident dieses Landes und habe mich an seine Gesetze zu halten und bitte dich, es auch zu tun. Darum nimm den Kampf gegen die Ämter ebenso mutig auf, wie du ihn gegen die Ungeheuer aufzunehmen pflegst. Demoliere sie nicht, überzeuge sie.«

Das ist »dichterisches Theater«.

Mir tat es gut, allabendlich Krone zu melken. Die großen stillen Tiere beruhigten mich. Es waren für mich keine Theaterkühe, sie waren vorhanden. Meine ganze Familie profitierte von der Ruhe, die von ihnen ausging. Nach all dem irrsinnigen Zeug, das ich gespielt hatte, schenkte mir dieser Dürrenmatt für ein paar Wochen Gelassenheit.

Wie immer in jenen Jahren saßen bei der Uraufführung die Kritiker aus halb Europa im Parkett, und darunter waren viele, die dem Autor das Wort *Gnade* übelnahmen. Schon während ich in der Schlußszene den folgenden Satz sprach, fühlte ich Widerspruch. »Die Gnade, daß unsere Welt sich erhelle, kannst du nicht erzwingen, doch die Voraussetzung in dir kannst du schaffen, daß die Gnade – wenn sie kommt – in dir einen reinen Spiegel finde für ihr Licht.«
Vier Jahre später sollte ich das gleiche Empfinden des Widerspruchs noch einmal haben. Wieder bei einer Dürrenmatt-Uraufführung. Er kam von denselben Kritikern und wieder bei dem Wort Gnade. Man wollte den protestantischen Pastorensohn, der sich so wüst gebärdete, nicht predigen hören.

Ein Reklameatelier als Probenlokal des Zürcher Schauspielhauses. Ich spiele den Bockelson in einer Neufassung von »Die Wiedertäufer«. Die Probe hat begonnen, ohne Dürrenmatt. Theaterleute kommen nie zu spät zu einer Probe. Sie können es gar nicht erwarten. Dürrenmatt gehört zu den Theaterleuten. Der Assistent hatte gemeldet, er sei im Büro. Ich weiß, er verhandelt über eine auszuwechselnde Besetzung, aber die wird nicht ausgewechselt, er bringt es nicht übers Herz.
Jetzt kommt er geräuschlos durch die Eisentür, die S-förmige Dunhill-Pfeife im Mund. Ein sanftes Stutzen des schweren Körpers: es wird unnatürlich gesprochen, also hat die Probe begonnen. Er möchte am liebsten wieder gehen. Möchte nicht stören. Von einer Schulter gleitet sein Mantel herab, dann steht er reglos. Ein paar Wölkchen aus der Pfeife, und er zieht den Mantel wieder hoch. Er wendet sich entschlossen ab und steht dann doch wieder lauschend. Der Mantel fällt wieder herab, diesmal von der anderen Schulter. Die Augen scheinen Kritik zu saugen aus der Pfeife. Gefällt es ihm nicht, was er hört? Ein Schritt, eine Wendung, und der Mantel ist wieder hochgezogen. Jetzt doch wieder Lauschen. Plötzlich sind beide Schultern frei vom Mantel. Stehen, Wenden. Mantel hoch, Mantel runter, so geht es minutenlang. Auf meinem

Stühlchen im Halbdunkel repetiere ich derweil meinen Text. Etwas später, als ich davon aufschaue, sehe ich Dürrenmatt schmauchend zwischen Souffleuse und Regisseur sitzen. Ich weiß nicht, wie er, ohne zu stören, dahin gekommen ist. Als Gustav Knuth, der diesen Vorgang mit mir beobachtet hatte, am Schluß der Probe uns diesen Dürrenmatt vorspielt, wird das Durcheinander von Neugier und Kritik sichtbar im Verhältnis des Autors zu seiner neuesten Geliebten, seiner letzten Komödie; Knuth spielte den zärtlichen Elefanten auf Freiersfüßen, einen schüchternen Voyeur: »halb zog sie ihn, halb sank er hin«. Seit vierzehn Tagen ist das Zürcher Hotelzimmer Dürrenmatts mit Elefantenzeichnungen austapeziert. Er zeichnet sie in Gruppen, zärtlich miteinander spielend, mal im Schnee, mal kämpfend und ineinander verrannt. Auf großen Blättern zeichnet er sie im Hotel, auf Servietten in Gaststätten. Und er verschenkt sie überall, diese Vorzeitgenossen, seine »Mammuts«. Riesige abstrakte Gitter von Stoßzähnen hängen um das Bett des Autors.
Mathias Wieman über Dürrenmatt: »Nah gesehen ist er von fast zierlicher Statur, aber so genau in seinem Schwerpunkt ruhend, daß man meint, kein Bulldozer könne ihn verrücken. Bei Kurt Hirschfelds Trauerfeier sprach er und stand auf der Bühne des Schauspielhauses wie ein Menhir, ein rätselhaftes Felsmonument aus der Vorzeit. Manchmal wundert es mich heute noch, daß dies nicht mehr da steht.«
Das nächste Mal proben wir im evangelischen Gemeindesaal in Hottingen. Modernistischer Mehrzweckbau. Polierte Steinfußböden. Hier kann man ausrutschen, aber nicht proben. Ich schlage dem Autor einen Strich über mehr als zehn Zeilen vor. Daß dies am falschen Ort geschieht, weiß ich sofort, als der kühne Vorschlag heraus ist. Der Regisseur blinzelt mir zu. Dürrenmatt lehnt ab. Die sterile, aber sakrale Atmosphäre macht ihn unproduktiv und unentschlossen. Hier kann man nicht nachdenken. Wie sehr ihn der polierte Raum stört, sollte noch klarer werden an diesem Vormittag. Geprobt wird die Szene, in der Bruder Bockelson, der ehemalige Schmierenschauspieler, seinen vielen zukünftigen Ehefrauen seine früheren Rollen vorrezitiert. Er wird von einem der

»Brüder« überrascht, den er, die Situation sofort ins Gegenteil verkehrend, für seine Zwecke zu erpressen beginnt. Jetzt werden seine Rezitationen politisch gezielt: Bockelson will schließlich Chef werden. Dem Autor fallen dazu alle möglichen komödiantischen Gags ein. Bockelson, von seinem Talent überwältigt, soll auf den Kirchenstuhl klettern, dann soll er mitten im schönsten Größenwahn vom Text verlassen werden usw. Der Regisseur blinzelt mir zu. Trotzdem, ich spiele das alles vor, gebe kräftig meinem Affen Zucker, wohl wissend, daß davon nichts bleibt, wie sollte sonst die Szene ihr dramaturgisches Drehmoment erreichen? Natürlich will Dürrenmatt sein Stück als Komödie aufgeführt, aber doch nicht so aufgefaßt wissen. Es ist das Unbehagen, das er gegen den feierlichen Saal empfindet, was sich in Gags niederschlägt.
Nachmittags kommt ein Anruf von Dürrenmatt. Den vorgeschlagenen Strich übrigens heiße er gut in seiner ganzen chirurgischen Länge. Ich muß an Fehling und George denken. Nach mühseligem Ringen auf den Proben zum »Blauen Boll«, der nachmalig legendärsten Aufführung der beiden Meister, gelingt George endlich ein Tonfall, der den großen Fehling zufriedenstellt. Er ruft auf die Bühne hinauf: »Das halte bei, Heinrich, diesen gelben schrillen Ton.« Der schwitzende Protagonist brüllt ihm die Aufforderung des Berlichingen ins Parkett hinunter mit dem Zusatz, dies auf violette Weise zu tun. Zwei empfindliche Komplementärfarben des Theaters.
Ein andermal proben wir im Kreisbüro Sieben der Zürcher Polizei. Kein polierter Fußboden. Unmöblierter Saal, völlige Leere. Es schallt wider wie in einer schlechten Kafka-Verfilmung. Niemand kann sich kontrollieren, auch der Regisseur nicht. Bockelsons erste Szene ist an der Reihe. Er verbirgt sich in einem Mistkarren, wird aufgestöbert und beginnt auf Schwindlermanier zu evangelisieren, der Erzengel Gabriel habe ihn eigens dazu hergeflogen. Bin ich heute so viel lauter als sonst? Alles klingt viel zu forsch. Aber tatsächlich, ich bin nicht lauter als sonst. Was ist los? Der Nachhall irritiert mich nicht nur äußerlich. Hier stimmt in der Anlage etwas nicht. Dürrenmatt muß das längst gemerkt haben. Ich sehe ihm an, wie er mir den Augenblick anmerkt, in dem mir mein Fehler

bewußt wird. Dann Dürrenmatt zu Düggelin: »Also wir brechen heute lieber ab.« Und zu mir gewendet: »Du solltest vielleicht am Anfang frommer sein.« Stumm quittiere ich die Kritik, die deutlich in seinen Augen zu lesen ist.
Von morgen an können wir auf der Bühne des Schauspielhauses proben. Gottseidank. Reklameateliers, Polizeibüros und Betsäle sind kein geeigneter Ort für Wiedertäufer, jedenfalls nicht für die von Dürrenmatt.
Ein denkwürdiges Mittagessen im »Vorderen Sternen«. Der Autor hatte sich entschieden, die Tanzszene zwischen dem Verführer und dem Verführten, zwischen dem Demagogen und dem von der Gnade Ergriffenen vom Schluß des alten Stückes auf meinen Wunsch hin auch in die neue Fassung zu übernehmen. Sie war übers Wochenende in Neuchâtel neu geschrieben worden, und er hatte sie mitgebracht. Ich fand darin den ironischen Lieblingssatz meiner Rolle: »Gepriesen sei deine Verzweiflung, ärmster meiner Untertanen. Sie hält sich ans Religiöse und bordet nicht in politische Forderungen über. Du bist würdig, meine Schleppe zu tragen ...« Darüber hinaus war ich glücklich, weil mein Einfall akzeptiert wurde, daß der Schauspieler gemäß seiner Rolle, die Krone auf dem Kopf und mit einer riesigen Königsschleppe aus dem Fundus des bischöflichen Theaters ausgerüstet, beginnt, sich Gesicht und Körper mit Ochsenblut zu schminken – zum Akt der Übergabe der Stadt Münster an die Fürsten. Auf Anhieb war die Szene auf der Probe gelungen. Dichte Stunden zwischen Autor und Akteur. Im Miteinander dieser beiden liegt für Dürrenmatt der Sinn des Theaters und auch seine Wirkung. Einige Zweizeiler der aus Hybris dichtenden Antipoden fehlten ihm noch. Uninteressiert bestellte er heute sein Essen. Fleischsalat, gemischter Salat, Bouillon, Siedfleisch, wahllos ohne Reihenfolge. Ehe er mit einem Gang fertig war, schrieb er schon, schreibt mit seinen barocken Druckbuchstaben die fehlenden Verse. Ich staune. Er zündet die Habana an, schreibt, löffelt Suppe, schreibt. Ißt Siedfleisch, schreibt. Langt unbemerkt plötzlich nach dem Brot, reißt es stürmisch auseinander, vergißt seinen Diabetes und sündigt. Kein einziges Mal in diesen Monaten habe ich ihn Brot essen sehen. Ich

bin sicher, er merkt es gar nicht. Konsumieren und Produzieren ist ihm eins, wie Welt und Bühne ihm eins sind. Strahlender Laune bestellt er neuen Wein, liest uns die neuen Verse vor und duldet gern die zuhörende Serviererin. Der Verführer und der Verführte: zwei, die plötzlich von den verschiedenen Enden der Welt zu dichten anfangen. Ich kann über die gewagte Banalität ihrer Reime nur staunen. Dürrenmatt sieht mir das an und sagt, diese Verse dürfen nicht schön sein im literarischen Sinn, sonst geht der Inhalt der Szene verloren. Während ich darüber nachdenke, fällt mir Brecht ein, wie er zu einem Schauspieler auf die Bühne hinaufrief: »Bitte, sprechen Sie nicht so schön, ich verstehe Sie sonst nicht.« Nach dem Essen fahre ich Dürrenmatt ins Hotel, ich möchte mir seine neuen Zeichnungen anschauen. Das schwarzweiße Gitter der kämpfenden Stoßzähne ist verschwunden. Farbige wilde Tanzszenen bedecken die Wände. Bockelson und Knipperdolling. Der Spieler tanzt mit dem von Gott Ergriffenen, bis sie vom blutigen Schleppentuch zusammengewickelt sind.
Jetzt bei den Bühnenproben wird vieles geändert. Alle Situationen werden noch einmal neu hergestellt und ihre sinnfälligsten Stellungen zu finden versucht. Was Dürrenmatt an historischen Details, an philosophischen und theologischen Quellen nachweist, überzeugt Spieler und Regisseur. Als der Premierenabend herankommt, zeigt er nicht die geringste Nervosität. Ihm gefällt die Aufführung besser als die aller seiner vorhergehenden Stücke. Wochenlang hat er uns beschenkt und steht nun selbst da wie ein beschenktes Kind.
Es wurde eine harte Premierenschlacht. Wie eine Betonmauer fühlt man auf der Bühne die da unten im Parkett versammelten zugereisten Kritiker und Experten. Die Schauspieler können sich die Fäuste daran wundschlagen, aber sie können diese Mauer nicht einschlagen. Als ich Wieman am Schluß den Satz sagen höre: »Die Gnade, Knipperdollink, zwischen blutigen Speichen hervorgekratzt, klagt mich an«, fühle ich, daß das Wort Gnade, vor internationalen Intellektuellen öffentlich ausgesprochen, heute ein Tabuwort ist. Ich denke noch darüber nach, da erst merke ich, daß ich ohne Krone getanzt habe. Verschenkt die Lieblingsszene. Ich

bin traurig, als hätte ich den Autor um sein Bestes geprellt. Dürrenmatt hingegen ist heiter und bagatellisiert die vergessene Krone. Von der dritten Aufführung an entscheidet sich das Publikum für einen großen Erfolg des Stückes.
Noch einmal Mathias Wieman: »Für mich ist F. D. ein unbegreifliches Wesen, als Mensch wie als Künstler, voll unerklärbarer Gegensätze, Erfinder der grausamsten Geschichten, und Freund seiner Freunde, ein ›kühner Denker‹ und Spaßmacher in einem Atem. Neun Wochen Proben hatten wir zu den ›Wiedertäufern‹, er war jeden Tag dabei, sah zu, griff ein, ließ sich neue Sätze, ganze Szenen einfallen, bei der zweiten Vorstellung noch stand er an der Seite, mal in einer Gasse links, mal rechts, und als er in der dritten Vorstellung nicht mehr da war, kamen wir uns verwaist vor – ich bin als sein Bischof Waldeck ein hundertjähriges Waisenkind, das ist ein merkwürdiges, dürrenmattisches Gefühl.«

Die Arbeit an Shakespeare wurde von Lindtberg und mir in der nächsten Spielzeit fortgesetzt. Shakespeare ist die Unruh im klassischen Uhrwerk des Theaters. Die Beschäftigung mit ihm ist phantastisch und gefährlich.
Ich wußte genau, was wir uns vornahmen, als wir darangingen, »Macbeth« auf die Beine zu stellen. Ich hatte ihn gerade gespielt bei den Ruhrfestspielen in Recklinghausen. Er hatte mich wochenlang um den Schlaf gebracht, die ganze Familie hatte darunter gelitten. Wenn man abends den Zuschauern die Figur auch nur »vorzeigen« soll, zunächst einmal muß man sich mit ihr identifizieren, will man ihr auf die Schliche kommen, will man den Rhythmus der Verse auf den Nenner seines eigenen Pulsschlags bringen. Man muß in die fremde Figur die eigene hineinstellen, um sie von innen auszufüllen bis in die Falten und Brüche. Im Falle dieses Macbeth, des vom Ehrgeiz wie vom Eros Gejagten, von Angst gebeutelten Schwächlings, heißt das, für sich selbst ein Fegefeuer anlegen und auch anzünden. Sonst schafft man ihn nicht. Ich habe alle großen Charakterspieler der vorhergehenden Generation über diese Aufgabe sprechen hören, sie waren verzweifelt darüber, sie nicht bewältigt zu haben, und hatten schließlich resigniert.

Man leidet nicht gern an sich selbst, aber dieser Macbeth tut es nun einmal. Er leidet an sich und seiner Kinderlosigkeit, sonst ist der Mord an den Kleinen des Macduff unverständlich. Die Rolle ist wie ein ständiger Selbstvorwurf, mit dem sich schwer leben läßt. »Ich bin als wie an einen Pfahl gebunden.« Macbeth, das ist selbst der Pfahl im Fleische des Macbeth. Der Mann ist an sich selbst gebunden. So kommt man als Schauspieler während der Probenzeit keinen Moment von sich selber los, von sich selber als Macbeth. Eine ziemlich schlimme Erkrankung an sich selbst, eine Art Selbstvergiftung. Wird man für andere Rollen nur mit den Giften des Autors geimpft, so ist hier außerdem noch Selbstansteckung nötig.
So glücklich ich während der Proben zum »Richard« war, so schlecht fühlte ich mich jetzt. Die lockere Durchlässigkeit unseres Arbeitsverhaltens von damals war einer Überintensität gewichen, die viele Gründe hatte. Übersetzung und Bearbeitung der Recklinghäuser Fassung wurden von Lindtberg nicht übernommen. Ich mußte also neu lernen, oder richtiger gesagt, das gerade Erarbeitete erst vergessen lernen und dann von vorne anfangen. Verständlich, daß ich jede vorgeschlagene Änderung kritischer als sonst prüfte. Auch kam ich immer wieder mit dem Englischen durcheinander: nämlich aus sprachmusikalischen Gründen, aus dem Ehrgeiz heraus, das Sprachklima der Figur genauer zu treffen, hatte ich zunächst einmal die Monologe in der Originalsprache gelernt mit dem Resultat, daß mir nun keine Übersetzung mehr genügte. Ein Drittes kam hinzu, Lindtberg und ich, wir hatten durch unseren gemeinsamen »Richard«-Erfolg sozusagen die Unschuld für Shakespeare zunächst einmal verloren. Immer wieder drängte sich die Erfahrung von gestern vor und bot sich an als Rezept für den Erfolg von morgen. Ich mußte oft an Carol Reed denken, unter dessen Regie ich einmal in London eine Filmrolle spielte. »The man between« hieß der Film, er lief bei uns unter dem Titel »Gefährlicher Urlaub«. Es machte mich sehr unglücklich, anzusehen, wie nervös dieser Regisseur auf der Suche nach der verlorenen Unschuld war, die ihm durch den Welterfolg seines Films »Der dritte Mann« abhanden gekommen war.

Unser gemeinsamer Richard also erwies sich nicht gerade als Amme, die dem Macbeth die Geburt erleichterte. Bei Shakespeare-Proben sind ohnehin die Dämonen losgebunden und wie streunende Hunde unterwegs, die Schauspieler zu verbellen und aufeinander zu hetzen. Es ist Prosperos Meute aus dem »Sturm«, die der Meister höchst persönlich von der Leine läßt, auf daß die Arbeit an ihm nicht zu bequem werde . . .

Meinen Gegner Macduff spielte in Zürich Fred Tanner, ein Meter neunzig groß, einer der wenigen Schweizer im Ensemble des Schauspielhauses, übrigens ein besonders sympathischer Kerl. Es war auf einer Probe, wenige Tage vor der Premiere, als es dazu kam, daß dieser liebenswerte Kollege mich ernsthaft verwundete.

Lindtberg war mit der eher vorsichtigen Art, in der Tanner bei der Schlußauseinandersetzung auf dem Schlachtfeld das Schwert gegen mich führte, wenig einverstanden. Vielleicht war auch ich selber lahm, weil an einen heftiger fordernden Partner gewöhnt – in Recklinghausen hatte Ullrich Haupt den Macduff gespielt. Vielleicht wurde meine Unaufmerksamkeit gesteigert durch Lindtbergs Regietrick, den Kollegen unvermutet auf Züridütsch anzufeuern, jedenfalls traf plötzlich ein mächtiger Schwerthieb meinen ungeschützten Kopf, daß das Blut herausschoß. Als endlich die öffentliche Ambulanz mit Sirenengeheul eintraf, schien es, daß auch ihre Akteure von Shakespeares dämonischer Meute verhetzt worden waren. Sie kümmerten sich zunächst weniger um mich, als um Tanner. »Händsi öppis gäge dä Maa?!« Erst nachdem sie darauf eine Antwort bekommen hatten, waren sie bereit – meine Personalien aufzunehmen, und mich dann ins nahegelegene Kantonsspital zu schaffen.

Hier wachte ich noch früh genug aus meiner Ohnmacht auf, um mitzukriegen, wie die jungen Assistenzärzte sich lustig machten über die verrückten Schauspieler, die sich am hellen Morgen die Köpfe einschlagen und nicht einmal einen Schutzhelm aufsetzen. Auch diese Rüpelszene hatte die hintergründige Komik unseres Autors.

Zu Hause, in unserer rosafarbenen Stube, kam Angst in mir auf, zu

intensiv und endgültig, als daß ich sie nur aus diesem Anlaß heraus begreifen konnte. Ich hatte mich in Bezirke gewagt, aus denen ich zurückgeschlagen werden mußte, wenn ich überhaupt vorhatte, noch weiter zu existieren.
Richtig erholt habe ich mich von diesem Schlag bis heute nicht. War er ein Fingerzeig, von nun an in eine andere Richtung zu gehen? War er Ersatz für etwas, das ich mir in meinem Wahnsinn manchmal gewünscht hatte, nämlich einen Unfall, der mich eine Hand, ein Bein kosten würde? Ein Unfall, nach dem es mir aus körperlichen Gründen unmöglich wäre, Theater zu spielen. Nun aber war mir etwas über die Leber gelaufen, eine Dunkelheit war da, jedenfalls eine beträchtliche Senkung des schauspielerischen Mutes, des rollenwütigen Draufgängertums.
Der Gedanke an den Unfall war wie eine Zuversicht gewesen, wie eine Atempause, die etwas Neues in mich hinein ließ. Der Gedanke an den Unfall als etwas, von dem man sich Trost verspricht, als Rettung, als Ausweg, wenn es gar nicht mehr ginge, als Strohhalm, an den man sich klammern konnte?
Was für ein absurder Wahnsinn. Welche Schwäche und Entschlußlosigkeit, nicht aufhören zu können ohne Eingriff von außen. Immer aufhören wollen und nicht die Kraft haben, es zu können. »Die Schelle läutet, und es ist genug.«
War ich denn ein Amokläufer, mußte man mich mit Gewalt zurückschlagen? Sollte ich erst aufhören können, Rollen zu spielen, obwohl ich nichts dringender wünschte als das, wenn eine schlimme Krankheit mich so geschwächt hatte, daß ich körperlich daran gehindert war? War die Verwundung am Kopf der letzte Fingerzeig?
Habe ich ihn genutzt?
Ich habe noch fünfzehn Jahre weitergemacht. Ich habe mein Leben verspielt. Vierzig Jahre. Christiane, meine Tochter, hatte die Kraft, aufzuhören. Ich hoffe, ich hoffe, sie lebt nun ihr eigenes Leben.
Das Gleichnis vom brennenden Dornbusch trifft auf den Schauspieler nicht zu. Brennt der Schauspieler mit Feuer, so wird er auch verzehrt. Meine Sehnsucht galt mein Leben lang denen, die

nicht verzehrt werden und doch brennen. In ihnen brennt eigener Geist, kein fremder. Die Dichter meine ich, und die Maler. Ihnen galt meine inbrünstige Sehnsucht und mein ganz gemeiner Neid. Haßliebe und Verehrung mischend. Sie sind eindeutig, ich bin ein Zweideutiger. »Das Theater hat einen *zweideutigen* Ursprung.« Goethe hat recht, der »Fehlgeborene« weiß es.

Während ich hier am Fenster der Turmstube auf Montalto sitze und schreibe, hängt Gesa im Garten Wäsche auf. Die Leinen sind zwischen Zypressen ausgespannt, die weißen Tauben fliegen herum. Ich muß meine Arbeit unterbrechen und kann den Blick nicht abwenden.

Da hängen vier Rollen von mir auf der Leine. Vier lange weiße Männernachthemden mit blauen Börtchen. Alle vier vom gleichen Schnitte und gleicher Größe, aber wie sie an die Leine geklammert sind, das verändert gespenstisch ihre Haltung, ja ihre Größe und Weite. Da hängt der feiste und erschlaffte Marquis de Sade, vornübergebeugt. Am Rücken angeklammert, erscheint er am fülligsten und am kürzesten von allen. König Lear von Bond, an den Schultern geklammert, nach der Blendung, schmaler und ergebener als die anderen. Lustig Prisipkin in Höhe der Brustwarzen geklammert und darum voll proletarischer Würde: Majakowskis »Wanze«. Shakespeares Prospero weit ausgebreitet an den Ärmeln geklammert, verzichtend und bereit zu verzeihen.

Alle vier Nachthemden sind vom gleichen Schnitt, der Wind bewegt sie im gleichen Rhythmus, und doch hat keines Ähnlichkeit mit dem anderen. Jede Erscheinung hängt von ihrer Klammerung ab.

Es sind die abgestreiften Hüllen eines, der darin schlief, als er die Rollen probierte. Nachtschweiß und Alpdrücken beschleunigten im Schlaf den Gärprozeß der Verwandlung. In aufgeschreckten Nächten darin geträumtes, flüchtiges Zeug, das längst herausgespült wurde, weggewaschen . . .

»Wir sind vom gleichen Stoff, aus dem die Träume sind, und unser kleines Leben umgibt der Schlaf.«

Shakespeare hat mit dem Theater aufgehört, nachdem er Prospero den Zauberstab zerbrechen ließ. Er nahm den gewöhnlichen Alltag an, und der Alltag nahm ihn ganz. Das Fest war zu Ende ... Gesa läutet zum Mittag. Ich gehe hinunter, um zu essen.

Abends besuche ich den Maler Horst Antes. Einer, der einen eindeutigen Ursprung hat, beneidenswert. Antes besitzt nicht nur ein schönes Weingut in unserer Nachbarschaft, er besitzt viel mehr, nämlich außer einem raffinierten Kunstverstand die Naivität des Medizinmannes; er glaubt an sich selbst wie ein primitiver Zauberer. Er hat die Kraft, aber auch die Sensibilität, auf sich selbst zu hören, und die Beharrlichkeit. Antes in jeder Beziehung – ist autark. Er ist mit Janssen, Klapheck, Wunderlich und Schulze einer der wenigen bildenden Künstler in Deutschland, die nicht, oder nicht mehr Professor an einer Hochschule sind, die also nicht ihre Arbeitskraft pauschal verkauft haben und die der Persönlichkeitsveränderung durch das Lehramt entgangen sind. Ein Mann, der nur verantwortlich ist sich selbst gegenüber.
Eine glückhafte Natur.
Ich fahre ein Stück die alte Landstraße entlang, die nach Florenz führt über La Piazze. Als ich die Anhöhe heraufkomme, strahlt Halogenlicht wie Scheinwerfer aus den Atelierfenstern des alten Gehöfts: der Maler ist an der Arbeit. Er braucht gleißend helles Licht in der richtigen Mischung. Antes ist in den Dingen seiner Kunst wie in denen seines Lebens genau wie ein Apotheker. Er wäre ein ausgezeichneter geworden, und ich bin sicher, er hätte die erfolgreichsten Mixturen selbst entdeckt und besäße folgerichtig seine eigene straff geführte Arzneimittelfabrik.
Ein Renaissancemensch.
Als ich das Holztor öffne, das zum Innenhof führt, schlägt Professore an, so nennt Antes seinen bissigen Bastard. Mehrere Schilder verkünden es: »Cane mordace«. Professore war in der Gegend berüchtigt, weil er Hühner riß. Um Ärger zu vermeiden, schickte Antes ihn auf eine Hundeschule nach Florenz. Als er ihn nach drei Wochen abholen ging, sagte er zu dem Hundeerzieher: »Nun wollen wir sehen, was Professore gelernt hat«, hob einen Sack aus dem Auto, öffnete ihn und ließ ein Huhn herausflattern. Sofort biß

Professore zu. Der Maler bedauerte, nur die Hälfte des Schulgeldes zahlen zu können bei solcher Sachlage. Antes hereinzulegen, ist selbst für Italiener schwer.
Ich betrete das Haus und rufe: »Permesso?« Aus der ersten Etage kommt die Antwort: »Avanti!«
In dem aufgeräumten Atelier steht der Maler unter seinen Bildern. Eine gedrungene, kopflastige Gestalt mit sensiblen Händen, die kurzfingrig sind, beinahe quadratisch. Eine verblüffende Einheit: der Maler und sein Modell. Diese ebenso bedrohten wie bedrohlichen Männer hantieren in seiner Bilderwelt mit den einfachsten Geräten, mit Kugel und Kegel oder mit der Leiter. Hinter Palisadenzäunen, in archaischen Kammern spielen sie auf artistisch farbmusikalische Weise die alten Spiele der Schwerkraft, loten mit primitiven Instrumenten in unbekannte Tiefen. Verteidigung suchend hinter geometrischen Visieren, hausen sie in den Räumen der Erwartung. Statische Erscheinungen in dem allerletzten Moment gebannt, bevor sie sich zu drehen und zu rasen beginnen, jede Sekunde erwartet man ihren Ausbruch. Die erschreckende Übergangslosigkeit aus der Verteidigung in die Aggression.
Hier versucht einer mit den Beschwörungen des Medizinmannes noch einmal Ernst zu machen. Den Zorn des Angreifers mit der Poesie der Farbe zu beschwichtigen, die militante Welt, die nackte Gewalt mit seinem Pinsel wegzuzaubern, ein Tabu aufzurichten, das dem Rasen Einhalt gebietet. Der letzte, auserlesene farbige Augenblick vor dem Sprung in den Abgrund. Das Bild einer Welt in der Sekunde vor dem Erzittern.
Etwas davon muß es sein, was die Menschen anspringt vor Antes' Bildern. Der anhaltende Erfolg dieses Mannes kann nicht nur ästhetische Gründe haben.
Auf einer Leinwand, einige Quadratmeter groß, kriecht mir ein brauner Koloß entgegen mit mechanischen Gelenken. Der auf den Bauch gelegte Kopffüßler, nun erst wirklich gefährlich, die Bedrohung aus Ohnmacht, ein menschlicher Raupenschlepper, ein Panzer mit Kopf und Geschlecht. Was für Ströme müssen in unserer Atmosphäre wirksam sein, wenn ein zarter Mensch wie Antes ganz davon ausgefüllt wird. Antes, der als Akademieschüler nicht

mehr zum Kurs für Aktzeichnen ging, weil er nicht ertragen konnte, daß der Lehrer mit dem Zeigestock das nackte Modell berührte, um festzustellen, daß hier oder dort noch ein wenig Fett wegmüsse ... So geht man nicht mit einem Menschen um, sagte Antes und brachte es nicht fertig, den Kurs weiter zu besuchen. Diese Verantwortung sich selbst gegenüber ist dem Maler geblieben. Er macht es sich nicht leicht mit sich selbst.

Beim Abschied schenkt er mir zwei von den Rupfensäcken, die er für seine Oliven gekauft hat. Diese zwei hat er mit einem Kopf bemalt, der sich eine Maske vorhält. Daneben fliegt eine Taube, und darunter steht »Montalto« geschrieben.

»Für Eure Mandeln«, sagt Antes, »damit du mir welche bringen kannst.«

Geld müßte man zahlen dafür!

Hans Lietzau bin ich zum ersten Mal am Stadttheater in Kiel begegnet. Dort teilten wir uns 1936 gemeinsam mit Hans Christian Blech und Dieter Borsche in das jugendliche Fach. Wir hatten gerade unsere Anfängerjahre hinter uns – Lietzau kam aus der Schule des Preußischen Staatstheaters und ich aus der von Saladin Schmitt; wir hatten die Wurzeln im selben Erdreich und auch das Ziel gemeinsam: wir kamen vom Wort, und wir wollten das Wort. Wir meinten den Dichter und sein Anliegen.

In Kiel waren wir natürlich noch zu jung und vielleicht auch zu arrogant, um Gemeinsamkeiten festzustellen, aber als wir zwanzig Jahre später wieder zusammenkamen, einigten wir uns über einen Dichter, an dem die Geister sich zu scheiden pflegen, so selbstverständlich übereinstimmend, daß es nach außen hin wie Verschwörung wirken mochte: über Ernst Barlach. Es war die gemeinsame Bewunderung für einen verfemt gewesenen Autor, einen Spökenkieker, einen Grübler und Gottsucher. Darüber hinaus hatte dieser Autor Humore, die uns für die Bühne unentdeckt schienen; der ganze Kerl lastete wie eine Verheißung auf uns: ein dunkles Flügelschlagen war aus Zwischenreichen zu hören, in die wir Einlaß begehrten.

Wir wußten natürlich, daß an diese Pforten vor unserer Zeit die Allerbesten gerüttelt hatten: Jessner gemeinsam mit Kortner und Fehling mit George. Verpflichtungen, die herausforderten.

Lietzau war inzwischen Oberspielleiter bei Barlog, der glücklicherweise ein ähnliches Verständnis für den einsamen Verfemten

aus Güstrow hatte. Zwei Barlach-Inszenierungen waren am Schiller-Theater schon gelaufen. »Der Graf von Ratzeburg« und »Der arme Vetter«, beide in der Regie von Lietzau. Nun machte er »Die echten Sedemunds«, und ich war als der alte Sedemund besetzt, den in der Uraufführung Kortner gespielt hatte.
Das Stück dreht den Jahrmarkt der Eitelkeiten wie ein Karussell auf der Kleinstadtkirmes. Die Kirmes findet auf der Bühne statt, gleichzeitig mit dem Schützenfest, und nun ist der Löwe los . . . im eigentlichen und übertragenen Sinn.
Ähnlich wie beim Basler Morgenstreich wird öffentlich gerügt und öffentlich gebeichtet: die verborgene Spießersünde kommt an den Tag. Der anstößigste Sünder, stellt sich heraus, ist der wahrhaftige Gottsucher, und Büchners Wort steht im Raum: »Wer am meisten sündigt, betet am meisten.«
Dieser Höllenbruder war meine Sache sofort. Ich zog mir die Jacke an, und sie paßte. Die sprachliche Kniffligkeit, der rhythmisch stoßende Ton, ein Mecklenburger Deutsch, das wie die Bauernkutsche auf dem Kopfsteinpflaster klang, bereitete mir keine Schwierigkeiten, sondern Vergnügen. Ich lernte den phantastischen Text nicht nur wie im Traum, schlimmer, ich hörte sofort, wenn bei den anderen »Höllenbrüdern« eine Silbe fehlte oder falsch war. Ungehindert konnte ich meiner Neigung frönen, den Regisseur zu beobachten, was er trieb mit den anderen: Lietzau, wie er sich hier zeigte, war grandios.
Er blieb als Regisseur, was er als Schauspieler gewesen war: Liebhaber. Kortner ebenso wie Steckel z. B. blieben ebenfalls als Regisseure, was sie vorher waren: Charakterspieler. Lietzau war wie Gründgens also Liebhaber, Verführer. Lietzau mit geröteten Bäckchen und blitzenden Augen, die den Darsteller immer aufzufordern schienen, den Text noch einmal genau zu lesen, bevor er die Rolle, das fremde Zwitterwesen, umarmt; das Vergnügen zu genießen, der Figur hinter ihre Schliche zu kommen.
Und erst dann das einverleibte Ergebnis mit jener Berliner Helligkeit mitzuteilen, die Lietzau so selbstverständlich war, ohne Getue.
Er hat die Schauspieler geliebt. Natürlich konnte sich diese Liebe

oft ungeduldig äußern wie bei allen echten Liebhabern, heftig fordernd bis zur Bedrohlichkeit und schließlich bis zum Füßetrampeln seinerseits, bis zur offenen Hysterie – aber es geschah, meine ich, aus Engagement für den Autor, nicht für sich selbst ... Lietzau war uneigennützig. Er konnte sich das leisten, er war als Verführer potent.

Die vielen dunklen Stücke, die er inszenierte, hat er manchmal so hell gemacht, daß ihre Schwächen allzu sichtbar wurden, und vielleicht liegt darin einer der Gründe für die nicht immer gerechte Haltung der Presse ihm gegenüber, die seiner inneren Entwicklung geschadet hat. Als ich einmal sagte, wie mißverstanden auch ich mich manchmal von meiner Umgebung fühlte, antwortete er: bedenke doch, was du den Leuten zumutest. Heute weiß ich, daß eine solche Antwort nur jemandem einfallen kann, auf den sie selber paßt.

In »Die echten Sedemunds« gelangen Lietzau große Tableaus einer Groteske zwischen Mysterien- und Satyrspiel, zwischen Gott und Teufel. In der blasphemisch wirkenden Szene auf dem Friedhof, wenn der alte Sedemund unter dem Kruzifix den Zug der Höllenbrüder anführt, sein gelähmtes Liebchen im Rollstuhl vor sich hinkarrend, und dabei mit der Welt abrechnet, entstand eine Art metaphysischer Zirkus. Das von Ironie durchlöcherte Pathos erschreckte. Selbst in der Fernsehaufzeichnung, die später gemacht wurde, spürte man die Verzückung der Sprache Barlachs.

Mir gab die Rolle Gelegenheit, meine nicht zu stillende Sehnsucht nach dem Mysterienspiel zu personifizieren. Auch der alte Sedemund bekam ein Stückchen ab von »meiner« Madonna aus Kindertagen.

Nach dieser Vorübung vom Jahre 58 stand das Jahr 61 fast ganz unter dem Regiezeichen Lietzaus. Wir machten zusammen drei sehr verschiedene Sachen, die dennoch etwas Gemeinsames haben, den Vorrang der Sprache: Barlachs »Der blaue Boll«, Sternheims »1913« und »Graf Öderland« von Max Frisch in einer Neufassung.

Vorbelastung für die neue Barlach-Arbeit war die Erinnerung an Fehlings Inszenierung dieses Stückes, die in Berlin heute noch so

spukhaft lebendig ist, daß auch diejenigen sie glauben gesehen zu haben, die sich das nur vorstellen. Wir kämpften im Schatten einer Legende. Lietzaus aufklärerischer Sinn nahm dem Stück etwas von seiner triebhaften Dumpfheit und legte statt dessen Humore frei, die zum ersten Mal auch ein größeres Publikum anlockten. Die provokante Sinnlichkeit der »Hexe« Grete konnte von der hochkarätigen Begabung der Heidemarie Theobald nicht ins Spiel gebracht werden. Marianne Hoppe hingegen war als Frau Boll schon allein sprachlich ganz bei Barlach zu Hause, und Carl Kuhlmann als Vetter Prunkhorst verleiblichte Sprachphantastik auf geniale Weise.
Mein Glück bestand darin, daß ich George nicht in der Rolle gesehen hatte, und als weiteren Glücksumstand empfand ich, daß ich, während ich abends diese Rolle spielte, tagsüber eine andere ihr entgegengesetzte und doch verwandte erproben konnte: den Galileo Galilei von Bertolt Brecht, in einem Fernsehfilm, den Egon Monk in Hamburg drehte. So war mir zumute, als wenn eine Figur von der anderen profitierte: Boll wurde heller im Kopf, und Galilei bekam mehr Bauch. Bis zum Rande fühlte ich mich von ihnen ausgefüllt. Wenn man mich heute fragen würde, welche von beiden Figuren ich gern noch einmal spielen möchte, so käme ohne Zögern: den Galilei. Dabei habe ich inzwischen schon eine neuerliche Erfahrung mit ihm hinter mir. Zur Fünfhundert-Jahrfeier Dürers inszenierte Harry Buckwitz in Nürnberg dieses Stück in den Bildern von Wilfried Minks. Das Publikum reiste aus vielen Richtungen an, und trotz erhöhter Eintrittspreise verließ manch einer den Kassenraum ohne Billett.
In dieser Galilei-Figur findet sich noch etwas vom Chaos des frühen Brecht. Das Schlußwort von »Im Dickicht der Städte« war vom Autor doch wohl nicht so endgültig gemeint, wie es klingt: »Das Chaos ist aufgebraucht. Es war die beste Zeit.«
Ein unauflösbarer poetischer Rest, nicht ganz zu durchleuchten, erweist diesen Galilei als einen Verwandten der Shakespeare- und Barlachgestalten, die zeitlos vor dem Schauspieler stehen als immer neue Herausforderung.
Samuel Beckett sah bei mir zu Hause einmal eine Barlachzeich-

nung an der Wand. Sofort sprach er von diesem Dichter, dessen Stücke und dessen Prosa er auf deutsch gelesen hatte. Sein Gesicht war dabei ernst und gesammelt. Zufällig kam mir ein paar Tage später ein Buch von Walter Muschg in die Hände, »Die Zerstörung der deutschen Literatur«, und was ich darin über Barlach fand, ließ mich an Becketts Gesicht denken: »Die Welt ist bei ihm ›durchlöchert‹ und für das Jenseitige durchlässig wie in den jüngsten avantgardistischen Werken, seine Menschen sind vereinsamt, zweifeln an sich selbst, verlieren sich und fallen aus aller festen Ordnung heraus.«

Was für eine Schubkraft für die Phantasie liegt in der einmal gemachten positiven Bühnenerfahrung mit einem Autor; beim zweiten Mal geht man ihn direkter an, in unserem Fall: Carl Sternheim. Die Geige sitzt besser am Hals, die Bogenführung ist sicherer, und, weil einem die Griffe bekannt vorkommen, kann man von der ersten Probe an aufmerksamer als sonst in sich selbst hineinhören. Sofort kriegt das Spiel professionelle Qualität. So war das in Lietzaus Inszenierung von »1913«. Ich liebe diesen Sternheim; seine Sprache zu sprechen, verjüngt mich. Es schadete gar nichts, daß ich erst Mitte vierzig war und die siebzigjährige Excellenz Maske spielte mit weißer Stiftekopf-Perücke à la Hugenberg, im Gegenteil, jugendlicher Ungestüm war nötig. Was für ein rasantes Vergnügen vor den Augen des Publikums, ganz ohne Hilfe der Psychologie, lediglich aus gemeißelten Sprachbrocken, eine Figur auf- und wieder abzubauen. Geld müßte man zahlen dafür!

Ich glaube, ein ganz persönliches Verhältnis zu Sternheims Sprache zu haben, das ich mir nur so erklären kann: seine besondere Melodieführung ist eine Mischung aus preußischem und jüdischem Zungenschlag; den einen beherrsche ich, den anderen bewundere ich an ihm, er ist ein Glücksfall in der deutschen Literatur.

Was für eine Rolle ist dieser Maske! Unbegreifbar gerissener Geschäftsmann und Komödiant in einem. Der »Generalchef aller

Häuser der Maske A. G.« bejubelt die Siege seiner Finanzpolitik, als stünde er wie ein Sportberichter neben sich. Wenn er den Frack angelegt hat, sich selbst als »prachtvolle Kruke« bezeichnend, schwingt er sich zu einem dämonischen Tänzchen auf, um seiner perfiden Tochter zu demonstrieren, daß er das Börsenspiel noch vitaler beherrscht als alle Jüngeren, und er belehrt sie, daß man Weltanschauungen im richtigen Moment abstoßen kann wie Aktienpakete: »Hört mich, alle herbei! Beleuchtung, Rampe! Katholisch, allen Zeitungen telegrafieren, wurde Christian Maske A. G. – – wurde heute katholisch! Lichtstrahl!« Danach fällt der ekstatische Siebzigjährige in sich selbst zusammen: Herztod.
Schauerliche Figur eines Kanonenkönigs und Börsengauklers – eine gespenstische Aufgabe für den Schauspieler.
Lietzau bereitete das Klima des sprachlichen Furors mit Sorgfalt und Genauigkeit vor. Das Wetterleuchten am Horizont der Geschichte konnte stattfinden. Die Zuschauer begriffen das deutsche Problem, und doch war es nicht nur sinnvolles, es war amüsantes Theater. Gisela Uhlen als meine scharfzüngige elegante Tochter war nach einem Vierteljahrhundert Pause zum erstenmal wieder meine Partnerin. Eine längst überfällige Wiederbegegnung mit ihrem sehr weiblichen Talent, das ich mir öfter als Gegenüber gewünscht hätte. Sie war einmal meine Luise gewesen, als ich den Ferdinand spielte vor dem Krieg.

Nach der Sommerpause im selben Jahr probierte ich unter Lietzaus Regie den »Graf Öderland« von Max Frisch; inzwischen sind siebzehn Jahre vergangen, und eben habe ich dieses Stück noch einmal gelesen. Das Resultat: ein erschreckendes Stück. Der Staatsanwalt als Terrorist, der gebildete Herr mit der Axt in der Aktentasche, der am Schluß der Moritat von sich sagen kann: »Man hat mich geträumt . . .«
Unsere Zeitgeschichte hat dieses irrwitzige Stück Traum in ebenso irrwitziger Realität nachgebildet. Es gibt ein schreckliches Wort, ich glaube es stammt von Oscar Wilde, nicht die Kunst ahme das Leben nach, sondern umgekehrt.
Wir spielten damals die dritte Fassung des Stückes als Erstauffüh-

rung, und ich nehme an, es wird nicht die letzte dieses grausigen Märchens sein. Anarchistische Erwartungen sterben nicht aus. Eine neue Version wüßte ich schon zu liefern, ich möchte auf einer Tournee zwei Rollen, den kleinbürgerlichen Mörder und den revolutionären Gewalttäter, als *eine* Figur spielen. Beide handeln, weil sie gelangweilt sind – von der Ordnung.
Sprachlich konnte ich Lietzau meine Hilfe anbieten; ich hatte in Zürich gerade den Autor einige Wochen persönlich auf den Proben erlebt und wußte, daß sein helvetischer Sprachduktus nicht unterdrückt werden darf, weil er den Figuren unvermutete theatralische Kraft verleiht.
Heute erkennt man wahrscheinlich leichter als damals, daß auch dies eine Arbeit von Lietzau war, die alte Geleise verließ.
Öderland mit der Axt in der Hand wird weiter um die Welt gehen. Diese Figur zu spielen, hat mir großes dialektisches Vergnügen bereitet; man darf es heute nicht allzu laut sagen, wenn man als modern gelten will, denn nicht einmal Zuschauer dürfen Vergnügen beim Theater empfinden, geschweige denn Schauspieler. Theatergeschichtlich haben wir gerade wieder Fastenzeit: man verbittet sich jeden Humor. »Ich bin in Öderland geboren. Wo der Mensch nicht hingehört, wo er nie gedeiht. Wo man aus Trotz lebt Tag für Tag, nicht aus Freude. Aus Trotz, aus Tugend.«
Die Begegnung mit der Schauspielerin, die alle drei jungen Frauen in dieser Moritat spielte, beeindruckte mich: Gisela Stein. Sie war damals ein eher bürgerliches Mädchen, eine Darstellerin, in deren Augen man aber schon lesen konnte, daß sie reisefertig war und entschlossen für die Abfahrt in die Abgründe.

Revolutionär und Clown

Mitte der sechziger Jahre kam ein junger Pole nach Berlin, der sofort spektakulären Erfolg hatte und der ebenso schnell wieder verschwand: Konrad Swinarski. Er wurde für kurze Zeit der Exponent einer bestimmten Art von Theater und bald ihr Opfer, fallengelassen von den Theaterdirektoren und von der Presse. Nachdem er noch einige Jahre versucht hatte, seine Erniedrigung im Alkohol zu vergessen, kam er bei einem Flugzeugabsturz ums Leben. Swinarskis Erscheinung war liebenswert; die Umstände, die ihn steigen und fallen machten, scheinen mir bedenklich.
Wie war die dramaturgische Situation, in die Swinarski eintrat? Es gab keinen Hunger nach Theater mehr, diejenigen, die das Theater machten, waren ebenso satt geworden wie diejenigen, die es besuchten. Was sich regte, war allenfalls jener überfeinerte Appetit, den auch der Übersättigte aufzubringen vermag. Dieser Appetit zielte – wie könnte es anders sein – auf künstlerische und auf politische Spekulationen. So etwas wie eine neue ›Dreigroschenoper‹ wäre das Richtige gewesen. Versuche, das alte Erfolgsstück aufzupolieren, mißlangen. (Erst zehn Jahre später entzündete Giorgio Strehler noch einmal das Magnesiumlicht der Untergangsstimmung vor einem krisengeschüttelten Mailänder Publikum.)
Peter Weiss, geboren in Nowawes bei Berlin, Schriftsteller, Maler, Filmregisseur, kam aus seiner Stockholmer Emigration und brachte ein Stück nach Berlin, auf das man wie auf den Glockenschlag Zwölf in der Sylvesternacht gewartet zu haben schien: »Die Verfolgung und Ermordung Jean Paul Marats dargestellt durch die

Schauspielgruppe des Hospizes zu Charenton unter Anleitung des Herrn de Sade«. Die Musik zu diesem Spiel im Spiel, Theater auf dem Theater, schrieb frech und eingängig Hans-Martin Majewski. Die Großstadt bekam also genau das, was ihr Publikum gerade jetzt wieder brauchte: Knittelverse und aufreizende Musik, Sex, und vor allem Politik, in unabgenutzter Radikalität.
»Was uns in der Konfrontation von Sade und Marat interessiert, ist der Konflikt zwischen dem bis zum äußersten geführten Individualismus und dem Gedanken an eine politische und soziale Umwälzung. Auch Sade war von der Notwendigkeit der Revolution überzeugt und sitzt wie der moderne Vertreter des dritten Standpunktes, zwischen zwei Stühlen« (Peter Weiss.) Wie genau der Autor seine spektakuläre Dialektik betrieben hatte, konnte ich als Darsteller des Marquis de Sade allabendlich an der Betroffenheit und Stille des Publikums feststellen. Die Uraufführung im Schiller-Theater am 29. April 1964 war jedenfalls der Start zu einem Welterfolg des Stückes.
Ein Welterfolg, zu dem das schlechte Gewissen der Übersättigten in allen Ländern beitrug; in Berlin aber war der Anteil Konrad Swinarskis daran nicht hoch genug zu veranschlagen. Er hatte monatelang mit Peter Weiss an der szenischen Fassung gearbeitet, bevor die Proben begannen. Und als er dann das Stück auf der Bühne entfaltete, übrigens auf sehr langsame und stockende Manier, kam ich in meinem Lehnstuhl als de Sade aus dem Überraschtsein kaum heraus. Meistens tat Swinarski das, was ich nicht erwartet hatte. Er war kein Weltverbesserer mit fertigem Rezept, wie man es von den Theaterleuten seiner Generation damals eilfertig anzunehmen bereit war. Die Machart des Stückes, philosophische oder analysierende Dialoge gegen Vorführungen körperlicher Exzesse zu stellen, eine dramatische Auffassung, die unser Autor aus dem Werk von Sade übernommen hatte, hätte den Regisseur leicht dazu verführen können, auch die politische Nutzanwendung mitzuinszenieren und so die Meinungsbildung des Publikums vorwegzunehmen. Nichts dergleichen geschah. Die beiden extremen Standpunkte wurden unverdächtigt in der ihnen gebührenden Breite vorgeführt, Lösungen blieben nach allen Sei-

ten offen, Poesie konnte einströmen, und was die Stellungnahme des Regisseurs betraf, so hielt sie sich klugerweise an die bekannten historischen Fakten. Swinarski, ich bemerkte es mit Vergnügen, war katholisch erzogen und machte von dieser Erziehung Gebrauch. Darauf angesprochen, meinte er in seiner leise lächelnden Art, ein geschichtsbewußter Pole müsse heute Katholik sein und es auch in Zukunft bleiben; jesuitische Eleganz sei nötig.

Swinarskis Aufführung erzeugte eine beklemmende Spannung, weil sie sich so distanziert gab. Sie war weder polemisch noch ironisch, sie war geistig. Und weil die Bühne aus weißem Material gebaut war, weiße Farbe klugerweise auch bei den Kostümen vorherrschte und weil Liselotte Rau in der Rolle der Charlotte Corday nicht nur als Schauspielerin, sondern auch als Frau verführerische Ausstrahlung besaß, entstand jenes geistig-sinnliche Theaterfest, das nur alle zehn Jahre einmal gefeiert werden kann und das nicht planbar ist.

Die Frau von Peter Weiss, die Bildhauerin Gunilla Palmstierna, hatte die Kostüme entworfen mit der historischen und ästhetischen Sorgfalt, die nur ein Außenseiter ins routinierte Theatergewerbe einbringen kann. Ihr fraulicher Charme erleichterte ihr den Umgang mit uns und stimulierte das Ensemble. Man mochte sich leiden und war neugierig aufeinander, wozu auch die Anwesenheit von Peter Weiss beitrug, der ein zärtlicher Beobachter von Vorgängen zu sein schien, die manch einem entgingen. So kann durch ein Terzett von Menschen ein frustriertes Staatstheater in eine Bewegtheit geraten, die verführerisch ist. Theater als Spielplatz gegenseitiger Verführung.

Obwohl die Proben sich über drei Monate hinzogen, wurde es mir als Marquis de Sade in meinem Lehnstuhl mit dem Schreibbrettchen davor nicht langweilig. Ich war zur Bewegungslosigkeit verurteilt, und was mir zunächst wie eine Strafe erschien, half mir, auf einfachste Weise zu mir selber zu kommen. Zu meiner eigenen Stille. Allein schon meine körperliche Position wurde zum Angelpunkt des Stückes, und bald hatte ich es heraus, je weniger schauspielerischen Aufwand ich trieb, um so besser konnte ich mich bemerkbar machen.

Ich trete aus
aus meiner Sektion
Ich sehe nur noch zu
ohne einzugreifen
beobachtend
das Beobachtete festhaltend
und es umgibt mich
die Stille

Im Ton vornehmer Verkommenheit dirigiert Sade das Spiel, gekleidet in weiße Kniehosen mit Schleifchen, in ein weißes Hemd mit Spitzenmanschetten, und in weißen Schnallenschuhen. ›Meine mich umgebende Stille‹ wurde zum Grundakkord der ganzen Aufführung: Melancholie aus Ekel.

Um zu bestimmen was falsch ist und was recht ist
müssen wir uns kennen
Ich
kenne mich nicht
Ich bin fähig zu allem und alles füllt mich mit
Schrecken

Unbekanntes und Ungewohntes, so noch nicht Ausgesprochenes erregte Schauspieler und Zuschauer: die Erkenntnis, daß dies eine Welt von Leibern ist, deren Nöte und Unruhen die Welt regieren.

Unausprobierte Wirkungen ergaben sich, wenn in der 20. Szene der abgeschlaffte clowneske Marquis sein Spitzenhemd auszieht, um sich von der schönen somnambulen Corday auspeitschen zu lassen. In monotonem Sprechgesang erklärt er dabei seinem Gegenspieler Marat, wohin sie führt, diese Revolution, zu deren Heraufbeschwörung er selber beitrug:

zu einem Versiechen des Einzelnen
zu einem langsamen Aufgehen in Gleichförmigkeit
zu einem Absterben des Urteilsvermögens
zu einer Selbstverleugnung

zu einer tödlichen Schwäche
unter einem Staat
dessen Gebilde unendlich weit
von jedem einzelnen entfernt ist
und nicht mehr anzugreifen ist

Bei diesen Zeilen umgab die Stille nicht nur den Marquis, sondern auch die Zuschauer, in der Mehrzahl Berliner. Und in dieser Stille glaubte man den Pulsschlag der gespaltenen Stadt zu hören. Gespenstisch überzeugend, wenn dann Peter Mosbacher als moribunder Marat, in seiner Wanne voll Wasser und Blut zusammengesunken, aufschrie, warum es so dunkel werde, und fiebernd nach seinem Freund Bas rief, daß er ihm den Aufruf diktiere, den Aufruf an die französische Nation.

Mosbacher war auf bestürzende Weise gegenwärtig als Jean Paul Marat. Ich wüßte keinen deutschen Schauspieler, der ihm in dieser Rolle ebenbürtig gewesen wäre. Alle seine Figuren gab er ja als Verdichtungen, Zusammenfassungen von Wesentlichkeiten. In dieser Rolle war seine Stimme nichts als die Flamme der männlichsten, der politischen Leidenschaft. Das politische Genie, verfolgt und verschrieen.

Mosbacher vermochte niemals das Steuer über sein Talent aus der Hand zu geben, das war wohl auch der Grund, warum er durch drei Jahrzehnte zu den weniger Einzelnen gehörte, die den beschwerlichen Weg des free-lancer gingen und es nicht ertrugen, sich für längere Zeit an ein subventioniertes Ensemble zu binden. Unüberhörbarer Solist, der bald hier, bald dort auftauchte.

Wolfgang Kühne war der Direktor der Heilanstalt. Man glaubte dem ganzen Unternehmen, weil man ihm glaubte. Kühne besaß eine natürliche Bühnenautorität, wie sie sich in solcher Direktheit nur in großen Theatermonopolen entwickeln kann.

Das freundliche, in seiner Helligkeit in Deutschland rare Talent von Lothar Blumenhagen erfand in der Rolle des adeligen Liebhabers einen Erotomanen, der das Klima der Aufführung mitbestimmte.

Und vor allem Stefan Wigger: er spielte den »Ausrufer« als einen

Anstaltsinsassen, der es offen ließ, ob seine Tristesse aus der Krankheit kam oder aus kritischem Gewissen. Ein Harlekin im Manipulieren; eine suggestive Gestaltung.
Swinarski hatte also auch mit der übrigen Besetzung Glück, Kollegen, die bereit waren, sich von seiner leisen Art beeinflussen zu lassen und sich seiner zwanghaften Optik einzuordnen. Swinarski hatte die Akademie in Lodz besucht, die auch für Film zuständig ist, und dort auch eine Ausbildung als Bühnenbildner hinter sich gebracht.
Die slawische Art, mit der zur Verfügung stehenden Probenzeit mehr als lässig umzugehen, szenische Vorgänge lange zu überlegen und immer wieder hin und her zu wenden, die Schauspieler niemals anzufeuern, nie Anlaß zu geben, irgend etwas äußerlich zu dramatisieren oder gar zu überhetzen, brachte ein authentisches Zeitgefühl auf die Bühne, welches dazu aufforderte, Gedanken entstehen, Arrangements wachsen zu lassen. Ich wage zu behaupten, daß die Ästhetik von zwei Swinarski-Inszenierungen ausgereicht hat, das deutsche Bühnengeschehen für Jahre zu beeinflussen. Arbeiten von Namensträgern, die heute berühmter sind, als er damals war, sind ohne ihn gar nicht denkbar. Die beiden Aufführungen hat er im Jahre 64 gemacht und beide im Schiller-Theater. Außer dem Marat-Stück noch »Die Wanze« von Majakowski, beide auf Vermittlung des Chefdramaturgen Albert Beßler, dessen Verdienst um das Theater jener Jahre oft aus Unkenntnis unterschätzt wird.
Aber dennoch, an den Folgen, die diese Theaterart hervorgebracht hat, erkenne ich die Schwierigkeiten, die ich schon damals mit ihr hatte, und die mich noch heute in der Erinnerung daran nicht glücklich werden lassen. Die Veränderung, die sich seit Swinarski auf der Berliner Bühne ereignete, war grob gesagt eine formalistische in Richtung auf ein Theater für Übersättigte, das notwendigerweise eines Tages nur noch für Eingeweihte zugänglich sein wird. Es ist die zynisch zu nennende Verweigerung, im Theater Brot für Hungrige zu backen. Die Vorrangstellung des sogenannten Kontextes über den dramatischen Inhalt, die Überbetonung bildlicher Mittel, der Verlust an Sprache nicht nur, sondern auch

an Kraft der Verwandlung des Schauspielers, die allein durch Sprache bewirkt wird, dies alles schreckt ein großes Publikum ab; kommen dann noch politische Spekulationen hinzu, ist es mißtrauisch von vornherein und bleibt schließlich weg.
Der Marat–Sade von Weiss–Swinarski löste einen unbeschreiblichen Premierenjubel aus, und ich erinnere mich, daß der welterfahrene Ludwig Berger, doch selbst einer der poetischen Regisseure der zwanziger Jahre, den die Aufführung zwar beeindruckt, dem sie aber nicht wirklich gefallen hatte, es aussprach: ab heute wird sich das Berliner Theater ändern, eine »Partei« hat gesiegt.
Was meine Erfahrung mit dem Marquis de Sade anging, so förderte sie meine Selbsterforschung; sie brachte mich zu der Gewißheit, die Sade ausspricht: »Ich bin fähig zu allem, und alles füllt mich mit Schrecken.«
Der Schauspieler kann nicht nur Vollstrecker des Autors sein; er bringt auch persönliche Schwächen ins Spiel und deutet sie in ihre Entsprechungen um. Gerade aus seinen Schwächen entstehen oft die stärksten Wirkungen.
Ich nahm in diesen Monaten wieder Kontakt auf mit dem Maler Hans Bellmer, der in Paris lebte, und der dort seine zehn Kupferstiche »A Sade« veröffentlicht hatte. Seit seiner ersten Ausstellung in Deutschland 1953 in der Berliner Galerie Springer waren wir miteinander befreundet. Bellmer hatte Deutschland 1934 verlassen. Er schloß sich in Frankreich den Surrealisten an und wurde dort während des Krieges gemeinsam mit Max Ernst interniert. Wir hatten ihn des öfteren in der Rue Mouffetard in Paris besucht, wo er in einem kleinen, erbärmlichen Hotel lebte. Die Hilfestellung, die wir ihm bieten konnten, war nicht groß. Bellmer mußte den klassischen Schundroman vom entbehrungsreichen Malerleben zu Ende leben: von der äußersten Not bis zum plötzlichen, zu spät kommenden Ruhm. Ich schätzte sein unvergleichliches zeichnerisches Können, aber mehr noch interessierten mich als Schauspieler seine theoretischen Untersuchungen, die er in seiner Schrift »Kleine Anatomie des körperlich Unbewußten« aufgezeichnet hat. Bellmers manischer Zwang, unter der Haut seiner Figuren nach den konstruktiven Elementen des menschlichen Körpers zu su-

chen, hatte etwas Revolutionäres. Ich lernte von ihm Neues über die Wechselwirkung seelischer und körperlicher Reflexe. Eines Tages lud er mich ein, gemeinsam mit ihm ein Anagramm zu machen. Das Anagramm ist ein Sprachspiel. Wir übten uns darin, alle Buchstaben aus den Wörtern eines Satzes in veränderter Reihenfolge neu zusammenzustellen, um einen neuen Satz zu finden. Bellmer meint nun in seiner Schrift, man könne auf gleiche Weise mit den Teilen eines Körpers verfahren, um einen neuen Körper zu erfinden, der nicht weniger wahrhaftig wäre als der vorgegebene. »Der Körper ist einem Satz vergleichbar, der uns zur Zergliederung anregt, um über eine endlose Folge von Anagrammen zur Neugestaltung seiner wahrhaften Inhalte zu gelangen.«

Tut der Schauspieler etwas anderes mit seiner Psyche? Sind nicht alle seine Rollen »Anagramme« ein und desselben Charakters?

Wenige Wochen nach der »Marat«-Premiere erhielt ich einen Brief von Swinarski:

»In Warschau angekommen, bin ich mir plötzlich klar geworden, daß das beste Stück, welches wir zusammen machen sollten, ›Die Wanze‹ von Majakowski ist. Es ist seit langem ein Traum von mir, und da ich das Milieu sehr gut kenne und auch einen Einfall dafür zu haben glaube, denke ich im Augenblick an nichts anderes. Außerdem liegt eine glänzende Übersetzung vor, und auch Beßler ist schon einverstanden. Es liegt jetzt nur bei Ihnen, ob Sie Interesse dafür haben.

Um meinen ›Einfall‹ noch zu erörtern, so will ich keinesfalls den Prisipkin im zweiten Teil kritisch sehen. Von Majakowski gemeint ist er im ersten Teil als ein dem Bürgertum verschriebener Proletarier, der zum Schluß ein mitleiderregendes Überbleibsel der bürgerlichen Ideale bleibt. Ich sehe aber die Gestalt als das humane Subjekt in der Revolution als auch im Zeitalter der zum Mechanismus werdenden Industriezivilisation. Sowohl in USA als auch in der UdSSR. Die Schlußszene sehe ich nicht im Zoo, sondern vielmehr als die Rede Nikitas in der UNO. Auf die Schlußworte ›Nicht schießen!‹ würde ich sofort den Eisernen Vorhang schließen und zwar nicht wegen der Applausordnung, sondern wegen der ›Metapher‹, die er heute in sich hat. Gewiß ist meine Konzeption nicht sehr klar, aber sollten Sie dafür Interesse haben, so lassen Sie es mich bitte wissen. Ich würde sofort nach Moskau fahren und mir viel Material besorgen. Da ich immer an das denke, was ich machen möchte, so entschuldigen Sie meinen spontanen Brief, aber ich kann nicht umhin, an das nächste Stück mit Ihnen in der Hauptrolle zu denken. Bitte glauben Sie mir, ich bin immer geneigter zu lernen als zu lehren, und deswegen wäre ich für eine Zusammenarbeit mit Ihnen wirklich dankbar.«

Nach diesem Brief war ich auf ein politisches Gespräch mit Swinarski gespannt, auf eine Standpunktnahme, die ich während der »Marat«-Proben erwartet und vermißt hatte. Obwohl ich mich von der Rolle des Prisipkin, den zu spielen ich mir zu alt vorkam, nicht sonderlich angezogen fühlte, sagte ich ihm sofort zu. Swinarski hatte einen schüchternen Charme, dem man sich nicht entziehen konnte, und was seine Intelligenz betraf, so hatte ich dergleichen in meinem beruflichen Umgang oft genug entbehren müssen. Alles kam anders. Von Tag zu Tag wurde ich neugieriger auf die Figur dieses komischen Revolutionärs, der aus Fleischeslust seine proletarischen Ziele verrät und eine so wüste Hochzeit feiert, daß sie in Flammen aufgeht. Die Feuerwehr löscht mit so viel Wasser, daß Prisipkin fünfzig Jahre später aus einem Eisblock von Wissenschaftlern ›aufgetaut‹, als komisches Relikt im Zoo landet, wo er, als Blutspender für Wanzen ausgestellt, von den Genossen einer steril gewordenen Zukunftswelt ausgelacht wird.

Das politische Gespräch, das ich in Swinarskis Brief als Grundlage der Konzeption seines »Einfalls« glaubte angekündigt zu sehen, blieb auch diesmal aus. War das Gesicht des Regisseurs in den »Marat«-Monaten der Ausdruck jesuitischer Eleganz gewesen, so zeigte es sich jetzt, allen Fragen gewachsen, mit einem breiten chinesischen Lächeln. Ein Gesicht, unausgesetzt Zuversicht ausdrückend. Aber in meinem Kopf spukte ein für allemal die Formel »Prisipkin, das humane Subjekt« und wollte mich nicht mehr verlassen. Auch glaube ich heute zu wissen, daß man von einem Regisseur, der ein Stück macht, auch nur Stückwerk erwarten darf, was die Anschauung einer Epoche betrifft. Und sicher gehört es zu den Schrecklichkeiten des Theaters, daß es seine Überzeugungen täglich wie Kostüme wechselt, daß bei ihm zwangsläufig Überzeugung zur Mode wird. Und vielleicht ist Standpunktlosigkeit nötig, um eine Komödie auf die Beine zu stellen, nämlich beide extremen Positionen zum Lachen freizugeben. Es kann durchaus so sein, daß Majakowskis zweischneidige Satire auf das Inhumane im vor- und eben auch im nachrevolutionären Menschen nur wirksam zu machen ist im Gelächter der Zuschauer.

Ich möchte diesen Gedanken möglicher Standpunktlosigkeit nicht gelten lassen für die Tragödie. Und die Tatsache mag nicht verwundern, daß meine Enttäuschung über Swinarski in jedem Fall geringer war als einige Jahre später diejenige über Walter Felsenstein, unter dessen Regie ich am Residenztheater in München als Eröffnungsvorstellung der Intendanz von Kurt Meisel den Wallenstein spielte. Die Tragödie, noch dazu auf zwei Abende verteilt, lediglich als die des einsamen Genies spielen zu lassen ohne irgendeine politische Perspektive, ohne einen zu fixierenden, bei Schiller aber zu findenden geschichtlichen Standpunkt, das kostete jeden Abend mehr Kraft, als man einem Menschen abverlangen kann. Felsensteins Weg zur Kürzung des Stückes führte ins Geschichtslose und entwurzelte damit die zentrale Figur.

Bei Swinarski hingegen bekam ich auffüllendes Material hinzu, und vom Text gestrichen wurde kein Wort. Es zeigte sich bald, daß viele Einfälle aus der zur damaligen Zeit in Moskau laufenden Aufführung übernommen wurden. Eine Aufführung, die ihrerseits das turbulente Panoptikum der Meyerholdschen aus den zwanziger Jahren nachgebildet hatte, an der seinerzeit Majakowski selber noch beteiligt gewesen war. Es kam in der Tat so etwas wie die Rekonstruktion einer Rekonstruktion zustande, und wenn dies so phantasievoll und so gekonnt gemacht wird wie in diesem Fall, so muß man den dilettantischen Aberglauben aufgeben, Theater müsse jeden Tag neu erfunden werden. Ich befinde mich in der Gesellschaft von Kortner und Gründgens mit meiner Meinung, daß für viele Szenen der Literatur modellhafte, ja endgültige Lösungen gefunden worden sind, die anwendbar bleiben und keiner Tagesmode unterliegen. Nur müßten solche Lösungen den Jüngeren bekannt sein, das heißt, sie müßten überliefert werden. Meine Grundhaltung für den Prisipkin brachte mir Swinarski bei, und sie war bestimmend für das tragikomische Wesen und auch für den Erfolg dieser Figur. Das Entscheidende für mich war, ich lernte von Swinarski, daß der proletarische Revolutionär sich mit Würde gibt, daß er sich überall seiner neugewonnenen Menschenwürde bewußt ist. Also ich bekam im Arbeiterwohnheim Tanzunterricht und lernte Foxtrott und Tango tanzen – mit Würde, Laute spielen und dazu singen – mit Würde. Prisipkin ist nicht nur pfiffig, er hält auch würdige Distanz zu den Besitzbürgern. Je mehr er von ihnen umschmeichelt wird, um so gnädiger tut er, bis er, selbst zum Neureichen geworden, plötzlich voller Tücke steckt. Bei seinem Hochzeitsessen kann er dann einen ganzen Tanz von Launen und Verhaltensweisen loslassen, die, weil sie immer auf dem liebenswerten Grundmuster von Naivität spielen, um so erschreckender vorführen, was der Mensch alles lernen kann, wozu die Verhältnisse den Menschen machen. Schauspielerische Farben, von denen ich nicht wußte, daß sie in dieser Partitur steckten, geschweige denn in mir selber. George Dandin und Becketts Wladimir waren Vorstufen zu diesem Clown, der im zweiten Teil des Stückes in eine Tragik hineinwächst, die ihn selber verdutzt. Prisipkin, in einer zukünftigen Welt aufgetaut, steht ungläubig vor den Wissenschaftlern, dann, im Käfig ausgestellt, wird er sich seiner mit Schrecken bewußt, singt noch einmal zur Laute und darf ein letztesmal trinken und rauchen, was von den »künstlichen Zeitgenossen« als etwas Unglaubliches bestaunt wird. Prisipkin gelingt die Flucht an die Rampe: er fragt verzweifelt das Publikum, warum denn er allein eingesperrt sei im Käfig. Der Mann, der den ganzen Abend die Leute zum Lachen brachte, der stupsnasige Clown mit der roten Haartolle, greift nach ihrem Herzen – »Prisipkin, das humane Subjekt«. In diesem Augenblick wird auf den Flüchtigen geschossen. »Nicht schießen!« ruft der komische Kerl, und, während Swinarski seinen Eisernen Vorhang herunterläßt, noch einmal »Nicht schießen!« Natürlich drängt sich nur denjenigen, die es wissen, Swinarskis anderes Stichwort ins

Bewußtsein: »Nikita vor der UNO«, dennoch – die Wirkung der Betroffenheit löst sich in befreiendem Beifall, Beifall, der rhythmisch anschwillt, wenn sich zum Finale im Takt von mehreren Musikkapellen die Drehbühne bewegt, um die vielen Mitwirkenden vorzeigen zu können, die unbeweglich stehen. Allein Prisipkin winkt mit leichtem Händchen ein kleines musikalisches Adieu.
Vielleicht war ich nie auf der Bühne so schwerelos, so von mir selber entlastet wie in dieser Clownsfigur. Doch im gleichen Augenblick bin ich versucht zu sagen: ebenso gewiß aber war ich nie so dicht bei mir selber wie als Prisipkin. Was heißt das? Ist denn Schauspielkunst ein Paradoxon? Ist man wirklich nur ganz da, wenn man sehr weit von seiner Wirklichkeit entfernt ist, bedeutet Spielen die Durchdringung seiner eigenen Gegenwärtigkeit mit totaler Abwesenheit? Wenn das so ist, wie kann es zu einem solchen Traumzustand kommen? Und warum gerade hier?
Ich sagte es schon, ich sah mich anfangs gar nicht in der Rolle, ich war mir selbst keine naheliegende Besetzung dafür. Ein Sprung war nötig ins Fremde, einzutauchen in ein naiveres Bewußtsein. Auf andere Weise zu atmen, auf neue Art gehen, tanzen zu lernen mit anderen Füßen – mit der Würde eines Prisipkin.
Swinarski brachte einen Pantomimen aus Paris mit, Jacques Lecoq, und mit ihm zu üben hatte etwas Befreiendes. Es gab einen Moment, da setzte etwas in mir aus; ich verlor etwas, das ich so nicht wiederbekam: der Anspruch, den man an sich selber stellt, wurde ausgewechselt durch etwas, das mir verantwortungslos schien. Lebensfreude war auf simple Weise freigesetzt, kreatürliche Körperlichkeit war vorrangig. Und tatsächlich, außer dem Ringer Schmitz, einer Clownsfigur aus »Biedermann und die Brandstifter« von Frisch, hatte ich seit Jahrzehnten keinen körperlich arbeitenden Menschen mehr gespielt. Wie seltsam lebensfremd sind doch Theaterstücke! Diesen naiven Arbeiter zu spielen, war erholsam. Und es war sehr wirksam, weil seine Komik sich aus Würde entwickelt, endend in Schrecken und Tücke. Praller, menschlicher und immer einsamer wurde die Figur, je turbulenter Swinarski das Theater entfesselte . . .
Die Mittel, die er einsetzte, waren nicht mehr zu steigern. Es

begann mit einem Vorspiel, wo Russenchöre summten, Krakoviak getanzt, Moritaten geschmettert wurden, während hoch darüber ein Drahtseilakt den Absturz der Zarenfamilie zeigte, wobei sich als Einziger der Pope über das Seil rettete. Der frisch gebackene Gewerkschaftler Prisipkin wird in einem Oldtimer auf die Bühne gefahren wie Fritzi Massary in den zwanziger Jahren auf die Bretter des Metropol-Theaters. Ein weiblicher Chauffeur, eine richtige Salonschlange, steigt aus und öffnet dem Gewerkschaftler den Wagenschlag. Betont langsam erhebt er sich und wendet sich den Straßenhändlern zu, um sein neuerwachtes Konsumbedürfnis zu befriedigen, wobei er immer wieder gnädig zurückgreift auf das Portemonnaie seiner reichen zukünftigen Schwiegermutter, die von Berta Drews hinreißend verliebt gespielt wird. Helmut Wildt macht den verführerischen Freund Trombon, bei dem Prisipkin Tango tanzen lernt, zu einer seiner besten Rollen überhaupt. Bei diesen authentischen Leistungen wird man daran erinnert, daß Majakowski »Die Wanze« 1923 teilweise in Berlin geschrieben hat, und sicher gilt Swinarskis Ausruf, den er mir später auf die Figurine des Prisipkin geschrieben hat: »Besser als in Moskau!« ebenso für diese beiden Spieler. Aber auch daran erinnert der Ausruf, wie genau unser Regisseur die Moskauer Aufführung studiert haben muß. Gern würde ich wissen, wieviel darin noch von den Einfällen des Majakowski selber erhalten geblieben war, sozusagen als zynisches Andenken an den Revolutionär, der sich eine Kugel durch den Kopf schoß, als er einsehen mußte, daß der Konflikt zwischen Macht und Poesie nur lösbar ist in der Phantasie der Einzelnen – oder im Herzen des Clowns. Majakowski, für den das Wort Herz in seiner Verssprache den größten Stellenwert besaß und der – »ein Fest machen wollte aus jeder Stunde für den menschlichsten Menschen«.
Theater kann also die Träume von morgen vorzeigen, in dem es alles daran setzt, die von gestern zu entlarven. Swinarskis Aufführung war geträumt und geschichtlich zugleich. Sie war festlich. Swinarski war ein Festspieler.

Autorenfilm

Im Herbst 1965 wollte Max Frisch in Zürich eine kleine Geschichte verfilmen: »Die Asche eines Pfeifenrauchers«. Man findet sie als Episode in seinem Roman »Mein Name sei Gantenbein«, und sie wurde später als Skizze eines Films unter dem Titel »Zürich-Transit« veröffentlicht. Der Film kam nicht zustande, da die Produktion zweimal infolge Mißgeschicks abgebrochen werden mußte.

Zum Verständnis der Geschichte eines Mannes, der seinem eigenen Begräbnis beiwohnt, ist es nötig zu wissen, daß dieser, ein gewisser Ehrismann, seine Frau belogen hat: statt die vorgegebene Geschäftsreise mit dem Porsche zu machen, fliegt er aus privaten Gründen nach London. Der Porsche, von ihm am Flughafen abgestellt, wird gestohlen. Der Dieb rast damit auf einen Tankwagen und verbrennt. Die Leiche des Diebes wird als die Ehrismanns in Zürich beigesetzt.

Frisch hatte mir aus Rom einen Brief geschrieben.

»Ich habe dich in vielen Bildern gesehen: wie du dich auspeitschen läßt, wie Du als König stirbst. Und jetzt sollst Du dich nochmals als Lehrer in ›Andorra‹ heruntersaufen. Ferien, mein Lieber. Ferien! Ich freue mich, daß Du im August hier auftauchst, wir sind dann hier. Und daß Du schon von meinem kleinen Projekt weißt, hat mich verblüfft; ich wollte, sobald die Atlas einsteigt, Dir schreiben im Sinn freundschaftlich-nötigender Anfrage. Woher weiß man, daß ich an Dich gedacht habe? Das wäre herrlich. Du verstehst, um was es mir geht, und wir könnten da zusammen etwas ausprobieren. Es wird so ziemlich ein Ein-Mann-Film. Vielleicht ein voller, vielleicht ein kurzer; das muß sich aus der Arbeit ergeben. Das großkotzige Larifari mit Roman-Verfilmungen führt zu nichts, meine ich, man müßte simpel anfangen, eine einfache Geschichte umzusetzen versuchen ohne Belastungen vom Roman oder vom Stück her, original. Ein Lernstück, verstehst Du; vorher kann man nichts Großes angehen. Das Geschichtchen kennst Du? Ein Mann, der seinem Begräbnis beiwohnt, und nach einem Tag (in Zürich, regnerisch) ist erreicht, was im Leben nie und nimmer zu erreichen war: er fühlt sich frei von allen Bindungen, die ihm unbedingt erschienen sind, wirft seinen Hausschlüssel in den Briefkasten und haut ab. Basta. Warum Zürich? Weil ich mich da auskenne in Milieu und Gesichtern. Also Komödie. Ich möchte möglichst wenig Dialog, genau gesagt: keinen. Gesprächsfetzen nur als akustische Requisiten. Ich möchte ganz dabei sein, also auch beim Aufnehmen, das Drehbuch soll sich den Ergebnissen des Probierens anpassen, d. h. wenn Du, als Haupt-Solo-Figur, beim Spielen auf etwas kommst, was das Drehbuch nicht vorgesehen hat, wird es nicht dem Drehbuch geopfert werden, sondern umgekehrt. Natürlich starten wir nicht mit leeren Händen, schon mit einem Buch: als Vorlage, nicht als definitive Partitur. Ich habe den Verdacht, gute Filme werden so gemacht, nicht anders. Du bist ein herrlicher Probierer, ich habe es oft genug erlebt, drum dachte ich sofort an Dich. Um dieses Vorgehen zu versuchen, schlug ich eine story vor, die alles oder fast alles auf einen einzigen Hauptdarsteller stellt; eine teamwork-Kreation mit mehreren ist zu schwierig, unmöglich. Man soll mir das technische Fachwissen liefern, dabei hoffe ich, daß wir beweglich sind. Wenn Du in Rom bist, reden wir darüber.«

Mir war bange um die Ausführung, trotz meiner Vorfreude. Von der praktischen Filmarbeit wußte ich vielleicht am meisten, einmal vom Kameramann abgesehen: die Atlas-Film hatte nämlich das Glück, Sven Nyquist, den vertrauten Mitarbeiter Ingmar Bergmans engagieren zu können. Der freundliche Erwin Leiser hingegen hatte als Regisseur mit Schauspielern zu arbeiten keine Erfahrung. Er war ein guter Theoretiker, aber als Theoretiker seines eigenen Stoffes war Frisch besser, und so war den Hauptbeteiligten nach drei Tagen klar, daß wir einen eigenständigen Regisseur brauchten. Die Muster von der kleinen Szene mit dem Gastarbeiter in der Bar und dem Besuch Ehrismanns im Landesmuseum entsprachen nicht den Bildern, die Frisch sich vorstellte. Der aufregende Unterschied zwischen Reden und Machen wurde wieder einmal deutlich.

Der Entschluß, einen neuen Regisseur zu suchen, fiel dem Autor nicht leicht. Viel Zeit verging. Dann endlich stieg Bernhard Wicki ein. Bei ihm hatte ich schon in zwei Filmen gespielt, aber beide Male unter dem sicheren Dach eines amerikanischen Produzenten. Von Wicki, der in der Arbeit unerbittlich und doch ungewöhnlich kameradschaftlich ist, kannte ich die Stärken, aber natürlich auch die Schwächen. Würde ein deutscher Produzent ihn finanziell verkraften können? Seine ausufernde Phantasie, seinen optischen Perfektionszwang, seine Sucht, Massen ins Spiel zu bringen. Wicki nahm sich zunächst einmal Zeit. Noch einmal wurde das Buch durchgearbeitet. Wochen vergingen. Verträge mußten verlängert oder gar erneuert werden. Ich hatte Zeit, spazieren zu gehen und mich dabei an Wicki zu erinnern.

In Paris hatte ich im »Längsten Tag« einen deutschen General gespielt, der beim Kartenspiel von Fallschirmjägern der Alliierten überrascht wird. Wicki ließ den schweren Bomber, aus dem die Männer abzuspringen hatten, wohl ein Dutzend Mal starten. Das kostete ein Vermögen, mich ging's nichts an, aber der, den es anging, Mr. Zanuck, Hollywoods letzter Filmzar, Chef der allmächtigen »Twentieth Century Fox«, klatschte Beifall. Der kleine Herr mit den funkelnden Augen sog an seiner Zigarre und sah verliebt an Berny hoch, der ihm gegenüber ein Hüne war, ein Saurier. So sah Wicki jedenfalls aus. Er hatte sich einen Fuß gebrochen und trug Gips. Es war eine kalte Nacht. Berny steckte in einem mächtig wattierten, gesteppten Anzug, der allein ihn schon zum Ungeheuer gemacht hätte, auch wenn nicht die riesigen Krücken gewesen wären, auf denen er sich in kühnen Schwüngen vorwärts bewegte. Ein Schauspieler spürt seine Wirkung und weiß sie auszuspielen, und Berny ist schließlich nicht nur Regisseur.

Mr. Zanuck läuft mit trippelnden Schrittchen hinter dem Giganten her und nuggelt an der Zigarre und sagt verklärt vor sich hin: »I like Berny, he's a genius, I like him!«
Endlich fiel in Zürich die erste Klappe für unseren Film und zwar auf der Straße zum Krematorium. Böses Omen? Schnee war inzwischen gefallen und der Zug der schwarzen Trauergäste nahm sich wirkungsvoll darin aus. Die erste Aufnahme war eine Riesentotale. Der größte Kranwagen, der aufzutreiben war, wurde herangeschafft. Noch nie habe ich einen Regisseur so klein, so weit weg gesehen wie Wicki auf diesem Wagen. Es soll eine der aufregendsten Totalen geworden sein, die man je auf einer Filmleinwand gesehen hat.
Als wir nach drei Tagen fertig sind, ist der Schnee geschmolzen, und wir warten auf neuen, denn nun müssen alle Außenszenen, die am Tage des Begräbnisses spielen, im Schnee aufgenommen werden. Als erstes meine Szene mit dem Fremden, den Richard Münch spielt. Wir probieren sie lange ohne Schnee. Es fällt keiner. Wir ziehen vor, den Anfang der Szene unter die Arkaden eines Geschäfts zu verlegen. Hier aber möchte Wicki ein Stück aus der Hausfassade brechen lassen, das wird abgelehnt. Schnee fällt keiner. Inzwischen werden die Schienen, die Wicki für Kamerafahrten entlang der Limmat legen läßt, immer länger. Die Produktion entschließt sich, Schnee aus den Außenbezirken, wo er noch nicht geschmolzen ist, in die Innenstadt fahren zu lassen. Großes Gaudi für die Zürcher Jugend.
Nyquist probiert auf Bernys Wunsch einen riesigen Schwenk über den Turm des Fraumünsters. Wicki stellt fest, daß der Zeigerstand der Turmuhr mit der für das Drehbuch richtigen Zeit um Stunden differiert. Nach langwierigen Erkundigungen, wie man die Uhr verstellt, heißt es, das kann nur das Kantonale Elektrizitätswerk. Nach zwei Tagen kommt von dort die Nachricht, in einem solchen Fall müsse der Strom für das ganze Viertel abgestellt werden, das sei unzumutbar. Der Schwenk unterbleibt.
An diesem Abend setzen sich der Produzent und die Verantwortlichen zusammen und stellen einen neuen Zeitplan auf. Gegenüber dem ursprünglichen sind wir um drei Monate in Verzug. In knapp

drei Wochen aber beginnt mein Vertrag mit dem Schillertheater in Berlin, wo ich Goethes »Faust II« zu inszenieren habe. Bis dahin können die Aufnahmen niemals im Kasten sein.
Frisch fährt zu Barlog nach Berlin, ihn um Verlängerung meines Urlaubs zu ersuchen. Wicki ist verzweifelt. Vorsorglich fragt er mich, ob ich wenn alles Stricke reißen, einwilligen würde, daß Hans Christian Blech zum Beispiel meine Rolle übernehmen würde. Ich willige ein. Ob ich selber es auf einer Pressekonferenz mitteilen würde? Ich würde.
Frisch kommt aus Berlin zurück mit der Nachricht, ich müsse pünktlich antreten, da das gesamte Ensemble des Theaters, einschließlich der Werkstätten, sonst brachliegen würde. Ich kann Barlog verstehen, aber Frisch versteht den Wicki nicht. Auf H. C. Blech angesprochen, meint er, er schätze Blech sehr, aber nicht für diese Rolle. Sein belastetes, gezeichnetes Gesicht stehe der Figur entgegen. Die Rolle sei für mich geschrieben, für ein hiesiges, alltägliches Gesicht. Die Aufnahmen werden abgebrochen, der Autorenfilm ist gescheitert.

»Faust II«

Seit den fünfziger Jahren fühle ich mich dem Bildhauer Bernhard Heiliger freundschaftlich verbunden, wir sind vom gleichen Jahrgang. Eine Zeitlang waren wir die beiden Benjamine der Berliner Akademie der Künste, doch das ist längst vorbei.

Die Freundschaft mit Heiliger ist beruhigend. Aufregende Freundschaften sind unter Männern meist von kurzer Dauer, hat man doch zwei »Geschäfte« zu erledigen, die wahrhaft aufregend genug sind: seinen Beruf und seine Familie. Man braucht einen Freund, bei dem man ausruhen kann, der nicht nur fordert. Bei dem man seine Pfeife raucht und sich besinnt. Oder bei dem man vergessen kann. Dies können wir gemeinsam, uns besinnen und vergessen, und es spielt sich zwischen Heiliger, der aus Pommern stammt, und mir, dem Westfalen, meistens stumm ab.

Unsere Freundschaft ist nie sehr beredt gewesen, mit Worten haben wir uns nicht sonderlich verausgabt, eher mit Zeichen. »Ein Zeichen setzen, das Kraft aussendet«, das ist so ein Satz von Heiliger, der mir eingeleuchtet hat. Er enthält in der Nuß seine ganze Kunst. Und ich meine immer wieder, es handelt sich hier um Kunst.

Wir konnten irgendeine unwichtige Neuigkeit austauschen und uns dabei vor einen Bogen Papier setzen und anfangen zu zeichnen. Er von der rechten Seite und ich von der linken, oder umgekehrt. Manchmal mit Filzstiften oder, bei großen Bögen, mit Farbe. Wenn wir uns in der Mitte getroffen hatten, setzte jeder noch ein »Zeichen« in das Feld des anderen. Wir nannten es

»Gezeichnete Dialoge«. Solche Dialoge fanden meistens bei mir zu Hause statt oder im Restaurant. Einige Blätter haben wir aufgehoben.
Als wirklich beruhigend aber empfinde ich unsere Freundschaft, wenn ich in Heiligers Atelier bin, genauer gesagt, in seinem Atelier in der Hochschule. Es ist anonymer als sein Atelier zu Hause, wo auch Gesellschaften stattfinden und wo das Private den Vorrang hat. In der Hochschule trifft man Heiliger immer als den an, der er in erster Linie ist, der unermüdliche Arbeiter, ein behutsamer Experimentator, von oben bis unten mit Gips bestaubt. In seiner Arbeit ist er sich selbst genug. Er ist wie eine seiner vielen vegetativen Figuren, er möchte in Ruhe gelassen werden und still vor sich hin wachsen. Alles Geschäftige, alles Geschäftliche soll ferngehalten werden, und das erwartet er von der Frau. Aber wie stark müßte eine solche Frau sein? Eine Zeitlang hat Ragnwi, die Baltin, dieses Kunststück fertiggebracht.
Etwa dreißig große Skulpturen von ihm stehen auf öffentlichen Plätzen, und mehr als vierzig Museen auf der Welt besitzen eine oder mehrere seiner Arbeiten. Trotzdem ist Heiliger kein reicher Mann. Der Materialaufwand bei einem Bildhauer ist unvorstellbar hoch, und die privaten Lebenskosten sind es in seinem Fall auch. Er hat kein Verhältnis zum Geld, und nicht nur seine Autoleidenschaft ist ihm teuer zu stehen gekommen. Aber er kann von Glück reden, daß er kein Verhältnis zum Alkohol hat. Ich kenne kaum einen erfolgreichen Mann, der in dieser Hinsicht so unversucht ist.
Wenn man Heiliger beim Arbeiten zusieht – er tut dies zehn bis zwölf Stunden am Tag – wundert man sich, daß sein Leben so kompliziert verläuft. Niemand kann herausbekommen, was daran Ursache ist und was Wirkung. Ist sein Leben so kompliziert, weil er soviel arbeitet, oder arbeitet er so viel . . .? ich denke manchmal, es ist ein wahrer Teufelskreis. Heiliger sitzt im Labyrinth, und diese Position zeichnet ihn aus: es ist seine artistische Position.
Er ist übrigens als Zeichner so eigenständig wie als Bildhauer, so daß man bei ihm von zwei Berufen sprechen kann. Er ist ein sehr deutscher Künstler, eine grüblerische Natur. Vielleicht vertritt er in unserer Zeit das Gotische. Er ist ein Porträtist, der das geistige

Wesen des Darzustellenden erfaßt, und Theodor Heuss hat es genau gesagt: »Heiligers Köpfe haben etwas Seraphisches.«
Es lag nahe, ihn eines Tages zu fragen, ob er nicht Lust verspüre, einmal eine Bühne auszustatten, und zwar die für meine Schiller-Theater-Inszenierung von ›Faust II‹. Ich bin dankbar dafür, daß er annahm, und ich muß Barlog dankbar sein, daß er diesem Vorschlag zustimmte. Nun hatten wir eine Zeitlang beides, eine beruhigende und eine aufregende Freundschaft: die gemeinsame Arbeit.
Sie ging dialogisch vor sich. Unsere Zeichenübungen kamen uns dabei zugute. Auch wußten wir soviel voneinander, daß Unredlichkeit sich von selber ausschloß. Wir lasen gemeinsam den abenteuerlichen Text, den ich mit einem anderen Mitglied der Berliner Akademie der Künste, mit Hans Mayer von der Abteilung Literatur, eingerichtet hatte. Als Dritten aus der Akademie baten wir den Maler Alexander Camaro, die Figurinen zu entwerfen. So entstand auf selbstverständliche Weise etwas, das wir seit Jahren in der Akademie vergeblich versucht hatten, eine Art Gesamtkunstwerk, an dem Mitglieder aus drei Abteilungen gemeinsam arbeiteten. Wie immer auch Kritiker, Theaterwissenschaftler oder Philologen über diese Arbeit geurteilt haben oder noch urteilen werden, als ich am Tage der Generalprobe, am 5. Mai 1966, in die Hände klatschte, ging das Licht im Zuschauerraum aus, und fünf Stunden lang lief eine technisch makellose Aufführung über die Bretter des Schillertheaters, von der es hieß, sie sei »der wichtigste Schritt auf dem Wege, das größte Theatergedicht unserer Sprache für die lebendige Bühne zu gewinnen«. (»Theater heute«) Ein sprachliches und ein sinnliches Fest. Was wir seit vielen Jahren nicht mehr erlebt hatten, auf der Straße standen die Leute schon am Abend an, oder nächtigten im Kassenraum, um am anderen Morgen Eintrittskarten zu ergattern. Günter Matthes schrieb im »Tagesspiegel«: die Berliner teilten sich zur Zeit in zwei Gruppen, in eine kleinere, die den »Faust« schon gesehen hat, und in eine größere, die ihn noch sehen will.
Ich betonte den fehlerfreien technischen Ablauf darum, weil außer den hundert Schauspielern auch die Drehbühne, die Versenkungs-

maschinerie und zwei Flugapparate daran beteiligt waren und weil etwa hundertundfünfzig Musik- und Geräuscheinsätze über Band gefahren werden mußten. Ich betone es, weil unser Bühnenbildner ein Neuling war und weil die Bühne des Schillertheaters akustisch und optisch schwer zu bewältigen ist. Sie hat Tücken, die man nur als Schauspieler auf der Bühne selbst kennen und überwinden lernen kann. Das Theater aber präsentierte sich in allen seinen Abteilungen in einer Höchstform, die Ansprüchen gewachsen war, wie ich sie später nie wieder stellen konnte. Barlogs Bereitschaft, Verantwortung abzugeben, spielt hier eine rühmenswerte Rolle. Ich glaube, gerade weil Heiliger und in gewisser Weise auch Camaro Neulinge waren, waren sie bereit, sich mühelos einem Konzept anzupassen, und auf dem schmalen Pfad, der ihnen blieb, das Eigenste herauszubringen.
In Wilhelm Borchert als Faust und Erich Schellow als Mephisto hatte ich zwei Protagonisten, die mit Haut und Haar von ihrer Aufgabe ergriffen waren. Äußerlich sollten sie sich ähnlich sehen, um unsere dramaturgische Vorstellung von der Komplizenschaft der beiden, vom Zauberer und dem verzauberten Zauberer zu verwirklichen. Faust, der von Goethe kritisch gesehene Deutsche, der sich zu Mephisto in einer Art magischen Bruderschaft verhält, der sich vergeblich danach sehnt, die Magie von seinem Pfad zu entfernen. Die beiden waren sich in Kleidung, Haupt- und Barthaar wie Zwillinge ähnlich, aber Mephisto eben doch der giftige Schatten Fausts. Grüne Hautfarbe verlieh ihm eine andere, mehr theatralische Realität. Der Entschluß zu dieser Farbe war sicher richtig und war leicht zu fassen, die Ausführung allabendlich hingegen, wir spielten vor ausverkauftem Hause das Stück einhundertfünfzig Mal, war mühsam.
Schellow war damals in einer wunderbaren Verfassung, zu allem fähig. Eine Ehekrise machte ihn reif für eine Revolte gegen sich selbst. Er war bereit, sich umstülpen zu lassen wie ein Handschuh, der sonst so behutsam mit sich umgehende, seine Begabung in ästhetischer Manier vorführende schöne Mensch, ein Mann, der es genoß, auf Frauen wie Männer gleich stark zu wirken. Nun zerriß er auf den Proben die in sich selbst verliebte Haltung durch

absurde Sprünge und groteske Grimassen. Nachdem ich diesen Prozeß der körperlichen Infragestellung einmal in Gang gesetzt hatte, war ich verblüfft, mit welch wütender Radikalität Schellow ihn betrieb. Erregend, zu beobachten, wie Stimme und Körper eines Menschen das Gewohnte verlassen und sich sprunghaft-plötzlich im Fremden befinden. Als ob eine Spannfeder aus ihrer Arretierung gelöst würde.
Schellow als Mephisto war ein Ereignis. Er war es auch für sich selbst. Beglückendes Gefühl für einen Regisseur, sein Paradepferd, dem er die Stücklast auf den Rücken gebunden hat, am Ende eines fünfstündigen Galopps durchs Ziel laufen zu sehen.
Noch einmal hat Schellow mir als Regisseur diese seltene Genugtuung verschafft, als Marinelli in Lessings ›Emilia Galotti‹. Die künstliche Sprachlichkeit dieser Figur gelang ihm so körperlich zu »vertanzen«, daß dahinter die Schwerelosigkeit der Marionette zu ahnen war. Mein Regiekonzept für die Aufführung lief auf eine maskierte Tragikomödie im Stil der Comedia del Arte hinaus. Sie stieß auf heftigen Widerstand. Dann aber wurde sie an vielen Orten nachgeahmt. Universitäten führten Seminare durch unter dem Thema: Lessing und die Commedia del Arte. Friedrich Luft sagte mir, daß er in der Nacht nach der Premiere bis morgens um fünf anonym angerufen wurde: wenn er dies gut fände, werde er etwas erleben.
Neben dem tänzerischen Höllensohn stand Borcherts eher kompakter Faust, großbürgerlich, gebildet und sprachmächtig. Ein musikalischer Genuß zuzuhören, wie anmutig er das Liebesspiel mit Helena: die gereimte Wechselrede übt. »Nun schaut der Geist nicht vorwärts nicht zurück; die Gegenwart allein – ist unser Glück.«
Am Schluß dann, als erblindeter, dem Selbstbetrug erliegender Kolonisator im weißen Tropenanzug, erreichte Borcherts Sprache eine solche jenseitige Gewalt, daß der Zuschauer ihm sein Ende glauben mochte:

Zum Augenblicke dürft' ich sagen:
»Verweile doch, du bist so schön!

Es kann die Spur von meinen Erdetagen
Nicht in Äonen untergehen.« –
Im Vorgefühl von solchem hohen Glück
Genieß ich jetzt den höchsten Augenblick.

Faust sinkt den Lemuren in die Arme, die sein Grab geschaufelt haben. Sein Herzschlag ist deutlich über Lautsprecher zu hören. Mephisto steht direkt hinter Faust.

Der mir so kräftig widerstand,
Die Zeit wird Herr: der Greis hier liegt im Sand!
Die Uhr steht still –

Mephisto deckt sich eine Sekunde lang vollständig mit Faust, da plötzlich setzt der Herzschlag aus. Die Lemuren flüstern: »Steht still! Sie schweigt wie Mitternacht. Der Zeiger fällt –« darauf Mephisto mit der weitausholenden Geste des am Kreuze Hängenden, gellend: »Er fällt! Es ist vollbracht.«
Vier Wochen später stand ich selbst dort oben auf der Bühne als Mephisto und kostete die Macht aus, die dem Schauspieler in solchen theatralischen Höhepunkten gegeben ist. Dabei war mein Gesicht von Tränen überströmt, nicht Tränen vor Ergriffenheit, sondern vor körperlichem Schmerz. Tränen, Schweiß und Schminke vermischten sich. Was war geschehen?
Es war von Anfang an mit dem Generalintendanten Barlog beschlossen worden, für die drei Hauptrollen eine alternierende Besetzung bereit zu haben. Der Einsatz des gewaltigen Apparats und das ungewöhnliche Aufgebot der Schauspieler sollte von einer eventuellen Erkrankung Borcherts, Schellows oder der Liselotte Rau, die die Helena spielte, unabhängig sein. Am Morgen nach der Premiere, die Zuschauer hatten noch nach Mitternacht volle zwanzig Minuten stehenden Fußes applaudiert, begannen schon die neuen Proben mit Helmut Wildt als Faust, mit Edith Schneider als Helena und mit mir als Mephisto.
Es war ein Vergnügen, die für Schellow erfundenen Stellungen, Figuren und Reaktionen nun mit eigener Intensität zu füllen. Die geistigen Bögen zu schlagen, die das Werk wie Stahlseile zusam-

menhalten, spannen und schließlich tragen. Das Stück, mit Vertrauen auf das Herstellbare, in beide Hände nehmen und, es hochstemmend, vorzuzeigen. Geistige und komödiantische Schwerarbeit. Wo, außer beim Dritten Richard wird ein Schauspieler so gefordert wie hier!
Man hat Glück, wenn die richtige Rolle im richtigen Moment auf einen zukommt: wenn der Schauspieler geistig schon so weit ist, um ihr zu genügen, aber körperlich noch so auf der Höhe, um sie auch durchhalten zu können; denn Theaterspielen ist vor allem auch eine körperliche Angelegenheit.
Mephisto hat die verrückte Chance, sich in ein Weib zu verwandeln. Die blutrünstige Drohung der Phorkiade, Helena und die Ihren umzubringen, und mehr noch die rituelle Vorbereitung dieses Lustmordes, die Einschüchterung des Opfers, geht über die Gestaltungen der Greuelcharaktere Shakespeares hinaus. Die internationale Schaubühne einschließlich der antiken Tragödie gibt keinen Spielraum frei, der von einem Schauspieler so auszunutzen ist, wie die unverstellte Haßorgie dieser »Graientochter«, gespielt vom Spieler Mephisto, einäugig mit nur einem Zahn: gewiß kein appetitlicher Hermaphrodit. Goethes Phantasie legt hier Dinge bloß, die man nicht für möglich hält, und die doch drin stehen, wenn man zu lesen weiß und wenn man den Mut hat, sie so unverstellt zu spielen, wie sie gemeint sind. Hier noch mehr als im Politischen des Stückes sind des Dichters Begründungen zu suchen für seinen Entschluß, das Manuskript zu versiegeln, und die Auseinandersetzung darum, auf die Zeit nach seinem Tod zu verschieben. Nicht von ungefähr beginnt die Szene mit den Worten der Phorkias:

> Alt ist das Wort, doch bleibet hoch und wahr der Sinn:
> Daß Scham und Schönheit nie zusammen, Hand in Hand,
> Den Weg verfolgen über der Erde grünen Pfad.
> Tief eingewurzelt wohnt in beiden alter Haß,
> Daß, wo sie immer irgend auch des Weges sich
> Begegnen, jede der Gegnerin den Rücken kehrt.

Die monströse Szene höhlte mich von Probe zu Probe mehr aus: sie nahm mir alles weg und gab mir alles neu. Erschreckende Begegnung mit der Graiin in jedem Mann. Es war, als hätte ich in unreinem Blut gebadet, wenn ich die Szene hinter mir hatte. Die Vorschläge, die mir meine Phantasie machte, waren kühner als die, die ich einige Wochen zuvor Schellow gegenüber gemacht hatte. Ich riß die Türe zu einer Dunkelkammer auf, die dem Theater einen kleinen Spielraum mehr gab. Auch wenn dies unbemerkt geblieben sein sollte – ich selber weiß es.
In Zukunft konnte ich eigentlich zu Hause bleiben, denn ich hatte mein Ziel erreicht, ich war ins Unentdeckte gegangen. Aber kam ich auch heil daraus zurück?
Mit dieser Rolle begann die Reihe meiner Amputationen auf der Bühne, die hin bis zum »König Lear« von Edward Bond führt, meiner eigentlich letzten Rolle, die mich dadurch von der Bühne wegtrieb, weil ich sie gesichtslos unter einer Vollmaske zu spielen hatte und weil ich mich nicht einmal ernsthaft dagegen auflehnte. Ein selbstzerstörerischer Weg, über den noch zu reden sein wird.
Von einem Kieferchirurgen ließ ich mir also für meine Phorkias eine Prothese für den Oberkiefer machen mit nur einem Zahn. Die Zähne des Unterkiefers bedeckte ich für diesen Akt mit schwarzem Zahnlack. Der Maskenbildner Hans Dublies, er hat mir dreißig Jahre mit viel Phantasie und Präzision geholfen, fertigte eine Teilmaske an, die das rechte Auge verschwinden ließ im grün geschminkten Gesicht.
Dieses Grün forderte im letzten Akt Selbstverleugnung. Ich wollte, und auch Schellow wollte es, den betrogenen, um die Seele Fausts geprellten Teufel als ein armes Luder spielen, eine Art Oberheizer der Hölle, im Gegensatz zur letzten theaterhistorisch gültigen Mephisto-Inerpretation, der von Gustaf Gründgens, der ihn bekanntlich als Gefallenen Engel darstellte.
Der Oberheizer also trug passend zum modernen Tropenanzug des altgewordenen Kolonisators Faust nichts als ein schwarzes, grobes Netzhemd, was zur Folge hatte, daß die grüne Farbe auch auf Arme, Hände und auf den Oberkörper des Darstellers aufge-

tragen werden mußte. Oft genug hatte ich Gelegenheit, diesen Einfall zu verfluchen.
Die letzte Probewoche war angefüllt mit der Vorfreude, etwas Neues vorzeigen zu dürfen, aber meine schlimmen Unfälle vor Generalproben ließen mich nicht allzu übermütig sein. In mir war eine Mischung von Vorfreude und Angst, die seit dem blutigen »Macbeth«-Unfall in Zürich nicht mehr von mir gewichen war.
Wie immer vor einer Premiere suchte ich durch Spaziergänge oder durch Beschäftigung in der freien Natur meine Not zu beschwichtigen. Diesmal beschnitt ich Sträucher im Garten. Sie waren nicht sehr hoch, und ich benutzte dazu einen dreibeinigen Hocker aus Metall, auf den ich mich stellte. Ich hatte beide Arme nach oben gereckt, als ein Bein des Hockers in ein Maulwurfsloch rutschte, ich mit dem Hocker kippte und mir die Stahlkante des Hockertellers so auf die Nieren schlug, daß sie gequetscht wurden, wie das Röntgenbild zeigte, das am selben Tag aufgenommen wurde. Ich schrie vor Schmerzen. Sie hielten eine ganze Woche an. Hatte ich an den Schlaf der Welt gerührt? Mußte ich zurückgeschlagen werden wie beim »Macbeth«?
Man legte mir eine Maurerbinde an, und ich spielte. Wenn man das Theater ernst nimmt, spielt man – oder man geht weg vom Theater.

Wir schreiben den ersten August. Die Sonne hat ihren höchsten Stand erreicht: Sommer auf Montalto. Es ist, als ob die Zeit still stünde. Doch dies meint nur der Nordländer. Die gleichmäßig schöne, die südliche Wärme kann nicht darüber hinwegtäuschen, daß der Winter schon in der Luft liegt, noch ehe sich der Sommer erfüllt. Nur einen Augenblick braucht es, wenn sich die Hitzespenderin hinter Wolken versteckt – und diese steinige Welt mit der verbrannten Vegetation scheint zu frieren: die goldbraunen Mauern erblassen zu kaltem Blau.
Nirgendwo, wo ich auch immer war, hatte ich dieses unwirkliche Gefühl, daß alle vier Jahreszeiten übereinander liegen, nicht hintereinander, daß diese vier immer gleichzeitig gegenwärtig sind.

Selbst Tag und Nacht liegen übereinander. Wie oft sieht man hier bei strahlender Sonne den wäßrigen Stempel des Mondes, ihres nächtlichen Gegenspielers, am Himmel stehen. Rührt daher das Unwirkliche dieser Landschaft? Worin mag es seine Ursache haben? Liegt es an dieser besonderen Höhenlage im Wind, liegt es an der genau mittleren Situation zwischen zwei Meeren, dem adriatischen und dem thyrrenischen?
Dante war hier zu Hause, und ich fange an zu begreifen, daß sein Paradies immer auch die Hölle sein konnte und seine Hölle das Paradies. Die nackten Beinstümpfe der Verdammten, die aus Felsenschründen mit den Sohlen in die Luft ragten, schritten eben noch in goldverschnürten Sandalen durch das Rebland. Hier ist man versucht, sich gleichzeitig mit einer Sache immer auch ihre Umkehrung vorzustellen. Verständlich, daß der Dichter des Südens sich seine Hölle – im Eismeer vorstellte.
Gestern haben wir Lavendel geschnitten und zehn pralle Garben nach Casalvento gebracht zu Professor Domini, einem eremitierten Lehrer der Universität Siena. Er wird die Blütenkapseln destillieren und uns mit historisch anmutender Gentilezza eine Woche später die Flasche mit der duftenden Essenz überreichen.
Außer den vielen Fremden sind jetzt auch viele Bekannte hier in der Gegend, und wir bekommen öfter Besuch, als uns lieb ist. Solche Überraschungen werden durch das Spiel mit den Bocciakugeln wettgemacht. Die klassische Bahn, zweiundzwanzig Meter lang, erfordert je nach ihrem Zustand, der von der Witterung abhängig ist, immer wieder eine andere Aufmerksamkeit, aber trotzdem halten der Zufall und die Präzision des Spielers sich die Waage. Ein zwiespältiges Spiel, es scheint für diese Landschaft erfunden zu sein.
Wir spielen nicht ohne Ehrgeiz. Das haben wir von unserer Freundin Mara gelernt, der Besitzerin des Ricavo-Hotels. Alles, was sie tut, tut sie ganz. Von ihr haben wir die Boccia-Technik gelernt, aber auch ihre Leidenschaftlichkeit haben wir übernommen. Übers Spielen hat sich eine Freundschaft entwickelt, die noch eine dritte Wurzel hat, die Beziehung zu Berlin. Wie klein ist die Welt! In den späten zwanziger Jahren gehörte dieser Schweizerin

zusammen mit ihrem Mann Ralph Scotoni die Terra-Filmgesellschaft in Berlin. Wir brauchen nur anzutippen, und wir haben Gesprächsstoff und Bekannte die Menge. Kein Wunder, daß wir dankbar sind für diese Freundschaft.
Wir konnten unser Verhalten in diesem Land nach Mara richten, die fünfundzwanzig Jahre hier ist, und wir haben auch ihre Disziplin in der Einteilung des Tages übernommen.
Das Ricavo-Hotel in unmittelbarer Nachbarschaft ist unsere Brücke zur Welt. Hier kann man Freunde unterbringen oder Bekannte zu einem Gespräch aufsuchen. Es wird von einem jungen Schweizer geleitet, der es von Mara gepachtet hat. Und jetzt ist bald Hochzeit auf Ricavo. Der Direktor heiratet seine Gehilfin. Drei Tage soll gefeiert werden.
Die weißen Pfauenschwanztauben haben Junge, den ganzen Tag sperren sie vor Hunger die Schnäbel auf. Als wir gestern spät in der Nacht von Montepulciano nach Hause kamen, Hans Werner Henze hatte dort sein Musik-Festival eröffnet, lag ein Stachelschwein vorm Haus und knabberte an den Knollen der Schwertlilien, die es mit seinem mächtigen Rüssel ausgehoben hatte. Endlich sahen wir eins! Unser exotisches Paradies ist komplett: Skorpione, Schlangen und Stachelschweine. Daß es sie auf Montalto gebe, hatte uns Tassi, der Jagdaufseher, erzählt und zum Beweis einige von den bleistiftstarken quergestreiften Stacheln mitgebracht. Sie können von dem Tier, wenn es erregt ist, wie Pfeile abgeschossen werden und sind leicht giftig. Ich hatte sie an Prosperos Zauberstab gebunden, den ich auf einer Tournee mit Shakespeares »Sturm« als Requisit benutzte, und gestern nacht hatte Don zwei von diesen langen Geschossen im Fell. Ohne den Hund hätten wir das vielleicht zwanzig Kilogramm schwere Tier in der Dunkelheit gar nicht bemerkt. Stachelschweine sind scheue Tiere, ihr zartes Fleisch wurde schon im alten Rom als ungewöhnliche Delikatesse geschätzt. Gesa und ich schrien auf vor Bewunderung, als sich im Bruchteil einer Sekunde die riesige archaische Krone im Irisfeld entfaltete, nachdem Don sich wie ein Rasender auf das Tier gestürzt hatte. Nur mit vereinter Kraft konnten wir den Rüden halten.

Don trägt bei Spaziergängen seit längerem einen Maulkorb: das trächtige Schaf ist leider nicht sein einziges Opfer geblieben. Jetzt ist endlich Ruhe, aber zweimal mußte noch ein Zicklein daran glauben. Der Bauer, dem die Ziegen gehören, hat den schönen Namen Antenore und ist inzwischen unser Freund geworden. Er erschien eines Tages in Begleitung des Maresciallo der Carabinieri auf unserem Hof, der in der farbenprächtigen Uniform seine Rolle so perfekt spielte, als sei er De Sica persönlich. Neben ihm war Antenore ein verstörter Komparse. Der ganze Auftritt wirkte wie Bilder aus einem Film nach einer Novelle von Pirandello.

Mit großer Höflichkeit betonte der Maresciallo, daß er eigens seinen Privatwagen aus der Garage geholt habe, um die Fahrt nach Montalto nach außen hin so unauffällig wie möglich zu gestalten und eine außeroffizielle Lösung des Deliktes zu ermöglichen. Er schilderte die Armut des neben ihm stehenden, sichtlich leidenden Antenore, der von seiner Ziegenherde leben müsse. Leider habe er eben bei seiner Ankunft auf Montalto den Canone nero, den schwarzen Riesenhund, unangebunden angetroffen, eine Tatsache, die, sollte es zu einer Anzeige von seiten Antenores kommen, von ihm unmöglich verschwiegen werden könne. Schon aus diesem Grunde sollte man eine freundschaftliche Lösung vorziehen und bedenken, daß Antenore mir seine offene Hand entgegenstrecken würde. Dann wandte sich der Maresciallo mit gespielter Absichtlichkeit von uns ab, und wir hörten im gleichen Moment den Carabinieri, der ihn begleitete, die Summe nennen, die für die offene Hand ausreichend wäre. Erst nachdem die Lirescheine in Antenores Hand verschwunden waren, wendete sich der Maresciallo mit großer Höflichkeit wieder uns Betroffenen zu. Er betonte, daß wir Freunde blieben, wenn der Hund an der Kette wäre, verabschiedete sich und vergaß nicht, noch einmal auf den privaten Charakter seines Besuches hinzuweisen.

Beim zweiten Zicklein wurde die Sache zwischen Antenore und mir direkt geregelt. Er hatte uns angerufen, laut fluchend, Don sei da gewesen und habe zugebissen. Der Fuchs könne es nicht gewesen sein, der halte sich an das Federvieh und sei gar nicht fähig, Ziegen zu reißen. Beklommen fuhren Gesa und ich nach

Casanuova hinunter. Antenore stand vor seinem Haus. Er sah uns kommen. Nachdem wir die letzte Serpentine des Weges hinter uns gebracht hatten, beobachteten wir beim Aussteigen, wie er uns ostentativ den Rücken zukehrte, ein Bein auf die halbhohe Mauer stellte und den rechten Arm auf sein Knie stützte: ein Standbild männlichen Schmerzes. Er sann in die Weite und tat so, als hätte er uns nicht kommen sehen. Seine Trauer wirkte so überzeugend, daß wir Minuten brauchten, ehe wir wagten, ihn anzusprechen. Dann sahen wir in seinen dunklen Tieraugen, wie sehr er unser Zögern genoß. Das Gespräch tröpfelte. Schließlich nannte ich eine Summe. Er schüttelte langsam seinen Kopf. Ich nannte eine höhere, er blieb bei seiner langsamen Bewegung, ich nannte eine kleinere, er sagte: »Nulla, nulla.« Dann wollte er uns die tote Ziege zeigen. Gesa lehnte ab mitzugehen, sie könne es nicht. Ich glaubte, eine Aufhellung des Schmerzes in seinem Gesicht zu sehen. Ich ging mit ihm in den Grund hinunter, wo das aufgeblähte Zicklein am Wassergraben lag. Er blieb stehen, nannte mich beim Vornamen, es war das erstemal, daß er das tat, und sagte: »Ernesto, unsere Frauen hängen mit Leidenschaft an den Tieren: Ihre an dem schönen Hund, meine an den Ziegen. Was können wir Männer da tun? Vielleicht machen Sie sich so wenig aus dem Hund, wie ich mir aus meinen Ziegen mache; ich würde gelegentlich lieber ein Huhn essen als ein Zicklein. Wir müssen uns damit abfinden.« Es klang wie eine Tröstung. »Aber wenn Sie Ihrer Frau den schönen Hund erhalten wollen, binden Sie ihn fest. Die Jagdaufseher haben Fuchsfallen aufgestellt, und wenn er da hineingerät, kommt er nicht wieder heraus.« Ich merkte zum erstenmal, was sich später immer deutlicher herausstellte, er hatte mehr Angst um Don als um seine Ziegen.

Ab und zu ruft Antenore an, um zu hören, wie es geht und ob Don zu Hause sei.

Eine Bühne für Alchimisten

Die einzige Stätte, wo manchmal Goldmacherkünste gelingen, ist die Bühne. Teo Ottos Wort: »Als Bühnenbildner ist es meine Aufgabe, aus Dreck Gold zu machen«, zielt auf ein Theater, das man alchimistisch nennen kann.

Der Exilpole Witold Gombrowicz war ein Goldmacher auf der Bühne unserer Zeit, und ich war sein Handlanger. Mit Poesie wollte er unserer Wirklichkeit beikommen, wollte die Wörter als Goldmünzen, als blanke Wahrheit wieder in Umlauf setzen von der Bühne herunter. Wollte seinen Figuren Glanz geben vom Goldgrund alter Bilder und sie so in die Zukunft projizieren.

Ein irrwitzig festliches Theater voller Prozessionen und Litaneien, anrennend gegen die Selbstentfremdung; ein liturgischer Sturm auf das eigne Ich. Eine Messe, in der plötzlich lauthals gebeichtet wird, um zur Kommunion mit sich selbst zu kommen. Immer neue Verkleidungen, nur um beim Wechseln der Gewänder Klarheit zu erhalten über die eigene Nacktheit. Älteste Spielmuster sind nachzuvollziehen, um das Ebenbild wiederzufinden. »Kann man sich etwas Seltsameres denken, als diesen possenhaften Marsch von Schatten im Dunst der Illusion?«

Henrik in »Die Trauung« spricht es aus, er weiß um die Illusion seines Verlangens, Reinheit wieder herzustellen in einer verhurten Welt. Ein Parzival, der aus dem Kriege heimkehrt, findet das elterliche Gutshaus als Kneipe vor, die Braut als Dirne: eine ver-rückte Welt. Henrik aber braucht die Illusion, er will die Braut als Jungfrau und verspricht sich selbst die Trauung: unantastbar will er sein. Er

hat es erfahren, irgendein Finger braucht nur auf irgend etwas zu zeigen, und, während alle auf diesen Finger schauen, entsteht Verdacht, Verrat und Verwünschung. In dieser Welt des Antastens, des Betatschens, verselbständigt sich der Finger und wird in Henriks Traum zu einer überdimensionalen Figur: der Säufer.
(Das unkritische Von-sich-selbst-Besoffensein war ein zentrales Problem im Denken von Gombrowicz.) Auch Henrik berauscht sich an sich selbst, wird selbst zum Antaster jenes, der um die Ordnung zittert, seines sich unantastbar dünkenden eigenen Vaters, und mit der ausgegebenen Parole »An die Fresse packen!« wird Henrik zum Terroristen.
Am Abend des neunten Januar 1967 gelang Goldmacherkunst auf der Bühne des Schillertheaters – wenn man Alchimie als etwas versteht, das immer auch auf Zukünftiges Bezug hat:
»So bleibt auf die Dauer dieses Abends schließlich alles in allem gegenwärtig: der private Konflikt von Sohn und Eltern als der von Machtanspruch und Macht, dieser als Staatsschicksal, Staatsschicksal als Auswirkung des privaten.« (Günther Rühle.)
»Die deutsche Erstaufführung des polnischen Stückes ist ein wahrer Glücksfall des Theaters: eine hochbrisante, literarisch-poetische Vorlage, eine nur genial zu nennende Interpretation, ein genau treffendes Bühnenbild, eine adäquate Musik, eine hervorragende Choreographie und bedeutende Schauspieler, aus denen der Spielvogt Bedeutendes heraustreibt.« (Walther Karsch)
Helmut Griem war Henrik in meiner Inszenierung. Von dieser Leistung schrieb Friedrich Luft, sie sei »der Durchbruch eines jungen Schauspielers in die Größe«. Hans-Dieter Zeidler war der »Säufer«. Beide Schauspieler, körperlich in ihrer Höchstform, waren es auch in ihrer geistigen Zucht. In monologischen Augenblicken gelang es ihnen, die poetische Aktualität des Stückes durchsichtig werden zu lassen. Als Besetzungen ideal, haben sie mit ihrem sprachlichen Können, zum Beispiel mit ihrem Mut zum Psalmodieren, stilistisch an der Inszenierung geholfen. Ihr Mut erst ermöglichte meinen Mut. Sie waren die Konzertmeister der Aufführung, denn nur im konzertanten Spiel kann sich hier Sinn enthüllen.
Erinnerungen hängen wie Vorhänge über den Sprachbildern und

sind vom Schauspieler wegzureißen in sinnfälligen Momenten. Poesie der Dämmerung. Ihre Künstlichkeit wird sichtbar vor dem Hintergrund unflätiger Banalität. Der Tisch im Elternhaus ist bestellt mit »Suppe aus Pferdedärmen und Katzenpisse«, aber bevor man zum Essen Platz nimmt, ist ein langes Schreiten nötig, eine Polonaise »als wenn man Glocken läutete oder Posaune blies«. Gombrowicz' anspringende Lebendigkeit erwacht zwischen den Kontrasten. Eine Geste ahmt die andere nach, bis sie betroffen macht; dieser Moment wird durch Sprache etikettiert und erhält allein dadurch eine solche Kraft, daß er den Ablauf des Stückes zu ändern vermag. Existenzielle Dramatik, die man fälschlich als Absurdes Theater bezeichnet hat, denn sie ist schon zwei Jahrzehnte früher erfunden worden. »Yvonne, Prinzessin von Burgund« wurde 1935 geschrieben und »Die Trauung« 1946.

Viele Schriftsteller haben von Gombrowicz genommen, und, was das heutige Theater betrifft, so sind dessen Mittel noch immer nicht auf der Höhe seiner Forderung. An ihm, wie an Barlach, werden sich noch Generationen auf der Bühne versuchen müssen. Ein nicht aufzuhellender poetischer Rest bleibt. Persönlichkeiten sind nötig, die diesen Rest unter dem Mantel ihrer eigenen Dunkelheit zum Glühen bringen. Schauspieler-Alchimisten, deren Hitzegrade ausreichen, schwierige Texte zu Asche zu verbrennen. Erst in der Asche wird poetische Wahrheit sichtbar.

Herbert Grünbaum ist ein solcher Schauspieler. Das Gegenteil eines wendigen Komödianten, ein rauher Bassist, aber wenn er es aus sich herausgeholt hat, kann er seinen unbeholfenen Händen befehlen, das Glühende vor uns hinzuhalten, ohne es erkalten zu lassen. Er war als »Kanzler« der groteske Schrecken der Aufführung, wenn er nach Henriks blutigem Terrorakt die totale Inhaftierung des Reiches meldet: »Auch die Polizei ist verhaftet worden. Frieden. Ruhe. Freudigkeit.«

Und was für eine Goldmacherin kann Gudrun Genest sein! Die irre Besitzgier, mit der sie als Mutter den verlorenen Sohn anspringt mit immer neuem Halleluja, halleluja! Es macht frösteln, wie diese Glucke sich zur Königin mausert. Auch sie war, wie Griem und Zeidler, eine stilistische Helferin.

Ralf Schermuly als Wladzio war der geopferte Freund. Dieser junge Schauspieler hatte die vertrauliche Zartheit des Traumes, von der unser Autor sagt, daß sie uns tiefer erreicht als die glühendste Leidenschaft des Tages.
Dagmar von Thomas spielte die Rolle der Dirne und gedemütigten Prinzessin. »Lähmend lasziv in stummer Verderbnis.« (Günther Grack.)
Von dem Augenblick an, da ich als Regisseur für den erkrankten Wilhelm Borchert die Rolle des Vaters übernehmen mußte, war ich noch mehr als sonst auf die Mithilfe meiner beiden Assistenten Bernhard Specht und Helge Thoma angewiesen. Sie waren gewiß keine unkritischen und gerade deshalb besessenen Helfer. Im wahnwitzigen Taumel der Wortkaskaden des Gombrowicz behielten sie die Nerven und überwachten das Konzept am Pult, denn acht Tage vor der Premiere stieg ich selbst auf die Bühne, in die Dunkelheit einer von Worten verursachten Welt, stellte mich ihrem Terror, wurde ihr rhythmisches Werkzeug, verwünscht und verwünschend, sich selbst erschaffend und sich selbst verratend durch Worte. Ich war wie von Sinnen: wer sich auf Gombrowicz einläßt, wird zwanghaft selber Gombrowicz. Die letzte Woche verging wie im LSD-Rausch, aber wie sonst sollte eine solche Aufführung zustande kommen? »Eine Inszenierung von wollüstiger, berserkerhafter Trauer« (Karena Niehoff.)
Jetzt kam auch Tatjana Gsovsky wieder auf die Proben, die ich gebeten hatte, mir bei der Choreographie des Zeremoniells einer in Verwesung übergehenden Gesellschaft zu helfen, aber es zeigte sich bald, daß die Künstlichkeit, die bewußte Künstlichkeit der Worte von Gombrowicz sich jede stumme Zutat verbittet. Wohl nirgendwo im Drama ist das Verhältnis von Geste und Wort so untrennbar dicht wie bei ihm; in diesem allerengsten Zwischenraum erschaffen sich seine Figuren. Die eigenschöpferische Tatjana sah keine Möglichkeit, ihre Phantasie einzubringen, sie war von den Proben weggeblieben und kam zum Schluß, als alles fertig war, um uns mit ein paar entscheidenden Eingriffen zu helfen, wie das kurz vor der Premiere nur großen Szenikern gelingt.
Mit Boris Blacher war das anders. Ihm hatte ich von Anfang an

Karl Hetmann in »Hidalla« von Frank Wedekind

Marquis de Sade in »Marat« von Peter Weiss

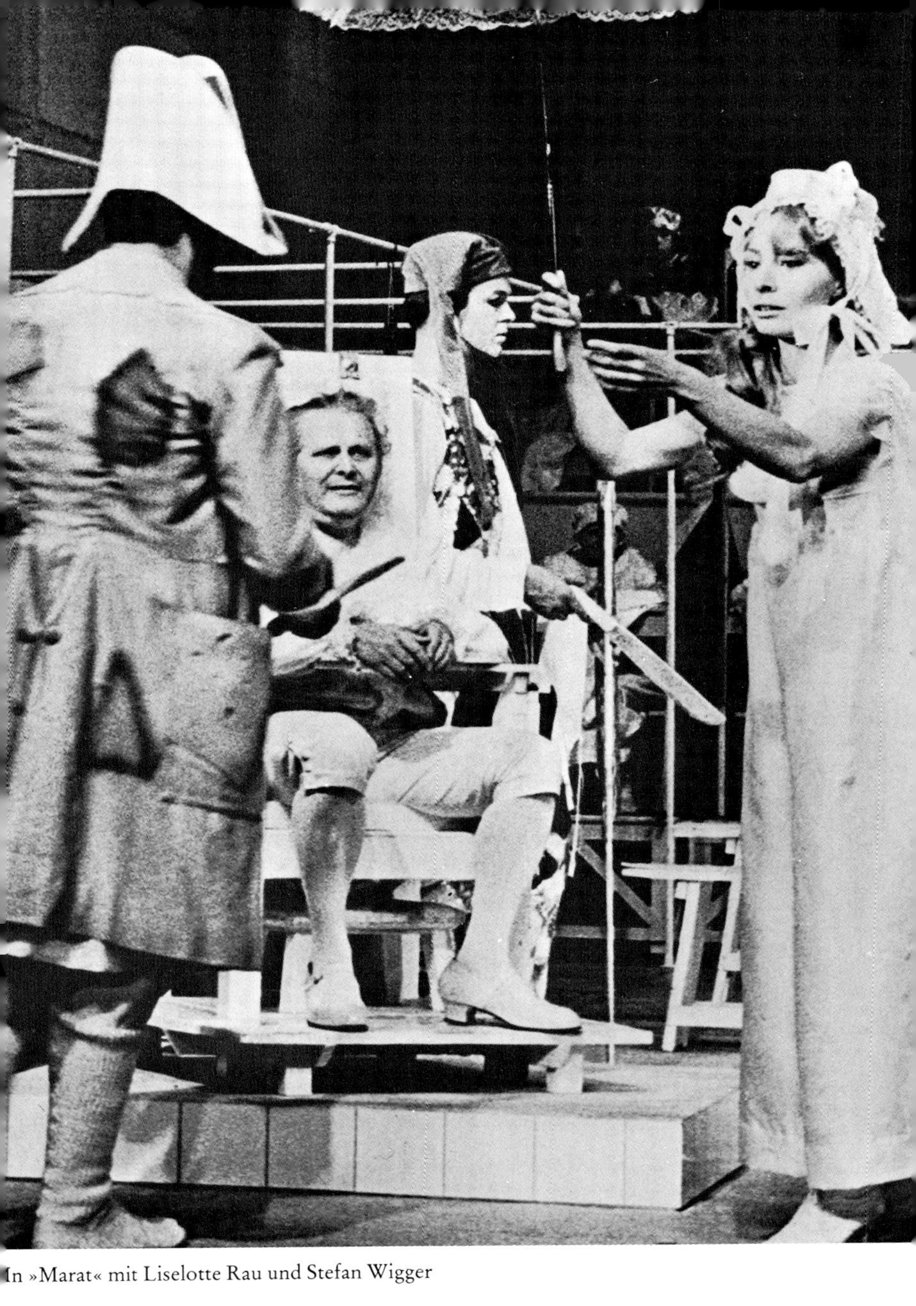

In »Marat« mit Liselotte Rau und Stefan Wigger

1.

2.

3.

4.

Regie
1. »Yvonne« von Gombrowicz mit Lu Säuberlich und Reinhild Solf
2. Mit Martin Held (Falstaff) und Volker Brandt
3. »Heinrich IV.« von Shakespeare mit Herbert Wilk, Thomas Holtzmann und Martin Hirte
4. Mit Thomas Holtzmann

»Jedermann«, Salzburger Festspiele

Mephisto am Ende von »Faust II«

»Der zerbrochene Krug«. Gerichtsrat Walter mit Evchen: Christiane Schröder

Mit Don in Wannsee

meine Wünsche präzisiert: Chopins As-Dur-Polonaise, Tschaikowskys Mazurka und einige Takte des Hochzeitsmarsches aus »Lohengrin« – sollten dem Kontrastkitsch der »Rosamunde« ausgesetzt werden, dem europäischen Soldatenschlager aus der Entstehungszeit des Stücks, der wie gemacht schien für die Auftritte des schweinischen Säufer-Quintetts. Blacher zuckte nicht mit der Wimper; mit Lässigkeit brachte er alles unter einen Hut. Er war nicht nur ein Kenner der Arbeiten von Gombrowicz, sondern hatte, genau wie der Regisseur, den Poeten noch in persönlicher Erinnerung als einen sich in Berlin einsam fühlenden Gast der Ford-Stiftung, mit dem wir gemeinsam 1963 durch den Tiergarten spaziert waren, die Bedeutung seiner »Trauung« damals mehr ahnend als um sie wissend.

Zwischen uns war ein traurig wirkender Herr gegangen, mit schmerzlich verzogenem Mund und mit erstaunlich großen Ohrmuscheln. Sie schienen so weit geöffnet, als wären sie beunruhigt, weil sie ununterbrochen den erschreckenden Wortkaskaden eines jungen Menschen zuhören mußten, seines Henriks, der dem sehr ähnlich gewesen sein mag, wie ihn fünf Jahre später Helmut Griem spielte: »die blonde Bestie – der Träumer als Terrorist.« (Windelboth.) Wie Radarlauscher umgaben diese Ohren den Kopf, als erwarteten sie, was Gombrowicz von der »Trauung« schreibt: »zu der Wirklichkeit vorzudringen, die von der Zukunft verborgen ist. Das ist ein Traum von der Epoche, der die Qualen unserer Zeitgenossenschaft ausdrückt, aber auch ein der Epoche vorauseilender Traum, der zu erraten versucht ...«

Wer in den Tagebüchern des Gombrowicz die Qualen unserer Zeitgenossenschaft verfolgt, wird zum Zeugen einer Terrorisierung durch Wörter, die der Autor mit seinem Traum von Kunst zu steuern versucht: Alchimie unserer Tage.

Wer heute die Bühne in Poesie verwandeln will, muß ein tüchtiger Ingenieur sein. Josef Svoboda aus Prag ist das. Vielleicht der einzige Bühnenbauer, der den Anforderungen unseres Autors gewachsen ist. Komplizierte Technik wird bei ihm unter der Hand zur Poesie. Alle drei Gombrowicz-Stücke habe ich mit ihm ge-

macht und danach, und nicht von ungefähr, Shakespeares »Sturm«. Für jedes dieser vier Stücke lieferte Svoboda den entscheidenden Grundeinfall. Das Scharnier, worin man die Philosophie des Stückes, wie er das nennt, einhängt, um sie vorzuzeigen, indem man sie nach allen Seiten dreht und wendet – und ausleuchtet. Ein Kinetiker und ein Lichtmagier. Kein Zufall, daß dieser Mann in Prag ein eigenes chemisches Laboratorium unterhält, daß seine Mitarbeiter ständig dabei sind, neue Mechanismen, neue Kunststoffe auszuprobieren, damit des Meisters alchimistische Bühnenkunst auf der Höhe der Zeit bleibt.
Mir stellte Svoboda eine zu dreißig Prozent verspiegelte Glaswand diagonal über die ganze Bühne, beinahe in voller Höhe. Sie diente als Projektionsfläche, die aber auch auf dichte Farben ansprach. Sie wurde zeitweise als Spiegel gebraucht und konnte auch durchlässig werden, um hinter ihr Liegendes als Traum zu zeigen. Aber der Traum hinter und die Realität vor der Scheibe konnten sich auch noch wiederum ineinander spiegeln: der Vater im Sohn, Henrik in Wladzio, seinem anderen Ich. Dies war die den Zuschauer am stärksten bedrängende Wirkung.
Es war nicht Dreck, aus dem Svoboda Gold machte. Er benutzte mathematische und chemische Daten.
»Das Stück ist in dem Vierteljahrhundert seiner Existenz nicht gealtert; im Gegenteil, es ist uns und unserer Art des Theaters noch immer voraus.« (Dieter E. Zimmer.)
Gombrowicz selbst hat unsere Aufführung nicht gesehen, er ging nicht ins Theater. Er las alle Kritiken und war stolz auf die einundfünfzig Vorhänge, die wir in der Premiere zählten. Aus Südfrankreich schrieb er mir, er wäre erfreut, wenn ich auch sein letztes Stück, »Operette«, erstaufführen würde, aber, da es noch nicht übersetzt sei, schlage er vor, jetzt »Yvonne, Prinzessin von Burgund« zu machen. So geschah es. Die Premiere im Februar 1970 fand im Schillertheater statt. Ein halbes Jahr zuvor, am 25. Juli 1969, war Gombrowicz in Vence gestorben. Es hieß, er sei erstickt, weil er es bei einem nächtlichen Asthma-Anfall unterlassen hatte, die Gefährtin zu wecken.
Svoboda hatte sich für »Yvonne« ein kompliziertes Bild ausge-

dacht, das dem Generalintendanten Barlog, der sich ungern in solche Dinge mischte, technisch zu aufwendig und zu kostspielig schien: ein mächtiger Ausstellungskasten aus Glas, der auf hydraulischen Säulen aus der Unterbühne hochzufahren war, wobei sich herausstellte, daß es die Bäume im Park des königlichen Schlosses waren, die hochgefahren wurden. Svoboda hatte im ersten Anlauf Gombrowicz beim Wort genommen, so wie das Gombrowicz in seinen Stücken selber tut: das hochfahrende Wesen des Königssohns, die hochfahrend reagierende Gesellschaft; denn alles in diesem Stück geschieht »von oben herab«, vor allem die Ermordung der häßlichen kleinen Yvonne am Schluß. Bei diesem Mord ließ Svoboda, in seiner vereinfachten Lösung, wenigstens das Kanapee hochfahren, auf dem das königliche Paar thronte, wenn, nach berechnetem Zeremoniell, Yvonne an der Festtafel an einer Fischgräte zu ersticken hat. Das Verbrechen gelingt erst, als man es »von oben« organisiert hat, nicht »von unten«. Jetzt bleibt der Schein der Majestät, der Eleganz und der Überlegenheit gewahrt. Nachdem Yvonne durch ihre bloße Anwesenheit am Hofe Bestialität, Roheit, Dummheit und Unsinn herausforderte – ihre Häßlichkeit hat in der Familie und am Hofe eigene und fremde Defekte bewußt gemacht – glückt nun »von oben herab« der Eingriff, und die königliche Familie kann zur Norm zurückkehren. Eine schreckliche, eine schwarze Komödie.

Das Stück war bisher als expressionistische Groteske gespielt worden zwischen deformierten Gestalten mit ausgestopften Kostümen. Der dramaturgische Witz der Sache aber besteht darin, daß es keine fertigen Charaktere in dem Stück gibt, nur Situationen. Der Schauspieler, wenn er die Bühne betritt, ist nichts, niemand, es gibt ihn noch nicht, erst wenn ein Partner auftritt, bewirkt dessen Blick, daß er eine Geste ausführt, eine Pose einnimmt, und diese wieder ruft eine Antwort hervor. Jetzt beginnen sie zu spielen, sind durch das Spiel gebunden: sie beginnen zu sein.

Man kann also nicht genug Sorgfalt auf den einzelnen, auf seine genaue Figuration legen. Alles, was ihn zudeckt an kostümlichem Übermaß, Wattierung usw., steht dem Schauspieler entgegen.

Wann hat er schon Gelegenheit, aus dem Stand heraus sich selbst zu profilieren, sozusagen auf der Bühne bei Null anzufangen? Ich hatte das Glück, daß den König Ignaz Martin Held spielte, der mit wollüstiger Spiellaune seine Chance nutzte, sich vor dem Publikum selbst zu kreieren. Es gab nur einen kleinen Moment des Zögerns zwischen uns, als ich ihm vorschlug, mit nacktem Oberkörper aufzutreten, bevor ihn der Kammerdiener ankleidet und ihm so zur Existenz verhilft.

Alles, was Held auf der Bühne macht, kommt aus der Primzahl, ist durch kein Wenn und Aber zu teilen. Er ist immer unteilbar er selbst und verschafft den Zuschauern in den Rollen, die »seine« sind, jenes Glücksgefühl, dessenthalben Menschen seit Jahrhunderten ins Theater gehen. Eben ein großer Schauspieler, man darf es ruhig noch einmal sagen. Es war meine erste Zusammenarbeit mit ihm, und vielleicht hatte ich seinen Spielfuror doch etwas unterschätzt, denn als er in der Premiere mit geradezu wahnsinnigem Prankenschlag auf einen komischen Effekt einhieb, war für Sekunden das Stück gefährdet: die Leute wollten sich ausschütten vor Lachen, und ich stand zähneknirschend in der Kulisse; da sah ich in Helds Augenwinkeln, wie er selber im gleichen Augenblick die Gefahr witterte und wie es ihm gelang, sich noch im Wahnsinn selbst zur Ordnung zu rufen: sein Kunstverstand hatte über den Komödianten gesiegt.

Siegmar Schneider, nach Berlin heimgekehrt, war der den Mord organisierende »Kammerherr«. Ich habe selten einen Schauspieler erlebt, der so selbstverständlich bereit ist, immer wieder bei Null anzufangen. Er weiß aus allerlei Neigung zu anderen Kunstdisziplinen, wie schließlich alles Bemühen auf die Form hinausläuft, ganz besonders aber bei Gombrowicz, der menschliche Existenz als Spielform begreift.

»Yvonne« zu inszenieren, wäre nicht möglich gewesen, ohne eine Darstellerin zu haben, die schon als junges Mädchen eine so dichte Persönlichkeit besaß wie Christa Witsch. Sie stattete die fast stumme Rolle mit jener Passivität aus, die das Spiel der anderen mit den Augen entlarvte.

Gert Böckmann war der Prinz. Zwischen Aufbegehren und Anpassen an die väterliche Autorität hatte er die ganze Kollektion moderner Verhaltensweisen vorzuführen, wie sie, als eine Art irrwitziger Springprozession darzustellen, nur einem genialen Autor gelingen kann. Vor solcher Hürde scheute Böckmanns Talent zunächst zurück, bis ihm eines Tages der Sprung in die Figur gelang.

Wir hatten für alle drei Gombrowicz-Stücke jeweils drei Monate Probenzeit, aber oft hatte ich das Gefühl, ein Jahr sei nötig, um den biologischen Prozeß, von dem der Autor spricht, nicht forcieren zu müssen.

Kein Formproblem gab es für Reinhild Solf, die die höfische Geliebte des Prinzen spielte. Ein Paradebeispiel dafür, wie schneidende Intelligenz und Erotik einander nicht nur nicht ausschließen, sondern sich zur Faszination steigern, wenn sie in einem schönen Körper beieinander sind.

Wie Jakob mit dem Engel rang ich um die Figur der Königin mit meiner alten Freundin Lu Säuberlich. Dreißig Jahre zuvor waren wir gemeinsam durch den Taunus gewandert. Sie war eine schmale rassige Person gewesen, die als Kind Tanz studiert hatte. Ich war verliebt in ihre Phantasie und ihre unbedingte Ehrlichkeit. Jetzt auf den Proben erinnerte ich sie daran, wie sie im Taunus nach einem Regenguß Schuhe und Strümpfe auszog und mich anhielt, das gleiche zu tun, ich sollte barfuß mit ihr über den frisch gepflügten Acker laufen. Für junge Schauspieler sei das wichtig: Boden unter den Füßen zu spüren. Jetzt war sie sechzig Jahre alt und wohlbeleibt. Aber phantasievoll noch immer und unbedingt ehrlich. Wir kämpften miteinander, um gemeinsam Boden unter die Füße zu bekommen in dieser schwierigen Rolle. Sie las unentwegt die Tagebücher dieses komplizierten Autors, und das machte die Sache nicht einfacher. Sie ist unter den Frauen, die mir am Theater begegnet sind, vielleicht diejenige, die am meisten damit zu ringen hatte, bohrendes Wissenwollen mit ungewöhnlicher Phantasie in Einklang zu bringen. Und die Ansprüche, die sie selbst an ihre sprachliche Form stellte, waren keine alltäglichen. Wir schonten einander nicht. Es gab gewaltige Kräche, die aber nicht einen Augenblick unsere persönliche Beziehung belasteten.

Sie hat aus dieser fast unspielbar komplizierten Rolle einen überzeugenden tragisch-komischen Menschen gemacht, und sie war sehr wirksam. Als wir im Februar 1971 von Peter Daubeney nach London eingeladen wurden, um mit »Yvonne« bei der »Welt-Theater-Saison« zu gastieren, hatte die Säuberlich neben Held den größten Erfolg. Die Londoner Presse war erstaunt, daß die Deutschen so »leicht und verzaubert Theater spielten, als hätte Prospero Regie geführt« (»The Daily Telegraph«). Svoboda wurde für seine Traumbühne gelobt: er hatte den ganzen Boden mit einem moosgrünen weichen Teppich ausgelegt, der die Auftritte lautlos machte, und er hatte Seiten- und Hinterbühne mit Vorhängen ausgehängt, die aus Tausenden von durchsichtigen grünen Nylonschnüren bestanden. Weil man ungehindert durch sie hindurchgehen konnte, entstand eine traumhafte Unwirklichkeit.

Auch für die dritte Gombrowicz-Premiere im Schillertheater, im Januar 1972, für »Operette«, hatte er einen dem Autor kongenialen Einfall, der aber nicht ganz zur Wirkung kam: über den Fußboden der Hinterbühne ließ er ein zwei Meter breites Leinenband laufen, das aus vergrößerten Kitschpostkarten der Jahrhundertwende zusammengesetzt war. Diese wurden in ihrer Bewegung sichtbar in Spiegeln, die die ganze Oberbühne ausfüllten. Es waren Spiegel aus dünner Folie, die von unsichtbar angebrachten Motoren zum »Atmen« gebracht wurden. Sie verkleinerten und vergrößerten die Vorgänge in rhythmischem Wechsel. So atmete das Stück zwischen seinen extremen Polen, zwischen dem Aufbau von Würde und ihrer ständigen Zerstörung, zwischen Kitsch und Revolution: unsere Welt als Operette. Makabere historische Perspektiven.

Wir arbeiteten mit Unbedingtheit an der Aufführung, die sich den unerschöpflichen Kosmos dieses großen Welttheaters gewachsen zeigen sollte. Wir nahmen den Text aufs Genaueste wahr, bis in seine prätentiöse Interpunktion.

Die Gombrowicz-Alchimisten Gudrun Genest und Siegmar Schneider waren wieder dabei, Schellow spielte den Modediktator Fior und tremolierte mit seiner Stimme bis in die metaphysischen Obertöne, die der Autor diesem »Damen- und Herrenmeister«

mitgegeben hat. Jürgen Thormann denunzierte den ewigen »Charme« auf meisterhaft amüsante Weise, er hatte einen ganz großen Abend. Holger Kepich in der Sartre-Parodie des ewig kotzenden Intellektuellen wütete radikal gegen sich selbst. Michael Degens verkleideter Lakai animierte auf Herrenreitermanier zum Galopp in die Revolution. Die zierliche Petra Alexandra Oberender als Albertinchen war ein Naturtalent. Wir konnten noch nicht ahnen, daß sie so bald tragisch enden würde. Sie hatte noch auf keiner Bühne gestanden, und nun sang und tanzte sie ganz lieblich zwischen den Protagonisten und konnte es sich erlauben, zum Finale nackt aus dem Sarg zu steigen als Verkörperung von Gombrowicz' sehnsüchtigem Wunsch, allen Verkleidungen und Ideologien zu entsagen.

Am Ende war der Jubel groß für diese Aufführung. »Sie sammelt, gleichsam als Abgesang, noch einmal den fast vergessenen Glanz einer Theaterära.« (Heinz Ritter.)

Danach war ich erschöpft, aber nicht zufrieden. Als der damalige Bundeskanzler Willy Brandt mit seiner Frau die Aufführung besuchte, bat mich Barlog, ihn an seiner Statt in der Pause zu bewirten. Ich sprach von den Schwierigkeiten, die die Jugend mit dem Verständnis dieses Stückes habe, zwangsläufig haben müsse, denn die »göttliche Idiotie« der Wiener Operette sei ihr ebenso unbekannt wie der im Stück angeprangerte Faschismus. Und vielleicht habe meine Generation zur Aufklärung über den letzteren einfach zu wenig geleistet. Brandt antwortete: »Das ist eben schwierig. Wenn ich z. B. meinen Söhnen Schallplatten mit den Reden Hitlers vorspiele, dann lachen sie.«

Gombrowicz hatte wohl recht, als er seinem Stück, das auch ein Geschichtsdrama ist, den Titel gab »Operette«.

Varlin

In Zürich wurde der Maler Varlin mein Freund. Bei Anflügen von Depressionen, nach einer unbefriedigenden Probe oder gar nach einer verrissenen Premiere konnte man bei ihm Lebensfreude tanken. Sein Humor verstand es, einen zurechtzurücken. Mit einer ironischen Bemerkung, die immer auch Selbstironie einschloß, stellte er einem den Stuhl vor die eigene Haustür, damit man sehen konnte, wie flüchtig das war, Erfolg, und wie unwichtig und niemals ohne Komik unsere eigene Person.

Dieser empfindsame Leopold Willy Guggenheim, genannt Varlin, geboren 1900 in Zürich, einer der wenigen großen Maler unseres Jahrhunderts, kümmerte sich, mehr noch als um seine Kunst, um die Menschen seiner Umgebung. Er liebte Menschen ganz aus der Nähe, er brauchte sie, durchtränkte sich ganz mit ihnen und sie mit sich, und aus dem heraus wurde er der grandiose Porträtist seiner Zeit. Er war wie William Hogarth, er schleuderte eine ganze Epoche vor unser gefräßiges Auge. Er schuf kritische Abbildungen des Menschen, an denen man erkennen kann, wie diese Menschen leben.

Er ›portraitierte‹ aber auch Kasernen, Hotels, Friedhöfe, ein ganzes Dorf, Hafenspelunken, Telefonzellen, Polizeiautos und Leichenwagen. Wenn jemand in zweihundert Jahren wissen will, wie wir und unsere Zeit ausgesehen haben, das Zürcher Kunsthaus besitzt viele seiner Bilder.

Kein Wunder, daß der Ruhm so spät kam zu ihm, er hat sich mehr um die Menschen gekümmert, um die Erkenntnis seiner Umgebung als um seine Karriere. Erst zu seinem fünfundsiebzigsten

Geburtstag fand eine Retrospektive im Ausland statt. In Mailand in der Rotonda. Eine allerdings gewaltige Schau. Sie wies ihn aus als den Goya unserer Zeit. Als ich mit meiner Freundin Mara nach Mailand hereinfahre, sehen wir vom Auto aus die breiten roten Spruchbänder über allen Hauptstraßen EXPOSIZIONE VARLIN. Ob Willy das gesehen hat? Das kulturbewußte Mailand stellt hier etwas richtig für Europa. Als wir den Mittelsaal betreten, laufen die Fernsehkameras schon, für italienische Verhältnisse ungewöhnlich pünktlich spricht bereits der Bürgermeister. Wir sind beeindruckt von den riesigen Formaten. Bilder von sechs Meter Länge und mehr.

Vor der Rednertribüne steht der Maler. Nach vier Jahren sehe ich ihn zum erstenmal wieder, er ist sehr schmal geworden. Wie kann dieser zarte Greis solche Formate bewältigt haben?

Varlin lebt jetzt in einem Dorf im Bergell, in dem Elternhaus der Franca, seiner Frau. Ein breites Bündnerhaus mit geräumigen niederen Stuben. Zu der Vernissage sind die Bewohner des Dorfs mit dem Maler nach Mailand gekommen. Jede einzelne Figur ist leicht wiederzuerkennen, wenn man das Dorf-Bild gesehen hat. Alle sind sie ein bißchen verlegen, als Varlin in seinen Dankesworten ihr Kommen erwähnt. Sein Italienisch klingt jetzt akzentfrei, es ist im Bergell seine Heimatsprache geworden. Am elegantesten ist sein Französisch, er hat zehn Jahre in Paris gelebt. Aber er berlinert auch, das hat er vor einem halben Jahrhundert als Schüler von Emil Orlik gelernt. Sprachen fallen ihm so leicht wie Dialekte.

Einmal, in seiner bescheidenen Wohnung in Zürich, empfand er eine große Genugtuung, wie er sagte, ein Schauspieler, also einer, der von Berufes wegen daran gewöhnt ist, daß man ihm zuhört, sei über eine Stunde zum Schweigen verurteilt gewesen. Seine Schadenfreude war echt, und er genoß sie sichtlich. Cartier-Bresson, der ein Bewunderer seiner Malerei ist, war mit Freunden aus Paris gekommen, und ich wagte mich nicht mit einem Satz meines stümperhaften Schulfranzösisch in ihre illuminierte Unterhaltung. Varlin genoß das um so mehr, als er wußte, daß die Familie meiner Mutter aus Frankreich kommt. Er ist als Freund ein Dialektiker, und er sorgt für Korrektive.

Was für ein geistvoller Gesellschafter war dieser Varlin in jenen Zürcher Jahren! Wenn man Frühaufsteher war wie er, konnte man ihn schon morgens um sieben Uhr im Bahnhofsbuffet treffen. Immer bereit, sich mit einem Witz Distanz zu schaffen. Auf die Malerei angesprochen, nannte er sich sarkastisch einmal Kokotzka, ein andermal Van Goggenheim. Alle Interessierten gingen unangemeldet in seinem Atelier am Neumarkt aus und ein, und es konnte ihnen leicht gelingen, ihn abzuschleppen zu einer feuchtfröhlichen Tour durchs Niederdorf. Varlin – das Unikum. Varlin – der Geheimtip. Später dachte er nicht ohne Grimm daran, wieviel Zeit er damals verloren hatte. Aber er wußte selbst genau, wie wichtig seine Chaplinaden für ihn selbst waren, wenn er sich z. B. einen deutschen Stahlhelm aufsetzte, mit dem Stubenbesen salutierte und wenn dann hinter seinen scharfen Brillengläsern die groteske Not sichtbar wurde, die der Jude Guggenheim mit seiner Zeit hatte und mit seiner Malerei. Dann lernte er an den unbefangenen Reaktionen seiner Zuschauer etwas über den Maler Varlin, dann war Varlin sein eigener schärfster Kritiker.
Mit Malerei war er immer beschäftigt, wo er ging und stand. Für ihn war seine Malerei das gleiche, was für den von ihm geliebten Chaplin der Kampf mit der eigenen Ungeschicklichkeit war. Die Materie überwinden, die verletzende Wirklichkeit. Die Schwerkraft aufheben, als Maler fliegen können. Geist werden – und – mit Farbe zaubern können. Überall ist Prospero im Spiel.
Als ich in Mailand die neuen Bilder sehe, erschrecke ich, es sind tatsächlich die Bilder eines Malers, der beim Malen fliegt, sich und sein Modell vom Boden abhebend. Das Experiment ist gelungen, Varlins malerische Akrobatik ist ohne Schwerkraft, Zeit und Raum sind zusammengerückt in eine farbige Sekunde.
Die Deformationen seiner Gesichter sind im Alter schlimmer geworden. Und immer wieder wie einen schäbigen Rest in der Wüste des Atommülls malt er sein eigenes leeres Bett. Die Federkissen wie Klumpen verschnürten Fleisches. Sein verschlissener Sessel ist wieder da, sein Bastard von Hund, ein gemeiner Dorfköter, drückt sich in das aufgerissene Polster. Auf dem nächsten Bild ist auch der armselige Sessel leer wie sein Bett, die Fetzen hängen

herunter. Auf dem übernächsten sitzt Varlin darin wie ein debiler Clown in der Gondel eines Raumschiffes auf dem Jahrmarkt. Ein verwahrloster Clochard mit dem Gesicht eines Wissenschaftlers, der die Bombe gezündet hat. Und immer wieder geistert Erna, seine Zwillingsschwester, durch die Räume. Eine verstörte Greisin, die das Malen drangab, weil der Zwillingsbruder es besser konnte. Auf dem großen Bild »Apokalypse« sitzt der Schriftsteller Giovanni Testori elegant im Sessel inmitten eines Erdbebens. Ein schrecklich überzeugendes Stück Malerei, auf dem unten überraschend ein Strauß altmeisterlich gemalter Lilien auseinanderfällt. Man riecht die Leichen.

Varlin hat seine Reisetasche gemalt wie ein offenes ledernes Maul. Wenn man genauer hinschaut, ist ein durchgehendes Droschkenpferd dargestellt. Man findet manchmal auf seinen späten Bildern solche allegorischen Anverwandlungen. Unser Gepäck also geht mit uns durch . . . Nicht der Reisende, das Gepäck bestimmt das Ziel der Reise. In diesem Gedanken steckt vielleicht der ganze Varlin, obwohl zu bezweifeln ist, daß ein solcher Gedanke dem Maler bewußt war.

Ein Jahr nach der Mailänder Ausstellung erfahre ich von der schweren Krankheit, die ihn ans Bett fesselt. Es ist die Krankheit, von der alle Welt redet. Ich mache mich mit dem Wagen auf nach Norden in den Engadin.

Trotz Dunkelheit und Schneetreiben finde ich in Bondo schnell das alte Haus, unbemerkt gelange ich in den Korridor. Eine Hälfte der Flügeltür zu seinem Zimmer steht auf, Licht fällt heraus. Varlin liegt in seinem Bett, sein eingefallenes Gesicht auf dem Kissen erschreckt mich. Neben ihm steht seine zwölfjährige Tochter Patrizia. Mit fünfundsechzig hat er sie gezeugt. Sie ist seine ganze Liebe. Oft hat der sarkastische Mann erzählt, als Kleinkind habe Patrizia ihn GaGa genannt, weil sie Papa noch nicht sagen konnte.

Ich bleibe unbemerkt stehen und studiere, bevor ich eintrete, den Zettel mit Francas Handschrift, der an der Tür angebracht ist: ›Ersparen Sie uns Ihre Ratschläge. Wir können allein sterben. Sappiamo morire da soli.‹

Festspieler

Die Idee von Hofmannsthal und Reinhardt, vor dem Salzburger Dom den »Jedermann« aufzuführen, hat sich in fünfzig Jahren zu einem Baum ausgewachsen, der alljährlich Früchte trägt. Ich meine, das ist noch immer so.

Als ich meinen Freunden erzählte, ich würde nach Salzburg gehen und dort Sterben üben, erntete ich Befremden oder mildes Lächeln: eine neue Marotte. Ich selbst konnte noch nicht wissen, daß eine Erfahrung daraus werden sollte, die ich als Schauspieler nicht missen möchte. Leopold Lindtberg, als Regisseur eingeladen – nach Salzburg wird man nicht engagiert, sondern eingeladen –, hatte erklärt, wir wollen die Sache weniger romantisch, wir brauchen einen neuen Typ für die Rolle, einen Unternehmer oder Manager, der in aller Öffentlichkeit vom Herzinfarkt bedroht ist. Als die offizielle Anfrage an mich kam, hatte ich schon einen Brief, in dem Lindtberg mich fragte, ob ich Lust hätte, das alte »Salzburger Nockl« noch einmal mit ihm zusammen aufzubacken. In solcher respektlosen Formulierung, ich kannte seine Genauigkeit, sah ich den Ansatz für eine gründliche Entstaubung. Ich befragte Kortner, ob ich zusagen sollte. Er riet mir dringend ab. Ich bin froh, daß ich seinen Rat nicht befolgt habe, ich hätte sonst nie erfahren, daß ich weniger ein Schauspieler als vielmehr ein Festspieler bin. Ich will versuchen, den Unterschied klarzumachen.

Ich liebe Proben und kann nie genug davon bekommen. Sogar Premieren liebe ich. Wiederholungen hingegen, sobald die wenigen vorüber sind, die zur Vervollkommnung der Rolle nötig

waren, werden mir bald langweilig und schließlich quälend. In Salzburg findet wöchentlich nur eine »Jedermann«-Vorstellung statt, und nach sechs Wochen sind die Festspiele zu Ende. Auf diese sechs Vorstellungen im Jahr sich einzustellen, ist eine Freude: man wird zum Festspieler. Ein zweiter Umstand kommt hinzu, man tritt vor eine andere Öffentlichkeit als im geschlossenen Theater. Die ganze Stadt wird zur Bühne. Das Gebiet um den Domplatz ist für den motorisierten Verkehr gesperrt. Der »Jedermann« wird auch im Auto durchgelassen, die Polizei kennt ihn. Er wird in Maske und Kostüm durch die von Touristen verstopften Gassen gefahren in die »Residenz«. Die Leute winken ihm zu. Er steigt die Treppen empor zur Fenstergalerie. Von hier aus sieht er die festlich gekleideten Zuschauer vor dem Holzgerüst sitzen, auf dem er sterben wird. Die Vorstellung ist wie immer ausverkauft.
Als ich meinen letzten Jedermann in Salzburg spielte, war mir schwer ums Herz. Es kam viel zusammen, der Abschied von den Kollegen, die man vielleicht nie wiedersieht, der Abschied von der Rolle, die man wahrscheinlich nie wieder spielen wird. Man durfte hier öffentlich Sterben üben, nun darf man es nicht mehr. Kann man es denn jetzt?
Ich sehe meinen Nachfolger in der ersten Reihe sitzen: Curd Jürgens. Schon das zweite Mal ist er gekommen. Wird er sich heute bei mir melden nach der Vorstellung, oder wieder nicht? – Nein, wieder nicht. Schade. Wir stehen gut mit einander seit vierzig Jahren. Wir haben zusammen gespielt in einigen Filmen. Einmal war er mein Regisseur. Ich habe ihn verteidigt, wenn sein Bild in der Öffentlichkeit gefälscht wurde, auch wenn er selbst daran schuld war. Er ist kameradschaftlich und hat Sinn für schauspielerische Zuständigkeit, rief mich in Berlin an, wenn er mich auf der Bühne gesehen hatte. Als wir uns dort in Lulu Baslers Garten kennen lernten, waren wir beide Anfang der Zwanzig, zwei unbeschriebene Blätter. Jetzt soll er statt meiner hier Sterben üben. Ich weiß, er ist sensibler, als er tut; wie kann er mich weiter üben lassen und trotzdem selber auch anfangen? Nein, das geht nicht.
Ich steige die Steintreppen zum Dom hinunter. Das Portal steht

offen, in seinem Schatten ergeht sich Ewald Balser. Stumm bewegt er die Lippen, memoriert seinen Text als Gott, der Herr. Wir umarmen uns. Die Fanfaren ertönen. Die Zuschauer werden still. Autos hupen vereinzelt, ein Kind ruft. Langsam sterben alle Geräusche. Eine ganze Stadt am Sonntagnachmittag unterwirft sich der Stimme eines Dichters. Möchte ich doch nicht das letzte Mal hier üben dürfen!
Weiter, der nächste Umstand, der mich zum Festspieler macht: wo hat man die Möglichkeit, nach einer Pause von einem Jahr die selbe Rolle noch einmal anzugehen, wenn der Lebensbaum einen Ring zugelegt hat? Mit der Rolle älter werden, sie mit neuen Erfahrungen füttern. Die Pause von einem Jahr ist das Ungewöhnliche. Nur der Festspieler kommt in den Genuß, langsam ein anderer zu werden und die Veränderung körperlich zu spüren.
Theater sollte ein Fest sein. Veränderung des Alltags und Veränderung des Ortes. Für jede Verwandlung verreisen und dann sich verwandeln. Also Tourneefestspieler, Wanderkomödiant ... Nur nicht den Alltag in diesen Beruf hereinlassen, die Stadttheaterbeamten, die Vorgeschriebenes tun, um seßhaft zu werden. In Salzburg haben auch die Zuschauer eine Reise hinter sich. Hier begegnen sich Leute, die unterwegs sind nach was anderem. Neugier ist nötig zum Fest, und Freude wird denen ausgeschenkt, die neugierig sind. Wir Schauspieler waren neugierig aufeinander. Jedermanns Tischgesellschaft war, im Gegensatz zu früher, nicht mit Schülern, sondern mit Schauspielern besetzt, und man saß zusammen beim Heurigen nach den Proben. Die Gesellschaft wurde von Dick Price choreographiert, einem liebenswerten Amerikaner, ehemaligem Wunderkind des Broadway, voll guter Laune, die alle anderen ansteckte. Prototyp des internationalen Schaugeschäftes, zäh und nie ermüdet. Seine athletische Kühnheit sprang auf meinen Jedermann über. Auch ich brauche die raumgreifende Geste, den Sprung und das Hinfallen. Ich besann mich auf die Elemente meiner Darstellung, die ich als Anfänger in Bochum und später als Mephisto in Berlin ausprobiert hatte. Hier waren sie nicht nur am Platz, hier wurden sie gefordert. Durch keine Kulisse, keinen Scheinwerfer gestört, war ich endlich wieder auf meinen

Körper gestellt und auf die Stimme, die zupacken durfte, bis auch die letzten Autos im Umkreis anhielten.
In der Szene mit dem Mammon, den Heinrich Schweiger mit dämonischer Kraft spielte, erreichte Lindtbergs Körperregie ihren Höhepunkt. Hinterher läßt sich niemals sagen, wer was zuerst wollte, der Regisseur oder der Darsteller. Es ist ein Miteinander oder Ineinander. Das Wort »Hampelmann«, das Mammon dem Jedermann in der Auseinandersetzung ums Geld entgegenschreit, gab den Ausschlag. Jedermann muß einsehen, daß all sein Geld hier bleibt:

War dir geliehen für irdische Täg,
Ich geh nit mit auf deinen Weg,
Geh nit, bleib hier, laß dich allein,
Ganz bloß und nackt in Not und Pein.

Hatte ich vorher gierig nach dem Geld gegriffen und mußte zurücktaumeln, um nicht davon erschlagen zu werden, so reckte ich jetzt die Hände nach oben, versuchte die Ewigkeit zu greifen und bleckte doch vor Wut über den Verlust die Zähne, wurde größer –

Ist alls um nicht dein Handausrecken
Und hilft kein Knirschen und Zähneblecken,
Fährst in die Gruben nackt und bloß,
So wie du kamst aus Mutters Schoß.

Nach dem letzten Wort Mammons springt die Truhe zu. Jedermann, aus höchster Gerecktheit, schlägt wie vom Blitz getroffen nieder, liegt platt, richtet sich nach drei Sekunden zum Sitzen auf, weiß nicht aus noch ein, schlägt, wie ein Hampelmann an Fäden gezogen, mit Händen und Füßen um sich, und rollt dann wie eine weggeworfene Hülse die weite Holzschräge herunter, um endlich regungslos an der Rampe liegen zu bleiben. Jetzt erst entsteht, was Hofmannsthal vorschlägt, eine lange Stille.
Ausgerechnet bei der Fernsehaufzeichnung passierte, was ja einmal passieren mußte, ich rollte über die Rampe hinaus. Der Schreck des Publikums war gut zu hören, bis ich wieder auf die

Beine kam, und mit einem Satz am alten Platz lag. Berufsrisiko des Artisten. Eine Jetmaschine war über den Domplatz geflogen, und bei dem Gedanken, jetzt müssen wir deshalb womöglich die ganze Aufnahme wiederholen, nahm ich vor Wut zuviel Schwung und rollte über das Ziel hinaus.

War ich in der Aufführung jeweilig bis zu diesem Sturz gekommen, so konnte ich verschnaufen und mich auf Käthe Gold freuen, die nun dran war und einen neuen Ton in die Sache brachte, den Goldton. Ich lag in Schweiß gebadet erschöpft da, meistens brannte die Sonne unbarmherzig, und ich hatte nichts anderes zu tun als ihrer Stimme zu lauschen. Diese Szene mit den »Guten Werken«, die die Gold spielte, habe ich geliebt. Oder war es die Darstellerin? Es war meine erste Partnerschaft mit dieser Kollegin, die mir im Vorkriegs-Berlin so großen Eindruck gemacht hatte. Privat lernte ich nun neue Seiten an ihr lieben. Einen skurrilen Humor, der nie aussetzte, und außerdem eine manisch zu nennende Leidenschaft für Antiquitäten. In der Altstadt zogen wir von einem Trödelladen in den anderen und feilschten um jeden Schilling. Ihre Sachkenntnis hatte ich schon in Wien bewundert, als sie mir ihre Sammlung zeigte.

Wir erfanden die Figur eines Londoner Anwalts, den wir vorgaben, täglich zu erwarten, und der eigens nach Salzburg komme, um unser beider Vermögen, das hauptsächlich aus Altertümern und nicht vorhandenen Immobilien bestand, in einer Stiftung zu vereinigen. Wir gaben unserem Affen Zucker, wie man in der Bühnensprache sagt, als wir bemerkten, wie sehr die Kollegen interessiert, ja beunruhigt waren, erfanden abenteuerliche Ziffern und Vereinbarungen, was besonders wirksam wurde, als auch Gesa nach Salzburg kam, und von uns eingeweiht, das Spiel der Transaktionen mitspielte: Jedermann im Bann des Geldes. Dies Spiel brachte uns Entspannung und den Kollegen Futter für willkommenen Tratsch. Wir lachten uns ins Fäustchen.

Gelacht aber, wie seit vielen, vielen Jahren nicht mehr, habe ich mit Ewald Balser. Er hat es verstanden, sich sein Kindsein zu bewahren. Wir wohnten im selben Hotel am Mondsee, und jeden Abend, wenn wir zu viert mit unseren Frauen beim Wein saßen, dröhnte die Zirbelholzstube von unserem Lachen wider, und immer länger wurden die Gesichter der Feriengäste. Blaß vor Neid über soviel Vergnügtsein. Ich kann mich nicht erinnern, je in Gesellschaft eines anderen Menschen so losgelöst und reinen Herzens gelacht zu haben. Warum? Meistens aus Übermut. Wir verglichen unsere Gegenwart mit unserer Anfängerzeit, mit den Kriegsjahren oder den Hungerjahren danach. Der Druck, den wir ein Leben lang gespürt hatten, wich von uns. Ich fühlte mich zum ersten Mal glücklich aufgehoben in der Familie der Schauspieler. Was für ein Mensch ist aber auch dieser Mann Balser! So zeitlos wie lauter. Wir hätten eigentlich miteinander singen müssen. Daß der Wahlwiener und österreichische Professor aus Elberfeld kam, also aus meiner engeren Heimat, erleichterte den Beginn unserer Freundschaft. Ich konnte nicht genug erzählen von seinem Othello, den ich vor dreißig Jahren an Hilperts Deutschem Theater gesehen hatte, mit Ferdinand Marian als Jago und Angela Sallocker als Desdemona. Ein Meister hatte Regie geführt. Der Mann mit dem unbestechlichsten Ohr, das mich je als Regisseur kontrolliert hat: Erich Engel.

Und doch glitt ein Schatten über unsere Fröhlichkeit. Balser sprach eines Abends ganz unbefangen von seinem Freund Werner Krauss. Er wußte nichts von meinem Protest gegen ihn. Er deutete auf das Anwesen, das wir im Fenster unserer Zecherstube liegen sahen, am anderen Ufer des Mondsees. Dort lebte jetzt die Witwe von Werner Krauss. Was erzählte Balser denn auch? Von naiven und phantastischen Streichen, die der Hausherr dort mit seinem Freunde, einem alten jüdischen Herrn, ausheckte, weil sie so wortlos einander verstanden hätten ... Mir schlug das Gewissen. Sollte ich dagegen aufrechnen, was ich von Krauss dachte? Es handelte sich um ein Mitglied unserer Familie, der Schauspielerfamilie, und um das kann man leiden, vielleicht auch trauern, aber protestieren kann man nicht dagegen. Balser bemerkte den Schatten über unserer Fröhlichkeit nicht. Er fiel allein auf mich.

So eingebunden in das überzeitliche Ensemble unseres Standes habe ich mich selten gefühlt wie in Salzburg. Ich gehörte dazu. Auch meine Tochter Christiane gehörte dazu. Sie spielte in Salzburg eine zarte, sehr persönliche Ophelia in der Regie ihres »Hamlet«-Partners Oskar Werner. Vater und Tochter, Festspieler alle beide. Wir genossen die Öffentlichkeit unseres Berufes, schlenderten an diesen Sommerabenden Hand in Hand durch die Gassen oder entlang der Salzach. Christiane, gelöst wie selten, im langen Rock mit bloßen Füßen. Aber dennoch fühlten wir es, das Glück der Schauspieler ist flüchtig und den Tränen nah. Der Einzelne ist gesichtslos. Er trägt das leere Gesicht seines Standes. Für die neue Rolle »in Bereitschaft sein, ist alles«.

Kritik

Immer wieder wird man als Schauspieler nach seinem Verhältnis zur Kritik befragt. Meine Antwort ist dann: »ich habe keinen Grund zur Klage«, oder aber ich bin versucht, jenen Kalauer zu wiederholen, der Laurence Olivier zugeschrieben wird: »Die Kritiker verdienen ihr Brot im Schweiße unseres Angesichts.« Nun, die Sachlage ist komplizierter. Kunstkritik an einem Bild, an einem Buch kann im Laufe der Zeit korrigiert werden, erweist sich vielleicht schon nach ein paar Jahren als falsche Münze, die aus dem Verkehr gezogen wird. Theaterkritik aber ist endgültig, die Aufführung, über die sie geschrieben wurde, ist im Gegensatz zum Film unwiederholbar, und der Bericht darüber, ist der Verfasser ein kompetenter Mann, macht Theatergeschichte. Und damit wird die Sache unkontrollierbar und fatal.

Ich habe nur einen prominenten Kritiker erlebt, der sich zum Beispiel die Mühe machte, eine Aufführung mehrere Male zu besuchen. Dieser Kritiker hatte dann gelegentlich sogar den Mut – es war Walther Karsch in Berlin –, seine Meinung zu widerrufen, einen Irrtum zuzugeben. Werden Schauspieler manchmal abgekanzelt wie sprachlose Tiere, so war er immerhin Mitglied des Tierschutzvereins.

Ich will versuchen, gerecht zu sein. Ich weiß aus eigener Erfahrung, wie schrecklich empfindlich Schauspieler sind, besonders nach der Premiere; andererseits müssen sie so empfindlich sein, wenn sie den Probenprozeß ernst genommen haben. Hinzu kommt, daß besonders in Deutschland das gedruckte Wort immer noch übermäßig wichtig genommen wird: was in der Zeitung steht, ist wahr. Es klingt wie ein Witz und entbehrt trotzdem nicht der Wahrheit, es gibt Schullehrer, die ihre Verhaltensweise gegenüber dem Kind eines Schauspielers ändern, wenn der Vater in der Zeitung verrissen worden ist. Also öffentliche Schande und Zwistigkeiten in der Familie. Es ist schon so, eine einzige wirklich böswillige Kritik kann die bürgerliche Existenz des Schauspielers gefährden.

»Ich ziehe daraus die Folgerung, daß möglicherweise an unserem ganzen System, in dem Künstler und Kritiker miteinander entweder gar nicht oder nur heuchelnd oder eben wutverzerrt reden, etwas falsch sein könnte.«

Der letzte Satz aus der Feder Joachim Kaisers findet sich in der Antwort auf einen Brief, den ich an ihn geschrieben habe. Meine Erfahrungen bestärken mich darin, Joachim Kaiser beizupflichten. Mein Vorschlag »aus dieser Schiefheit positiv ändernde Konsequenzen zu ziehen« (Kaiser) sieht so aus: Zwei Jahrzehnte vor Peter Brook und Ingmar Bergman, nämlich 1945, habe ich in Berlin mehrfach öffentlich gesagt:

»Öffnet den Kritikern das Parkett bei den Proben.«

Ich bin damals von den Theaterleuten ebenso sehr mißverstanden worden wie von der Presse, denn ich meinte ja nicht das vorübergehende »Naschen«, mal zwanzig Minuten hier, mal dort, sondern mindestens in jeder Probenperiode, deren man etwa vier ansetzen kann, eine volle sechsstündige Probe – sollte der Kritiker ausharren. Dann verginge ganz selbstverständlich dem Regisseur seine Lust an der Schau, dem Schauspieler seine Hemmung, dem Kritiker aber auch sein Vorurteil; dann endlich könnte das Erreichte am Angestrebten gemessen werden, und unser Beruf besäße eine verbindliche Ästhetik als das bißchen Geschmäcklerei.

Nun, das beste Rezept kann am Geschmack des Kochs scheitern. Und vielleicht braucht man gar keine Rezepte, wenn man sich dazu entschließt, die gedruckte Kritik ausschließlich als Meinung eines Einzelnen gelten zu lassen und sich im übrigen an den Schriftsteller zu halten. Ist nämlich der Kritiker wirklich ein Schriftsteller, so kann seine Kritik den Rang eines Kunstwerks erreichen, und dann ist sie ihres Zwecks entbunden, den Theaterleuten zu helfen oder zu schaden.

Daß aus Wanderkomödianten seßhafte Schauspieler geworden sind, die manchmal ein ganzes Leben lang ein und denselben Kritiker langweilen, gehört sicher zu den Tatsachen, die zur Schiefheit des Systems beigetragen haben. Die Schauspieler sollten wieder öfter das Engagement wechseln und die Kritiker auch.

Damen und Herren, die drei oder vier Mal in der Woche ins Theater gehen, ohne Lust darauf zu verspüren, und die dann auch noch in derselben Nacht darüber schreiben müssen, können aus Übersättigung einen ziemlich ausgefallenen, wenn nicht gar perversen Geschmack bekommen und sind wegen Berufsdeformation zu bedauern. Wenn man ihre Entwicklung über Jahrzehnte hin zu beobachten Gelegenheit hat, nimmt man oft einen seltsamen Rückkopplungseffekt an ihnen wahr. Je mehr sie sich in ihre Irrtümer verrennen, um so tiefer überkommt sie selber die Not ihrer Opfer, derjenigen nämlich, die sie mit ihren Selbstdarstellungen und widersprüchlichen Dreistigkeiten krank oder verrückt gemacht haben. Sie erkranken an ihrem eigenen Starrsinn. Ich habe das immer wieder und zwar mit Verwunderung und nie mit Erleichterung wahrgenommen.

Der berühmte Kritiker glaubt es sich schuldig zu sein, alle paar Jahre ein großes Schlachtfest veranstalten zu müssen, sonst leidet seine Beliebtheit. Um aber ein wirklich prominentes Schwein schlachten zu können, muß er es erst prominent machen, publizistisch tüchtig mästen. So kommt es, daß viele Kritiker sich nur in Hymnen oder in Verrissen üben. Eine abwägende genaue Darstellung macht nicht populär.

»Das Ende ist im Anfang«

»Und doch macht man weiter.«
Zu den Festwochen im Jahre 67 inszenierte Samuel Beckett in der Schillertheater-Werkstatt in Berlin sein »Endspiel«. Die Begegnung mit dem Mann und seinem Stück sollte sechs Jahre dauern. Sie wurde zum Wegweiser in eine andere Wirklichkeit, als die des Theaters. Meine – vorübergehende? – Trennung von der Bühne jedenfalls wurde von ihr ausgelöst. Vielleicht war sie vorbereitet durch mancherlei Überfälle und Ängste, ausgelöst aber wurde sie zweifellos durch diese Begegnung, und, da diese Begegnung sechs irritierende Jahre anhielt, hatte mein Entschluß wegzugehen, genug Zeit, um zu reifen.

Ich verspüre Herzklopfen, indem ich es niederschreibe: meine einzige Chance, die vollzogene Trennung rückgängig zu machen, liegt vielleicht in der Tatsache, daß ich diesem Autor und seinem Werk eine antitheatralische Haltung zuerkenne.

Beckett hatte recht, bei der Premiere auf keinen Fall als Regisseur vor den Vorhang treten zu wollen, und er hatte recht, die Annahme eines Regiehonorars zu verweigern. Er hat mit der Welt des Theaters, nicht nur mit der des heutigen Theaters im besonderen, nichts zu tun. Dieser Schriftsteller mit dem Kopf eines Erzengels ist für mich nicht der Dramatiker, nicht der Philosoph und schon gar nicht der Regisseur, für den man ihn hält, er ist Samuel, der erste Heilige eines atheistischen Jahrhunderts. Er holt die Leute in seinen »Unterschlupf«, steckt sie in Mülltonnen, damit sie dort verrecken – oder nach dem Vater schreien.

»Ja, ich hoffe so lange zu leben, daß ich dich nach mir rufen höre, wie einst, als du noch klein warst und Angst hattest, in der Nacht, und als ich deine einzige Hoffnung war.« Nach diesem Ausbruch des Vaters in der Mülltonne ordnete Beckett, der Sprache mit religiös anmutender musikalischer Strenge behandelt, eine Generalpause an, die einzige im ganzen Stück. Eine so ausgedehnte, daß sie das Stück in zwei Hälften teilte.

Und dann änderte Beckett auch noch die Übersetzung des darauffolgenden Satzes: »Finie la rigolade« in »Das Fest ist nun zu Ende.« Bisher stand in der Übertragung Tophovens: »Der Spaß ist zu Ende.« Nun also Shakespeares endgültiger Abschied aus dem »Sturm«, das Wort, mit dem Prospero sich selber findet: »Das Fest ist nun zu Ende.«

Hamm, der Hammer, spricht es aus. Wieso Hamm, der Hammer? Ich hatte Beckett gefragt, wie er, ein französisch schreibender Ire, auf die Rollennamen seiner vier Figuren gekommen sei. Seine Antwort war, vielleicht sei es ein Spiel für einen Hammer und drei Nägel. Clov sei nicht englisch Clav auszusprechen, sondern Clov, es komme von Clou, französisch »Nagel«, und Nagg, der Name des Vaters, sei die Abkürzung des deutschen Wortes Nagel, ebenso wie der Name der Mutter, Nell, von englisch »nail« kommend, nichts anderes bedeute.

Wenn man vom Autor persönlich angehalten wird, das »Endspiel« beim Wort zu nehmen, dann tut man es, und ich habe es getan sechs Jahr lang.

Becketts Persönlichkeit wirkte so rein, so erzengelhaft auf mich, daß ich nicht anders konnte, selbst wenn ich es gewollt hätte. Das Schillertheater, der Bedeutung von Becketts Inszenierung, und natürlich auch der Publikumsnachfrage, Rechnung tragend, hat das Stück sechs Spielzeiten auf dem Spielplan gehalten, und es wäre wohl noch weitere Jahre darauf geblieben, wenn ich nicht aus Selbsterhaltungstrieb um Einhalt gebeten hätte. Wie ist es dazu gekommen?

Zunächst ein paar Sätze zu diesem Problem »Mit Beckett leben« aus der Feder von Peter Brook: »Beckett verärgert die Leute durch seine Ehrlichkeit. Er fabriziert Objekte. Er führt sie uns vor. Was

er vorführt, ist furchtbar. Weil es furchtbar ist, ist es auch komisch. Er zeigt, es gibt keinen Ausweg, und das ist natürlich irritierend, weil es tatsächlich keinen Ausweg *gibt.*«
Wer sich auf Beckett einläßt, läßt sich nicht auf einen Künstler, auf einen Dramatiker, auf einen Philosophen ein, er läßt sich ein auf die Abstrahierung seines eigenen Lebens, auf nichts weniger. Er wird vom Subjekt zum Objekt. Als Schauspieler gesprochen: Tage, an denen ich eine Figur im »Endspiel« bin, gehören nicht mir, sondern Beckett. »Er hat uns am Haken und läßt uns nicht los.« (Brook.)
Es beginnt mit dem Erwachen morgens, ein Gedanke ist als erster da: heute »Endspiel«. Also kein Privatleben – Abstraktion! Die Verwandlung vom Subjekt zum Objekt vollzieht sich blitzartig. Man hält den Lauf an, den Lebenslauf, nichts weniger, und erstarrt zum Ding in einem Stilleben. Einem sehr genau gestalteten Ding, in einem sehr gut gemalten Stilleben, sagen wir, es ist von Braque oder aus der kubistischen Periode von Picasso. Man fühlt sich zurechtgeschnitten von fremder Hand: sehr schmerzhaft und natürlich auch sehr schön, aber zurechtgeschnitten. Man lehnt es für diesen Tag ab, andere Worte zu sprechen als die aus Becketts Stilleben. Man schweigt den Tag über, um am Abend sprechen zu können. Hat man am Vormittag eine Probe für ein anderes Stück zu absolvieren, so erkrankt man oder erledigt sie in geistiger Abwesenheit. Ab drei Uhr nachmittags beginnt dann das Herzklopfen wegen des Textes. Er unterliegt einem genauen strengen Rhythmus, wiederholt sich mit immer neuen winzigen Abänderungen, knüpft sich an bestimmten empfindlichen Stellen zur Komik zusammen, löst sich auf in Pausen, tropft monoton wie der Wasserhahn, schlingt sich in neuen Wiederholungen um einen längst bekannten Satz und ist nicht mehr zurechtzuflicken, hat sofort die Melodie der Gedanken verloren, sagt man eine einzige Silbe zu wenig oder zu viel: auch der eigene Atem muß seiner abstrakten Ordnung erliegen. Man lebt nicht, man hält an, man *dient,* bis zum Aussetzen des Herzschlags. Man ist eingesperrt in einem System, das auf andere Weise funktioniert als man selber.
Solche Erfahrungen gehen nicht verloren, sie sammeln und stei-

gern sich. Sie erhalten eines Tages eine so quälende Herrschaft über meinen Geist, über meinen Körper, daß jenes besagte Herzklopfen nun schon am Vortage der Aufführung beginnt. Nächte werden zu abstrakten Räumen, in die ich eingewiesen werde von einem Erzengel mit Schwert. Mit diesem Schwert teilt er mir die Zeit zu: er zerschlägt sie in Pausen. Sie unterliegen einem genauen strengen Rhythmus. Worte wiederholen sich mit immer neuen winzigen Abänderungen, knüpfen sich an bestimmten empfindlichen Stellen zur Komik zusammen, lösen sich auf in neue Pausen, tropfen monoton wie der Wasserhahn ...

In Schweiß gebadet erwache ich. Eine Silbe wurde zu wenig gesagt, und abgerissen ist die Melodie ... Ich bin aufgestört, und ich glaube, ich könne nicht mehr weiter leben, bis ich begreife, daß ich geatmet habe außerhalb der eigenen Ordnung, daß ich schleunigst zurück muß zu mir selbst, daß ich dem Erzengel das Schwert aus der Hand reißen muß, um die Portionen selber zu bestimmen, die ich mir selber zuteile – an Zeit.

Zweimal in der Woche das »Endspiel« spielen, und die Woche ist verloren. Der Nachmittag vor der Aufführung gehört der Textvorbereitung. Gesa liest die Stichworte. Ich antworte ihr. Fehlt mir eine Silbe, wird die ganze Sequenz wiederholt. Hundertundfünfzig Aufführungen – hundertundfünfzig Textnachmittage mit Gesa. Dann geht man vom Text betroffen ins Theater. Man kommt nach der Aufführung nach Hause, eigentlich noch betroffener. Hat nicht doch eine Silbe gefehlt?

So viel zur Sprache des Endspielers. Wie steht es mit seinen anderen Sinnen? Hamm ist blind. Er trägt eine Brille, deren Gläser mit schwarzem Papier verklebt sind. Wenn ich im Schillertheater die vielen Treppen zur Werkstatt hinuntersteige, meine Garderobe liegt im dritten Stock, habe ich die Brille schon auf der Nase. Ich »übe« Blindsein. Die rechte Hand am Lauf des Treppengeländers. Die linke tastend vor meiner Brust. Auf der dunklen Bühne kann ich mich nur mit den Füßen vorantasten, in den »Unterschlupf« hinein. Finde den Lehnstuhl und setze mich. Der Inspizient kommt und wickelt meine Beine und Füße in eine Wolldecke. Er stellt sie, als seien sie gelähmt, auf das Trittbrett des Stuhls.

Hamm ist bewegungsunfähig. Ich höre mein Herz klopfen. Ich höre, wie Gudrun Genest und Werner Stock in ihre Mülltonnen kriechen. Sie spielen meine Eltern. Ich breite mein blutbeflecktes, graues Taschentuch über mein Gesicht. Meine Hände zittern. Ich höre, wie die Gardine aufgeht. Ich höre das Publikum, aber ich sehe nicht, wenn das Licht aufflammt und das Spiel beginnt. Ein Schauspieler, der blind ist und bewegungsunfähig. Auf die Sprache reduziert. Hundertundfünfzigmal. Aber in welchem Zeitraum? Hundertundfünfzigmal im Zeitraum von sechs Jahren! »Das Ende ist im Anfang, und doch macht man weiter.« Plötzlich geht es nicht mehr weiter. Es geht nicht.
Die Pausen zwischen den einzelnen Aufführungen werden immer länger, die Ordnung herzustellen wird immer quälender, die Textvorbereitung wird zur Manie. Eine Woche: zwei Aufführungen! Einen Monat lang keine! Dann eine Aufführung, dann drei Wochen keine! Dann zwei Aufführungen, dann drei Monate keine! Wo ist das Schwert des Erzengels, daß ich um mich schlage, die Veranstalter erschlage, den Urheber, mich selber . . .
»Er hat uns am Haken«, aber mich soll er loslassen, ich will mich bewegen können, will wieder sehen. Die Pausen in meiner Rede gehören mir, ich bitte darum. Bitte!

Ich hatte in den fünfziger und sechziger Jahren in Wannsee einen alten Herrn zum Nachbarn, den ich nur vom Grüßen her kannte. An einem Sonntagvormittag machte er mir einen offiziellen Besuch. Er war ein gesuchter Patentanwalt und hatte selbst eine Reihe einträglicher Erfindungen gemacht. Er sagte mir, er schätze mich als freundlichen Nachbarn und komme, um mich als Menschen zu warnen. Seit vielen Jahren beobachte er mich auf der Bühne, und er meine, die vielen negativen Rollen würden nicht endlos von mir verkraftet werden können, eines Tages würde ich dabei Schaden nehmen an meiner Seele. Meine Betroffenheit dauerte nur eine Sekunde, bevor ich ihm lachend einen Sherry anbot. Damals war ich fünfundvierzig Jahre alt. Würde ich heute anders reagieren auf seinen Rat?

Bei manchen Ur- und Erstaufführungen holt der Schauspieler die heißen Kartoffeln des Autors aus dem Feuer, um sie dem Publikum zu servieren. Der Schauspieler weiß, daß er sich womöglich dabei die Hände verbrennt. Er rechnet damit. Geschieht es wirklich, so tritt ihn im gleichen Augenblick die Presse auf die Zehen. Jetzt kann er seinen Schmerz nicht mehr lokalisieren. Er braucht eine Pause. Unser Theatersystem aber erlaubt ihm keine Pause und seine eigene wirtschaftliche Situation auch nicht.

Im Frühsommer 1973 inszenierte Hans Lietzau mit mir in der Titelrolle »Lear« von Edward Bond. Es war meine erste Arbeit mit Lietzau in seiner Eigenschaft als Generalintendant. Er hatte sich inzwischen so verändert, daß ich ihn in der Arbeit nicht wiedererkannte. Als Vorwarnung hatte er mir gesagt, er sei inzwischen komplizierter geworden. Das war er in der Tat. Er hatte früher in Berlin viel Pech gehabt. Phantasievolle Arbeiten von ihm hatte die Presse zu Mißerfolgen gemacht, zumindest die Berliner Presse.

Berlin wünscht sich ja immer »noch Besseres«. Und dieses noch Bessere ist nie frei von einer gewissen »ideologischen« Qualität, eine geheime intellektuelle Wiedergutmachung, aus Schuldgefühlen herrührend dem Osten gegenüber, dem es so viel »schlechter« geht als uns. Ein Jahrzehnt lang wurde das »Berliner Ensemble« mit dem Prädikat des Unerreichbaren ausgestattet, bis man in der Schaubühne am Halleschen Ufer das noch würdigere Objekt fand für das selbstquälerische Wunschdenken, die »anderen« sind eben besser als wir »Westler«. Ideologisch und artistisch.

Lietzau hatte es in den fünfziger Jahren als Oberspielleiter bei Barlog nicht leicht, seine Mißerfolge seelisch zu verarbeiten. Er ist ein sehr empfindlicher Mann. Ich erinnere mich, ihn einmal in mein Haus in Wannsee eingeladen zu haben, wie das öfter der Fall war, denn wir kannten uns seit dreißig Jahren. Diesmal aber hatte ich auch Friedrich Luft eingeladen, mit dem ich seit unserer gemeinsamen Amerikareise in einer lockeren, freundschaftlichen Verbindung geblieben war. Als Luft zur Tür hereinkam, sprang Lietzau auf, kreideweiß im Gesicht, lief durch den Vorgarten und fuhr davon. Luft lief mit mir zusammen hinter ihm her, um ihn

zurückzuholen, er konnte nicht begreifen, wie ein Mann Beruf und Privatperson nicht auseinanderhalten kann.
Nun, ein Theatermensch kann das tatsächlich nicht. Jedenfalls keiner aus unserer Generation, der noch in der Ordnung der absoluten Identifikation von Rolle und Person aufgewachsen ist. Auch aus diesem Grund sind Mißerfolge schwer zu ertragen.
Aber am schwersten zu verkraften sind die großen Erfolge. Und die hatte Lietzau, als er von München nach Berlin zurückkam, gerade hinter sich, nicht nur in München, sondern auch im Ausland. Sein Ansehen war gewachsen, auch vor sich selbst. Aber bald hatte die fatale Gegenüberstellung seiner und Peter Steins »Homburg«-Inszenierung ihn in Berlin in seine alte Krisenstimmung »vermeintlicher« Mißerfolge zurückgeworfen und aufs neue verunsichert. Kein Regisseur aber ist für den Schauspieler unergiebiger als der zwischen Hochmut und Unsicherheit schwankende. Und genau in dieser Position bewegte sich nach meiner Meinung Lietzau auf den »Lear«-Proben.
Als ich das Stück zu lesen bekam, war ich fasziniert von den poetischen Mitteln, mit denen hier einer über Gewalt schreibt. Und ich glaubte, den Sinn dieses schrecklichen Gedichts in der kühnen Szene zu erkennen, in der der wahnsinnige Lear bei der Autopsie seiner erschossenen Tochter zuschauen muß und nun anfängt, in ihrem geöffneten Leib nach dem »wilden Tier« zu suchen, denn »sie war grausam und zornig und hart«. Er findet es nicht, im Gegenteil, er ist erschüttert von der Schönheit und Ordnung, die er vor sich sieht. »Innen schläft sie wie ein Löwe und ein Lamm und ein Kind. Ich staune. Ich habe so etwas Schönes noch nie gesehen. Ihren Leib hat eine Kinderhand gemacht, so sicher und nichts Unreines an ihm. Wenn ich gewußt hätte von dieser Schönheit und Geduld und Sorgfalt, ich hätte sie sehr geliebt.« Hier bewunderte ich den großen Griff des Dramatikers Bond: die Anatomie, unsere unveränderte innere Ordnung gestellt gegen die Unordnung des Zeitalters der Gewalt und der Zerstörung, gegen die atomare Welt. In dieser Szene hat Edward Bond Shakespeares Zeigefinger berührt so wie Adam den von Gottvater auf Michelangelos Deckengemälde in der sixtinischen Kapelle. Das

Berliner Publikum vom 3. Juni 1973 war dieser Meinung nicht. Es unterbrach gerade an dieser Stelle, bei der der Geist des Totengräbersohns zu weinen anfängt, und, wie der Autor schreibt, dabei vollkommen still bleibt, mit Protest die Aufführung.
Und es war diese Sekunde, in der mein Entschluß wegzugehen, unausweichlich wurde. Abhauen in die Steinwüste, nach Pietrafitta!
Warum hat das Publikum so reagiert? »Menschen, die dagegen sind, daß Schriftsteller über Gewalt schreiben, wollen sie daran hindern, über uns und unsere Zeit zu schreiben.« Dieser Satz von Bond kann hier nicht zutreffen, denn rückschrittlich ist das Publikum bei aller Unsicherheit nicht in dieser Stadt. Der Protest mußte andere, unterbewußte Gründe haben. Sprachlich und musikalisch war die Aufführung hervorragend, genau gearbeitet, schauspielerisch schlank und ohne Verquollenheit.
Etwas schien mir gewiß: Lietzau hatte seiner Unsicherheit in dem Punkt nachgegeben, wo seine alte Schwäche lag, die ich schon früher bei ihm bemerkt hatte: beim Bühnenbild. Er hatte sich einem »Bühnenerneuerer« verschrieben, Achim Freyer. Dieser Bühnenbildner hat ganze Arbeit geleistet, hat alles umgekrempelt und das Äußere nach innen gekehrt. Wir spielten das Stück auf einer leeren Schräge, ohne jede Architektur, sie war angefüllt mit echtem Müll, auch Sperrmüll, der von der öffentlichen Müllkippe geholt wurde. Er sollte den Kulturschutt der Jahrtausende darstellen. Unsere Kostüme bestanden aus Fundusstücken, die gewendet, mit dem Futter nach außen zu tragen waren. Wobei in meiner Rolle als König Lear auch ein alter Damenunterrock mitspielte, sowie, über roter Seide getragen, ein paar ordinäre Hosenträger.
Es entstand in vielen Teilen eine groteske Verfremdung und Zeitlosigkeit, da »Gewalt« ja ein Thema ist, das nicht nur einem Zeitalter zuzuordnen ist. Und Archetypen, gültige Masken für die einzelnen Figuren, zu erfinden, war Freyers Traum.
Meine Sehnsucht auf dem Theater besteht in der Leidenschaft zur Demaskierung. Das ist nichts Neues, natürlich. Max Reinhardt hat es schon gesagt: »Nicht Maskierung, Demaskierung ist unser Ziel.« Und ich, ich war doch zum Theater gegangen, um mich zu

ent-puppen, den Menschen mit seinen Triebkräften nackt zu zeigen. Hier also hieß das Thema Ver-puppung! Um meine Maske als König Lear vorwegzunehmen: Freyer sah ihn als blutigen Kohlstrunk, oder wenn man gutwilliger war, als einen riesigen schwärzlichen Penis. (Ich weiß, ich weiß: Lear der Übervater seiner geilen Töchter.) Das heißt, ich bekam einen neuen Kopf mit einem neuen Hals, das ganze aus Kunststoff. Zuerst waren noch runde Augenfenster darin eingeschnitten, aber sehr bald wurden sie auf den Proben mit Material aus Damenflorstrümpfen verklebt und, nach vollzogener Blendung des Lear, in so vielen Schichten übereinander, daß ich die Rolle absolut blind weiter spielte. Einzig meine Hände waren noch meine eigenen, mit denen versuchte ich einen Rest Persönliches »auszustrahlen«. Lietzau fragte mich einmal in drei Monaten, in denen wir in dem ekeligen Müll herumkrochen, wie ich mich fühle. Ich antwortete ihm: »Immer mehr wie ein umflortes Damenbein.« Wir waren zu schmutzigen Mullturnern geworden. Freyer hatte die Staatsschauspieler in dem Dreck, in den sie, nach seinen Andeutungen zu urteilen, hineingehörten. Einige bekamen Hautausschläge, und erst nach einem Ausbruch meinerseits, auf den ich selbst am wenigsten vorbereitet war, wurden Hygienemaßnahmen ergriffen. Ich hatte als gefangener Lear aus einem alten Abfalleimer Essensreste hervorzukramen und zu verspeisen. Da der Requisiteur die Anordnung des Bühnenerneuerers sehr ernst nahm, allen Müll um Gotteswillen »original« dreckig zu belassen, entdeckte ich mich in einem etwas wacheren Moment dabei, wie ich Brotkrumen, die man mir in den stinkenden Abfalleimer geworfen hatte, im Spiel als Verhungerter auch wirklich gierig hinunterschlang: Ich schrie nach dem Schwert des Erzengels und war wie von Sinnen . . .
Nachdem wir alles überstanden hatten, ein Wunder, daß keiner erkrankt war, gab es als Premierengeschenk die ganze Schuttablage sorgfältig in Kunstgummi gegossen. Freyers »ästhetische Lösung« war plötzlich mit Hygiene verbunden. Warum so spät?
Was soll ich sagen, ich konnte meine Lieblingsszene, die kühne und zärtliche, in der Lear in dem geöffneten Leib seiner Tochter die Ordnung und Schönheit entdeckt, ich konnte sie beim besten

Willen nicht allein mit meinen Händen spielen, obwohl ich versuchte, alle Qual, allen Wahnsinn, alle Schuldgefühle, allen Lyrismus in sie hineinzulegen. Der verpuppte Mensch hat keine künstlerische Autorität, keine Persönlichkeit, die eine so außerordentlich gefährdete Szene aus der Brennweite des möglichen Protests trägt. Aber hatte nicht Lietzau kurz vor der Premiere auf einen solchen Hinweis geantwortet, das mit dem Pappkopf und dem Florstrumpf würde sicher so nicht bleiben?! Es war so geblieben, und das Unerträgliche daran war, ich konnte den Leuten nicht einmal unrecht geben, als sie zu protestieren anfingen: sie fühlten sich um das Lebendigste betrogen, um das Menschengesicht.
Oder aber man hätte den Weg der absoluten Stilisierung gehen müssen wie in einem NO-Spiel mit Masken. Aber in Freyers naturalistisch blutigen Bildern von Folterung, Autopsie, Vergewaltigung und Blendung hätte man dann auch den Mut haben sollen, Henker und Opfer mit ihren Gesichtern zu zeigen und nicht als maskierte Monster.
Die Aufführung wurde zum Theaterfestival nach Belgrad eingeladen und dort mit einem Preis ausgezeichnet. Es gab in Belgrad keinen Protest. Die Darstellung von Gewalt und ihren Opfern, die maskiert sind, bekommt im Osten vielleicht einen anderen Sinn. Eine Zeitung schrieb ausführlich über das Spiel von Lears Händen. Bei uns hatte man die verzweifelte Hilflosigkeit, die sich darin ausdrückte, gar nicht bemerkt.
Als ich in meine Steinwüste abreiste, machte Lietzau mir den Vorschlag, hin und wieder für einige Vorstellungen von Bonds »Lear« zurückzukommen. Ich sagte nein, nach Berlin käme ich nur zurück mit dem eigenen Gesicht.

Lier in der Toskana

Das Fernsehen beauftragte mich, nach einer Geschichte von mir das Drehbuch für einen Film zu schreiben: *Lier in der Toskana.*
Konsul Lier, Dr. h. c., Steine und Erden en gros, ist Witwer. Als junger Mann hat er einmal Schauspielunterricht genommen und es nie ganz verwinden können, nicht auf der Bühne zu stehen. Gewöhnlich lebt er in Düsseldorf. Er hat in Bonn Kunstgeschichte studiert, bevor er das einträgliche Geschäft seines Vaters übernahm. Trotz seines Reichtums tritt Lier bescheiden auf. Offenbar möchte er ablenken von seinem ungewöhnlichen Lebensanspruch.
Seit einigen Jahren besitzt er das Castello S. Georgio in Verde, zu dem eines der antiken Weindörfer im Gebiet des Chianti classico gehört. Obwohl in diesem Gebiet seit Jahrhunderten keine Hetzjagden mehr stattfinden – alles ist offenes Jagdgebiet für alle – gibt es auf S. Georgio eine ansehnliche Meute von Jagdhunden, auf die der Besitzer stolz ist. Will Lier jenen Fürsten Borgia nacheifern, die die letzten waren, die in der Toskana Jagdmeuten einsetzten?
Wir lernen den geschäftigen Schloßherrn zusammen mit seinen Töchtern Rita und Gussi in der Libreria Picolomini im Dom von Siena kennen, wo er einem englischen Geschäftsfreund und dessen Sohn die Fresken erklärt. Gesprochen wird nicht nur Deutsch, übrigens durchweg mit rheinischem Akzent, sondern auch Englisch.
Wir hören die schreckliche Geschichte einer Hundemeute, die vor dreihundertsiebzig Jahren das Enkelkind eines der Vorbesitzer

von S. Georgio in Verde, des Marquese Serafini, zerrissen hat, als es in der Schloßkapelle übers Taufbecken gehalten wurde. Inzwischen sind Hunderte von Bauernkindern auf S. Georgio getauft worden, aber aus diesem Kind hat die Legende einen Bastard gemacht: seit der Zeit gelten die Frauen auf S. Georgio als untreu.

Rita und Gussi steuern ihre schwarzen Mercedes-Limousinen mit dem Vater und seinen Gästen von Siena nach Hause. Wir erfahren die Landschaft: eine unversehrte Weinbaukultur wie vor tausend Jahren.

Auf dem Schloßplatz angekommen, treffen sie dort Wagen aus fast allen europäischen Ländern an. Die große Gesellschaft hat sich eingefunden. (Der Autor rechnet damit, daß viele der fremden und einheimischen Landsitzerfamilien bereit sind, sich selber darzustellen.) Liers Hundemeute drängt sich an das Gatter ihres Zwingers. Sie wird von Jagdaufsehern zurechtgewiesen.

Jetzt lernen wir auch Liers jüngste Tochter Cordelia kennen und Cesare, ihren italienischen Mann. Morgen soll ihr erstes Kind getauft werden. Si parla italiano.

Wir werden Zeuge eines Gespräches über Baugeschäfte, das Ritas Ehemann und der Schweizer Gatte von Gussi miteinander führen: die beiden Herren spazieren dabei über einen Hügel, der mit Hunderten von Appartements überbaut werden soll.

Am nächsten Vormittag findet in der Kirche von S. Giorgio in Verde die Taufe statt. Eine mehrsprachige Veranstaltung mit einem italienischen und einem deutschen Priester. Konsul Lier im Smoking hält mit großer Ruhe sein Enkelkind übers Taufbecken.

An Gelassenheit übertroffen wird er von der Mutter des Täuflings, seiner jüngsten Tochter Cordelia. Das Einverständnis zwischen den beiden ist durch nichts zu erschüttern.

Cesare, Cordelias Mann, zeigt sich beunruhigt. Ist er der einzige, der an die Geschichte der Serafini und ihrer mörderischen Hundemeute denkt? Oder tun das auch andere? Der englische Geschäftsfreund und sein Sohn?

In der Kirche ist die Stimmung bei der Taufe auffallend nervös.

Wir bemerken, wie Gussi und Rita ihre beiden Gatten vermissen und auch Tom, Ritas zwölfjährigen Sohn.
Endlich sehen wir die beiden Herren in der Nähe des Hundezwingers sitzen. Eine Hausangestellte tritt hinzu und fragt nach Tom. »Tom wollte unbedingt dabei sein«, antworten die Männer, »wie wir die Meute bewachen – für alle Fälle.« Dann hören wir ein vertraulich geführtes Gespräch, von dem aber Tom das Wichtigste mitkriegt: »– wenn der Alte nicht unterschreibt, (die Verträge mit den Baugesellschaften nämlich) wird der Antrag auf Entmündigung eingereicht.« Die Begründung dafür wird auf Züridütsch geliefert. Die Herren scheinen ihrer Sache sicher zu sein. Der einzige Unbekannte in ihrer Rechnung ist Cordelias Mann. Es entsteht eine Reihe von grotesken Bildern: wir sehen Cesare bei der Taufhandlung immer beunruhigter, die beiden Herren draußen immer spöttischer werden, und schließlich Cesare, schwitzend vor Angst.
Bald wird ihn Tom von seinen Zweifeln erlösen.
Tom ist seit Jahren von seiner Mutter und seiner Tante aufgehetzt worden gegen Cordelia. Was Gussi und Rita wirklich denken, erfährt man nie. Ihre gesellschaftliche Haltung ist untadelig. Mit dem Geld, das sie in ihre Ehen einbrachten, beherrschen sie ihre Männer.
Der phantasievolle Tom, einziges Kind unter Erwachsenen, sonst fröhlich rheinisch parlierend, erzählt nach dem Mittagessen seinem staunenden Onkel in schlüpfrigem Italienisch, was er von Mutter und Tante gehört hat, und – was er selbst hinzudichtet. Er habe Cordelia mit ihrem Liebhaber in Siena aus dem Hotel kommen sehen. Von dem jungen Engländer ist die Rede.
Cesare starrt auf die Meute.
Abends findet das Festessen statt. Man hört Sprachen aus fast allen europäischen Ländern. Auch eine Gruppe von Holländern spricht über das Baugeschäft: ein anderes Tessin.
Nach dem Mahl empfängt der ehrgeizige Konsul seine Gäste im Theatersaal des Schlosses, im Kostüm des König Lear. Als echtem Dilettanten macht ihm die Vermischung von Schein und Wirklichkeit keine Schwierigkeit. Shakespeare klingt unverbraucht aus seinem Mund. Sein Englisch ist einwandfrei. Ohne Emotion spielt

er auf der kleinen Bühne die berühmte Szene Lears mit seiner sterbenden Tochter Cordelia.

Cordelia Lier, die Mutter des Täuflings, sieht man im Zuschauerraum sitzen – aber es ist zweifellos ihre Stimme, die dem Konsul über Band das Stichwort gibt – man sieht sie noch als Letzte dasitzen, nachdem die Saaltüren aufgerissen wurden und der Jagdaufseher, umgeben von ein paar abgesprengten winselnden Rüden, dem Konsul das Unglück berichtet hat.

Tumultuarischer Aufbruch.

Die alte Kinderfrau hatte den Täufling, der so entsetzlich schrie, zur Beruhigung in die Kirche gebracht, in das schummerige Kerzenlicht, als die Meute hereinstürmte ...

In diesem Augenblick verliert Konsul Lier den Verstand. Er hält sich selbst für den Marquese Serafini und trägt sein Renaissancekostüm nun auch im Alltag weiter.

Der Film spielt jetzt nur noch in der freien Landschaft. Der Landschaft zur Zeit ihrer grausigen Herbststürme, der Nebel und Wolkenbrüche, aber auch der unvergleichlichen Sonnenaufgänge.

Lier wirft mit dem Geld um sich, besticht die Jagdaufseher und tyrannisiert nicht nur seine verbrecherischen Töchter, er überfällt auch die Nachbargüter.

Am Ende haust er, kindisch geworden, in einem der verfallenen Bauernhäuser in einem Seitental. Cordelia, seine einzige Erinnerung an die Wirklichkeit, ist nach England gereist.

Cesare, Cordelias Mann, hat einen Jagdunfall vorgetäuscht und sich erschossen.

Eine echte Wandlung macht Tom durch. Er ahnt immer mehr von seiner Umgebung und natürlich auch von seiner Schuld. Er hält geheime Verbindung zu seinem streunenden Großvater. Er nennt sich selbst Toms, das arme Närrchen, als den ihn Lier anspricht, wenn Tom ihn auf seinem Strohlager besucht.

Die Überbauung beginnt. Europas letzter Garten wird zerstört.

Scheinbar ziellos sieht man immer wieder die schwarzen Mercedes-Limousinen über neue, einsame Landwege fahren.

Es gelingt Tom, Cordelia zur Rückkehr zu bewegen. Es kommt zu

einer ergreifenden Begegnung zwischen ihr und dem Vater. Der alte Mann wiederholt sinnlos-sinnvoll seinen Shakespeare-Text. Eine Szene auf dem von Unkraut überwucherten Dreschplatz vor Liers verfallener Behausung.
Tom in seiner typischen Haltung: aus dem Abseits beobachtend sieht er, wie Vater und Tochter voreinander knien. Dann sinkt der Alte plötzlich zurück. Aus seiner Hand fallen die Klötzchen eines Kinderbaukastens, den Tom ihm geschenkt hat.
Der Jagdaufseher fragt Tom, was Lier da mache. Tom antwortet: »Er baut die Republik Siena wieder auf.« »Il nonno voleva costruire la Repubblica di Siena un altra volta.«

Ich fühle mich nicht gut. Ich fühle mich täglich schlechter, seitdem ich meinen Freund Varlin an seinem Krankenbett besucht habe. Ich hatte schon eine Blasenerkältung, als ich hinauffuhr in den Engadin. Seit meiner Rückkehr aber sind die Nächte angefüllt mit quälenden Vorstellungen von Varlins Krankheit, die nun mich befallen hat. Ich muß oft raus aus dem Bett.
»Das Ende ist in jedem Falle schlimm.« Ich entschließe mich endlich, Franca anzurufen, Varlins Frau. Ich höre, es geht unverändert. Aufstehen kann Varlin nicht mehr.
»Franca, wir sprachen doch schon einmal darüber, als ich bei Euch war. Wer hat die Prostataresektion gemacht in Zürich? Und weißt du zufällig, wieviel das gekostet hat? Ich bin nämlich in keiner Kasse, und ich habe aus München märchenhafte Zahlen gehört.«
Franca kann mir auf alles Antwort geben. Ihr umständlich langsames Deutsch mit dem rhätoromanischen Akzent wirkt beruhigend – solange ich den Telefonhörer in der Hand halte. Sobald ich ihn niederlege, fängt alles von vorne an.
Ich sehe vor mir, was Varlin sarkastisch schilderte, wie der kleine Schabapparat, mit einer winzigen elektronischen Optik ausgerüstet, sich durch die enge Harnröhre zwängt. Der Narkosearzt hatte gerade zu einem Witz angesetzt »Kännet Sie dä neuschste Appäzeller?«, im gleichen Augenblick verlor Varlin das Bewußtsein. Finie la rigolade.

Wie komme ich aus der Steinwüste heraus, wenn ich ganz plötzlich einen Arzt brauche? Alles Einbildungen, und schlimmere als die! Wären die Einbildungen weniger stark, kämen sie weniger häufig, würde ich noch Theater spielen? Sicher würde ich als Franz Moor nicht mehr so heftig an der Schlinge zerren: »Unentrinnbar! Ha! So erbarme du dich meiner.« Dafür bin ich in Dublin den Bomben entgangen, um jetzt hier im Spital zu verrecken. Von Dublin war ich gerade zurückgekommen, ich hatte dort meine letzte Filmrolle gespielt, »Silverson«. Ein irischer Clown erschießt in einem Speiselokal den Ehemann seiner Geliebten. Wir drehten die Szene original in einem bekannten Lokal in der Innenstadt. Zwei Stunden, nachdem wir es geräumt hatten, explodierten dort zwei Bomben, und das Haus flog in die Luft.
Ich muß oft raus in der Nacht. Telefoniere wieder mit Franca. Francas Akzent hat keine beruhigende Wirkung mehr.
Ich telefoniere mit Freunden in München. Die dortige Koryphäe, Chef des »Krankenhauses Rechts der Isar«, ist berühmt für Prostata-Resektionen, Prof. Mauermayer. Ein Münchener Freund ruft bei ihm an, um mich anzumelden. Er erfährt vom Oberarzt, daß der Professor zu einem Kongreß gereist sei nach – Florenz. Das ist die Chance. Der Oberarzt verspricht für den nächsten Morgen die Telefonnummer von der Klinik in Florenz herauszugeben, nach Rücksprache mit dem Professor. Ich gehe die letzten Tage wie jemand, der fünfzehn Stunden auf einem Pferd gesessen hat. Ich bekomme die Nummer in Florenz. Es ist die von Professor Scappicchi, Chef im Ospedale Poggio secco. Die zarte Stimme eines Italieners meldet sich, sie sagt, ich verbinde Sie gern mit dem Herrn Kollegen. »Ja, Mauermayer!« Unverfälscht bayerisch, kräftig tönt das. »Wo sind Sie? Castellina, kenne ich! Saans hier um Elf. Ich untersuche Sie.« »Es ist bereits zehn, Herr Professor, das werde ich kaum schaffen.« »Das könnens schon, ich kenne die Strecke. Beeilen Sie sich halt.«
Mein Gott, der Mann weiß ja nicht, daß wir schon eine Viertelstunde brauchen, um aus der Steinwüste heraus auf eine normale Straße zu kommen. Ich muß mich rasieren, umziehen, ich fliege am ganzen Leib. Wo sind die Manschettenknöpfe? Die Wagenpa-

piere? Don muß von der Kette ins Haus gebracht werden. Wenn wir unseren Felsenweg nicht so genau kennen würden, müßten wir halb so schnell fahren. Gesa sitzt am Steuer, ich könnte gar nicht fahren, so aufgeregt wie ich bin. Unser Autochen erledigt die gewohnte Kletterpartie in rasender Eile. Ich bitte Gesa, anzuhalten: ich muß mal. »Pinkeln Sie, Mann, pinkeln!« Es geht nicht. Der kaputte Clown kann nicht. Narr, auch du! Ich steige wieder ein. Ich finde die Manschettenknöpfe in meiner Rocktasche und bin plötzlich ganz ruhig. Ich lasse mir viel Zeit, mich korrekt anzuziehen. Ich schlage Gesa vor, auf der Piazzale Michelangelo zu parken und von dort ein Taxi zu nehmen. Wir kennen die Gegend im Norden von Florenz nicht, das Centro traumatologico, in dessen Nähe die Klinik liegt. Der Vorschlag beruhigt uns beide. Wir sind ja schon auf der Viale Galileo Galilei. »Schneckenfresser, Weinschlauch« denke ich, ob ich diese Rolle noch einmal spielen werde? Die Abende, an denen ich sie hinter mich gebracht hatte, kam ich beruhigt nach Hause: ich hatte das Gefühl, etwas getan, ein Licht angezündet zu haben. Wir steigen um in ein Taxi. Was sagt der alte Daniel zum Franz Moor? »– wenn Euch das Wasser an die Seele geht, Ihr werdet alle Schätze der Welt um ein christliches Seufzerlein geben.« Schiller. Richtig gemocht habe ich ihn nie. »Händsi öppis gäge dä Maa?!« Frisch oder Dürrenmatt? Was für eine Frage. Don't forget! Don't forget! Das Ende ist im Anfang, aber ich bin Festspieler, kein kaputter Clown, ein Festspieler. Ich bin für Ent-puppung, nicht für Verpuppung. Ich werde mich noch ent-puppen. Wann? Die Schelle läutet, und es ist genug. Wir können allein sterben. Sapiamo morire – das Taxi hält, wir sind angekommen.

In der Vorhalle wimmelt es von Ärzten, alles Professoren. Ein zarter Herr in Weiß verbeugt sich vor mir: »Scappicchi, posso accopagnarla?« Weite Korridore, dann ein kleiner Vorraum. Prof. Scappicchi nimmt den Telefonhörer auf, wählt drei Ziffern, lächelt mir zu, nickt stumm in den Hörer, legt ihn nieder und öffnet direkt hinter sich eine Tür zu einem kleinen Saal: »Ecco, il Professore Mauermayer.«

Im Mittelpunkt von einer Gruppe nackter alter Männer und weiß gekleideter junger Männer steht ein schmaler Herr. Er sieht aus wie Max Pallenberg in der Rolle Herbert von Karajans, sympathisch. Ich werde sofort ganz ruhig bei seinem Anblick, denn ich hatte mir nach der gutturalen bayerischen Stimme einen Bärbeißer vorgestellt, einen doppelten Sauerbruch. Mauermayers Stimme klingt ganz anders als am Telefon, jetzt, wo er italienisch spricht. Er hat die Ärmel seines Kittels aufgekrempelt, es ist ein warmer Tag, er hält in der rechten Hand ein großes Schinkenbrötchen, in der linken eine Flasche Mineralwasser, ich habe ihn beim Einschenken unterbrochen. »Sie sind Schauspieler?« Ich zucke mit den Achseln, als wollte ich mich entschuldigen. Herrjeh, denke ich, jetzt geht dieses blöde Gespräch wieder los, das mich ein Leben lang gelangweilt hat. Mauermayer sieht mir an, was ich denke. »Antwortens gar nicht, machen Sie sich frei. Ich bin Theatermuffel.« Ein Assistent gibt mir ein Glasgefäß, um mein Wasser darin zu lassen, ein anderer deutet auf den Untersuchungsstuhl, der frei ist. Das kleine Kabinettchen aber ist besetzt. Mauermayer sagt: »Erledigen Sie das gleich hier.« Einige von den betrübt blickenden Alten ziehen sich die Hosen an. Was in den letzten Tagen nicht gelang, gelingt sofort, sogar im Beisein dieser Fremden: der Clown kann. Ich höre den Professor halblaut zu den Assistenten über meinen »Fall« reden. Er spricht von ›Cancro.‹ Weiß er nicht, daß ich sein Italienisch verstehe, er weiß doch, daß ich hier lebe? Ich liege auf dem scheußlichen Stuhl. Der Professor fragt nach meinem Alter und wie oft ich in der Nacht raus muß. Er betastet mit festem Druck die fraglichen Stellen. Es schmerzt. »Sie haben vielleicht eine etwas verschleppte Blasenentzündung, aber auf gar keinen Fall Krebs.« Ich will vom Stuhl aufspringen, der »Theatermuffel«, will ich sagen, verstehe etwas vom Schauspieler, aber er hält mich zurück und sagt: »Moment, ich tue Ihnen nicht weh, ich möchte sicher gehen.« Er hat im Handumdrehen eine kleine Lokalanästhesie gemacht, die italienischen Assistenten sind behende, er lehnt sich wie im Gespräch über meinen nackten Körper, stützt sich gemütlich auf mich und führt schmerzlos den Katheter ein. Dann drückt er kräftig an mir herum. »Restharnprobe ganz und gar negativ.« Noch nie war ich so schnell aus der

Horizontalen hoch. Der nackte Clown umarmt den Münchener Professor auf toskanische Weise, zweimal. Einmal als Pallenberg, rechts, und einmal als Karajan, links. Man hilft mir in die Kleider. Scappicchi kommt. Ich laufe in die Vorhalle zu Gesa. Mauermayer hinter mir her. Wir können nur noch winken und sind schon im Taxi. Als wir auf dem Piazzale Michelangelo anhalten, vergoldet die Sonne die Kuppel Brunelleschis. So schön hat sie noch nicht ausgesehen in den vier Jahren, die wir hier sind.
Wir fahren langsam. Ich sitze am Steuer. Als wir bei Certosa in die Superstrada nach Siena einbiegen, halte ich an, trotz des Verbotsschildes. »Mußt du?« fragt Gesa. Nein, der Clown ist heil. Ich lege mein Jackett ab, nehme die Manschettenknöpfe aus dem Hemd, stecke sie in die Rocktasche, krempele die Ärmel auf, spreche von nun an bayerisch und spiele der Gesa »Mauermayer« vor, als Pallenberg, als Karajan und als Mauermayer, gleich drei Rollen auf einmal brauche ich für meine gefräßige Spielwut. Ich höre erst auf, als wir über unseren Felsenweg holpern. Hier verschlägt es mir die Sprache.
In der Mittagsglut, auf dem von der Trockenheit rissigen Weg, findet eine Schlangenbegattung statt: eine mächtig zuckende Laokoongruppe. Unentwirrbar sind die Tiere ineinander verknäult. Wir halten den Atem an. Wen will es noch wundern, daß die Gorgonenschwester Medusa zu Stein erstarrte bei solchem Anblick?
Wir haben in der vorigen Woche darüber gelesen, Gesa, wie war das in der griechischen Mythologie mit Teiresias, wurde er blind beim Anblick einer Schlangenpaarung, oder wurde er dadurch zum Seher? Zu Hause lesen wir nach bei von Ranke-Graves.
»Als die Schlangen Teiresias angriffen, schlug er mit seinem Stabe auf sie ein und tötete das Weibchen. Da wurde Teiresias in eine Frau verwandelt, die eine berühmte Hure wurde; doch sieben Jahre später sah er am gleichen Orte den gleichen Vorgang wieder. Als er nun die männliche Schlange tötete, wurde er wieder zum Manne.«

Hochzeit auf Ricavo. Die kleine romanische Kirche lehnt sich an eines der Bauernhäuser, die wie ein Kranz die alte Villa padronale umlagern. Sie ist von der Brautmutter allein geschmückt worden. Blaugraues Schleierkraut, vielfach verwendet, dämpft die Farbigkeit der vierzehn Blumengebinde, die unter den Metallzeichen der Kreuzwegstationen befestigt sind. Das ganze Kirchlein ist ein einziges Hochzeitskleid: der ockerfarbige Kalkstein wirkt wie grobe Seide, auf die Blumen gestickt sind.
Das Zeremoniell ist aufgeteilt zwischen zwei Geistlichen, dem katholischen Priester von S. Donato und einem protestantischen aus der Schweiz. In zwei Sprachen und in den beiden Konfessionen der Brautleute geht die Handlung vor sich. Abends ist dann das Fest. Getafelt wird im Freien: der winzige Dorfplatz ist mit Tischen vollgestellt. Brautvater und Bräutigamsvater halten ihre Reden, in denen sie, mit unbeholfenem Humor, ihr Kind und ihre Familie vorstellen. Wer kein Schweizer ist, mag über die langatmige Würde staunen, mit der es geschieht. Warum geht mir die Sache immer mehr unter die Haut? Weil es so altmodisch ist?
Zwischen den einzelnen Gängen des Mahls gibt es Darbietungen. Nichts langweilt mich so sehr wie Amateurtheater, und ich hasse die Peinlichkeit, in die es mich bringt. Hier höre ich wachsam zu. Es zeigt sich, wie groß die beiden Familien sind, wie zahlreich die Reihe derer ist, die etwas zu sagen wünschen, die sich mitteilen möchten. Eine Schwester der Braut führt zehn Minuten lang einen Monolog vor. Sie tut, als telefoniere sie mit einer Freundin. Daraus erfahre ich mehr über Weiblichkeit als in den vielen Artikeln, die heute darüber erscheinen. Die Pausen, die die junge Frau macht, sind beängstigend, aber immer wieder sitzt die nächste Pointe wie ein Schuß im Schwarzen. Schallendes Gelächter. Ihr Berndeutsch verfremdet die Darbietung ins Artistische. Eine jüngere Schwester, schön wie eine Iris auf freiem Feld, beginnt mit dem Hildebrandslied und dichtet es weiter hinein in das Vorleben des Brautpaares. Ihr Althochdeutsch ist bewegend bei so viel Anmut. Sie steht vor dem Abitur und beweist sich als phänomenale Sprachbegabung, aber was hat sie mir gesagt: sie beabsichtige Landwirtschaft zu studieren? Ich bin ganz verwirrt.

Neffen und Nichten des Bräutigams singen Moritaten und spielen Puppentheater, die Dekorationen haben sie selbst gemalt. Ich bin nicht einen Augenblick gelangweilt. Warum klingt das alles neu und unverdorben? Warum langweilt mich das Stadttheater, wo immer ich es aufsuche? Was hat Max Frisch gesagt: vielleicht sollte man unsere Theater einmal für ein paar Jahre schließen? Würden sie ihre Arbeit eines Tages freier wieder aufnehmen, gereinigter?
In der Nacht, nachdem ich die Gesellschaft verlassen habe, sitze ich noch eine Weile auf dem Hügel, der den Blick freigibt in die Täler rundum. Ausgeleuchtet von einem mächtigen Mond, sieht man Erdfalten, die am Tage verborgen sind.
Man muß das Fest verlassen, wenn es am schönsten ist. Und das Theater? Was ist schon Theater, wenn es nicht festlich ist?
Ein Königreich für ein festliches Theater. Ein Fest, ein Fest!

Register

Bildnachweis

Sammlung Ernst Schröder · Foto Schwer · Willot · Willot · Ruth Wilhelmi · Rolf Lantin (Bad Schwalbach, Taunus) · Heinz Köster · Rosemarie Clausen · Heinz Köster · Schiller- und Schloßpark-Theater, Berlin · Harry Croner · Schiller-Theater, Berlin · Comet, Zürich · Photo René Haury · Heinz Köster · Schiller-Theater, Berlin · Heinz Köster · Schiller-Theater, Berlin · Schiller-Theater, Berlin Schiller- und Schloßpark-Theater, Berlin · 1–5 Horst Güldemeister · Stern, Harry Weber, Wien · Ilse Buhs · Arthur Grimm · Ludwig Binder

Theatertexte / Hörspiele

Arthur Schnitzler
Liebelei / Reigen
Nachwort: Richard Alewyn
Bd. 7009

Franz Werfel
Jacobowsky und der Oberst
Komödie einer Tragödie
Bd. 7025

Thornton Wilder
Unsere kleine Stadt
Schauspiel in drei Akten
Bd. 7022
-Wir sind noch einmal davongekommen
Schauspiel in drei Akten
Neuausgabe. Bd. 7029

Tennessee Williams
Endstation Sehnsucht / Die Glasmenagerie
Zwei Theaterstücke
Bd. 7004

Stefan Bodo Würffel (Hrsg.)
Frühe sozialistische Hörspiele
von Bertolt Brecht, Erich Kästner, Anna Seghers, Ernst Toller, Friedrich Wolf u.a.
Originalausgabe.
Bd. 7032 / in Vorbereitung
-Hörspiele aus der DDR
von Stephan Hermlin, Günter Kunert, Heiner Müller, Rolf Schneider u.a.
Originalausgabe.
Bd. 7031 / in Vorbereitung

Carl Zuckmayer
Der fröhliche Weinberg / Schinderhannes
Zwei Stücke
Bd. 7007
-Der Hauptmann von Köpenick
Ein deutsches Märchen in drei Akten
Bd. 7002
-Der Rattenfänger
Eine Fabel
Bd. 7023
-Des Teufels General
Bd. 7019

Fischer Taschenbücher